新装版・秘教から科学へ

エネルギー・システムと進化

神尾　学

コスモス・ライブラリー

推薦の言葉

仲里　誠桔

真理を探究していくには、哲学・科学・宗教という三つの道筋がある。ここで言う真理とは、あらゆる現象の奥にある究極の原理、言い換えれば、あらゆる現象の、因果の系列の、文字通り究極の原因のことである。したがってこれを裏返して言えば、真理の探究とは、この究極因が展開して現成する世界像ないし宇宙像の究明である。

哲学は主として知性に立脚し、論理を駆使して究極因の解明を目指して行ったが、論理の立て方は人によって異なる上、勢いのおもむくところ遂に論理のための論理の積み重ねとなり、広大無辺の宇宙の「現実（リアリティー）」より乖離してしまった。

宇宙は客観的な外宇宙と主観的な内宇宙とに分けることができる。科学は茫漠たる巨大（マクロ）宇宙と粒子の微小（ミクロ）宇宙とを、前記の知性を発揮し、感官やその補助手段であるさまざまな観測機器や検証機器を駆使して、同宇宙の現象としての実像の解明に迫り、多くの法則（公式や定数など）を把握することに多くの成果をあげてきた。しかし、知性にのみ立脚するかぎり、前記の機器の及ばない意識などの事象は物理学圏外として切り離されてしまった。

科学および哲学は、一般的には究極因としての神の存在を認めず、したがって神をあらゆる立論の前提条件とはしない。しかし、宗教は言うまでもなく神の存在を絶対とし、その上に基づく神と人間との関係の学（サイエンス）であり、あらゆる徳目・美徳の源泉でもある。

しかし周知の通り、各宗教・宗派はそれぞれに独自の神学・教学を擁立し、固守して互いに非寛容であり、その結果、倫理を蹂躪した、宗教間の殺戮が二十一世紀の今日に至っても尚続いており、更に民族・種族・言語が異なるというだけで民族・種族の虐殺（ジェノサイド）が横行している事実に対して宗教は全く無力である。

宗教はまた、西欧中世紀におけるカトリック的宇宙像が科学によって全面的に反証されて以来、いわゆる霊界や天国の描写以外には、宇宙の実像への探究を断念せざるを得なくなった。その説く霊界・天国にしても各宗教によって著しく異なり、中には、地上の酒池肉林の複製（レプリカ）まで用意してある宗教もある位である。

さまざまな超常現象、物理学とは異なった角度からエネルギー、意識および意識と物質との相互作用などを研究する「ニューサイエンス」の将来の展望には明るいものがあるが、現状はまだ模索の途中である。

「トランス・パーソナル心理学」は志向は正しいが、統一見解の成立は遙か彼方である。

「トランス・ヒマラヤ密教」は、結論から先に言えば、以上の三つの道筋を補完しつつ、宇宙（当面は太陽系宇宙）の全体像を、時代を追って、即ち人間の知性だけでなく、意識と霊性との発達に応じて、段階的に啓示または把握されてゆく、膨大な体系である。

「トランス・ヒマラヤ密教」はまこと哲学・科学・宗教が分かちがたく統合された一大体系である。

本書は現代物理学等の諸説にも目配りをしつつ、膨大な「トランス・ヒマラヤ密教」を、初学者と中級の学徒達とのために、要領よく、かつ組織的にまとめあげた力作である。

求道《ぐどう》の志《こころざし》篤き学徒諸賢に対し、広く本書を推薦する所以である。

はしがき

古今東西の主要な宗教には、一般の人々に伝えられてきた教え――〝顕教〟の他に、許しを得たごく僅《わず》かな弟子たちにのみ伝えられた秘密の高度な教え――〝秘教〟あるいは〝密教〟と呼ばれるものが存在していました。この秘密の教えの内容が公開されなかったのは、未熟な者が誤って用いると、誤用した本人のみでなく人類全体をも滅ぼすことになりかねない〝両刃の剣〟であったからです。その典型的な例を近年、私たち日本人は経験しましたので、その意味はすぐご理解いただけると思います。

秘教として一般に知られているものに、仏教では〝チベット密教〟（日本では天台・真言密教）、キリスト教の〝バラ十字軍〟、ユダヤ教の〝カバラ〟、イスラム教の〝スーフィズム〟、道教の〝仙道〟、などがあります。（さらには、インドの「ヴェーダ」の教え～ヨーガ等や、ヨーロッパを中心にしたフリーメイソン、グノーシス主義、新プラトン主義、日本の古神道、修験道、世界各地に残る古代の秘教や神話、霊的修行法、占星術、錬金術、数秘術、言霊思想等も、これに属する、あるいは非常に関係が深いと考えてよいでしょう）。

各宗教は、顕教の段階ではかなり教義に隔たりがあり、互いにあまり関係がないように見えますが、秘教においては共通点が非常に多くなり、密接な関係が感じられるようになる、といわれてきました。これはもちろん、一般にはまったく知られてこなかったのですが。

ところが今から約百年ほど前、H・P・ブラヴァツキー夫人により〝近代神智学〟の運動が興されるとともに、秘教に関する情報公開が一挙に始まったのです。これは〝秘教の顕教化〟といえます。そもそも人類が正しく活用できる情報は、隠される必要はないのです。人類が長い歴史の中で成長を遂げたため、それまで秘教であったものの一部が公開され、顕教に移行されたのです。その教えは〝トランス・ヒマラヤ密教〟とも呼ばれています。

ただしその事実は、それから一世紀以上経つ今日でも、未だに一般にはあまり（特に日本では）知られていません。それはこの教えが峻厳《しゅんげん》たるヒマラヤの山々の如くに難解で、取りつきにくいようカモフラージュされているからです。人類が総体としては成長したといっても、誰もが安易にこの教えに近づくことは危険であり、〝難解さ〟等は現在までの移行期において、この高度な情報を安全に普及していくために用意された障壁《しょうへき》、とも考えられます。

しかし現在は移行期が終わり、人類はこの情報を完全に使いこなしていかなければならない時期にさしかかっています。さもなければ私たちは錯綜《さくそう》した現代社会の〝マトリックス〟の中で、自らをそして地球全体を、修復不可能なまでに破壊し尽くしてしまうでしょう。最早一刻の猶予《ゆうよ》も許されない状況にまできていると、思います。

筆者自身はこれまでの人生の中でたまたま幾つかの偶然が重なり、幸運にもこの情報の一部を解読し得たように思いますので、その内容をできるだけたくさんの方にお伝えし理解していただきたく、本書を上梓しました。

タイトルを『秘教から科学へ』としたのは、次の二つの理由からです。

①　秘教（の学徒）から、科学（者・信奉者）へ

②　（二〇世紀までの）秘教が、（二一世紀には）科学へ（と転換する）

本書がすべての人々にお読みいただけるように、著者として最大限の工夫をしてきたつもりです。多少難解なところはあるかと思いますが、少し努力していただければ、かなりの人についてきていただける内容に仕上げられたと、確信しております。

しかし中でもとりわけ多くの科学者の方々に、是非とも読んでいただきたいと思います。それは今の社会では、やはり科学が権力と結びついているからであり、その方々が秘教に対する見方を変えることが、社会を変える大きな力にな

ると思うからです。

ではどのように見方を変えるかというと、「今まで胡散《うさん》臭い、いかがわしい、非科学的だと思っていた〝秘教〟が、実は〝科学〟の柱となるものだったのだ」というように、です。これは、今まで起きたどんなパラダイム・チェンジよりも激しい〝大転換〟といえます。

荒唐《こうとう》無稽《むけい》な話に聞こえるかもしれませんが、実は最先端の研学者たちはずっと以前からそのことに気づいていたのです。例えば、〝二〇世紀最高の天才〟との誉《ほま》れ高きアインシュタインは、ブラヴァツキー夫人の主要著書『シークレット・ドクトリン（秘教）』を愛読し、またあるところで、

「宇宙的な宗教観は、科学的探究の最も強くて優れた誘因になると、私は確信している」

と述べたと伝えられています（『光の手』一三頁、Ｂ・Ａ・ブレナン著、河出書房新社）。

彼にとって秘教を学ぶことは、秘められた大きな歓びではなかったかと思います。

筆者にとっても、この数年間秘教を学ぶことは本当に大きな歓びと感動を与えてくれました。そしてその結果自分なりに見えてきた宇宙の仕組みを、〝進化〟と〝エネルギー・システム〟という観点から整理したのが、本書です。

一応の成果が得られたとは存じますが、この深遠なる領域を完璧に解説するなどということは、とても筆者如き未熟者にできる仕事ではなく、秘教本来の持つ素晴らしさを、歪めてお伝えしているという危惧もないわけではありません。

本書が本格的な秘教研究の端緒を拓く一つのきっかけとなれば、著者としてこのうえない歓びです。

◎目次

◎索引

図版・資料提供（敬称略）
森北出版、宝島社、たま出版、土方羊三、平河出版社

第一章◎秘教および本書の概要

秘教とは何か

――超一流の人達は秘教に学んだ

秘教(1)は、「人類の誕生以来ずっと、人類を超えた存在である〝智慧の大師方(2)〟から、人類を導くために人類に与えられてきた教え」であるといわれています。本書では、この秘教に関する基礎的な情報を整理して、紹介させていただきます(3)。

秘教というと、「古めかしい」「いかがわしい」というような感じを抱かれる方が多いと思います。しかし、これまで時代の最先端で研究してきた人の中に、意外とこの秘教に注目していた人がたくさんいるのです。

最先端分野での技術開発を行い、また科学技術評論家としても活躍されている天外伺朗氏は著作の中で、現代物理学〜宇宙論・超能力・死後の世界・深層心理学等、時代の最先端の研究を行っている科学者が、秘教あるいは秘教に関係する情報から大きな影響を受け、その結論も秘教の説くところに近づいてきていると述べています(4)。

秘教の影響を受けた科学者としては、一般にも知られている超有名なところで、量子物理

(1) Esoteric Teaching／Esotericism

(2) マスター・覚者・アデプト・マハトマ等ともいわれる、神と呼べるような存在

(3)『実践的オカルティズム』H・P・ブラヴァツキー著〈竜王文庫〉巻末の用語解説によれば、「秘教――あらゆる古代の聖典、哲学思想には、一般の人たちのための外的な教え即ち顕教〈Exoteric Teaching〉と、秘伝を受けた人たちのための内的な教え即ち秘教という二面がある。顕教では真理が象徴やたとえ話等で隠されているが、秘教では直接伝えられる。秘教の本質は科学的なので、すべての宗教は同じことを伝える。」
ですから「秘教についての書籍を上梓する」というのは、厳密には概念的矛盾を含んだ表現であることを、お断りしておきます。

(4)「…〝科学対宗教の闘い〟の壮大なるドラマは、最後にドンデン返しがあり、宗教が勝利を収める、という筋書きになっているのでしょうか？」（五六頁）

学を築いたボーア、ハイゼンベルグ、シュレディンガー、深層心理学のユング等があげられています。

彼ら以外に秘教に直接触れていなくても、研究を続けているうちに自然界の仕組みのあまりの見事さに、〝神〟の存在を信じざるをえなくなったという一流の科学者は、あらゆる分野に存在しているといえます。遺伝学の世界的権威で、近年積極的に啓蒙活動も行われている村上和雄筑波大学名誉教授もそのように感じられた一人で、〝神〟という言葉を直接使うことは憚《はばか》れるため、その存在を〝サムシング・グレート〟と表現されています。

さらに歴史上、様々な分野で真に偉大な功績を残した人々の人生を綿密にたどっていくと、秘教との密接な係わり合いを持たない人の方がむしろ少ない、という感じさえしてくるぐらいです。

〝一般社会に認められる最先端の仕事〟をするスタンス

ではその秘教とは何なのか、と調べようと思って書籍に当たってみても、何やら訳の分からない言葉やとんでもない考えがいっぱい出てきて、結局大半の人は「これはとても付き合えんわい！」と放り投げてしまうのがオチなのです。

日本のこの分野で、教育関係者を中心に唯一市民権を得つつあるルドルフ・シュタイナーに関する書籍『シュタイナー入門』を上梓した東大助教授・西平直氏は、その中で秘教に関するスタンスを率直に語っておられます。(5)

「結論――宇宙は、全体として、一つの生命体です。その基本は、〝仏性〟であり、また〝無条件の愛〟であり、宗教が神や仏と呼ぶ概念と一致します」（二六四頁）

と、記しています（『ここまで来た「あの世」の科学』祥伝社）。彼がここで言っている〝宗教〟とは、〝秘教〟と考えてよいと思います。

(5)「……たまたまその思想に出会って以来、細々と関心を持ち続けている、臆病な観察者にすぎない。……まるで生半可である。その思想の核心である〝秘教的な部分〟に目が届いていない。」（一九三頁）

筆者は、この率直さに対して非常に好感を持ちます。なぜならこれが、今日秘教に興味を持ちながら最先端の研究をされている方々の、偽らざる気持ちを代表していると感じるからです。

「秘教というのは非常に魅力はあるんだけど、ドップリ漬かるのは迷路に陥ってしまう危険性がある。周りの人達からもうさん臭く感じられ、相手にされなくなる。様子を見て利用できるところは活かしながら、ライフワークとしてゆっくり研究していこう」

というのが、今日の一般社会に認められながら最先端の仕事をする、賢明な生き方だからです。

筆者はこのような考え方に対して、否定的感情を持っているわけではありません。それらの方々の努力で、少しずつ社会が変わってきたのは事実であり、それはそれで非常に意義のあることだと思います。

しかし、秘教とは、そのように後回しにされるにはあまりに惜しく、貴重な内容を含んだものであることもまた、事実だと思います。筆者がこれまでたどり着いた結論からいえば、

「秘教とは、とてつもなく膨大かつエレガントな論理体系を持ったものであり、現在最先端で行われている科学や技術研究から明らかになってきた、これまでの常識を覆すような知見とも、ことごとく符合するもの」

なのです。その内容の一部をもう少し具体的に述べれば、その論理体系は〝現代宇宙論〟をはじめ、フォン・ベルタランフィ等によって提唱された〝一般システム理論〟、近年話題になった〝複雑系〟等の〝中核を成す具体的構造〟であるということができるでしょう。

筆者がこのような結論に至れたことには、振り返ってみると幾つもの幸運が重なっていたと思います。実際に多くの場合、秘教に関連する分野は熱心に研究しようとすればするほど、類似する情報洪水の中で何が正しいか判断がつかず、進路を見失ってしまうからです。

しかし正しいルートを探り当てることができれば、状況は一転します。学べば学ぶほど、今まで目の前に垂れ込めていた霧がはらわれ、世界がどんどんクリアーに見えてくるのです。

――秘教を学ぶ正しいルート

では、筆者が考える「秘教を学ぶ正しいルート」とは何かというと、次の三つの組織、あるいは個人の提供する情報を学ぶことです。(6)

①ロシア人のH・P・ブラヴァツキー夫人（一八三一～一八九一）によって伝えられた情報、および彼女が創設した〝神智学協会〟の後継者たちの編纂《へんさん》した書籍

②イギリス出身の女性アリス・A・ベイリー（一八八〇～一九四九）によって伝えられた情報

③イギリスの画家であるベンジャミン・クレーム氏（一九二二～）によって現在伝えられている情報

年代的にみると、ブラヴァツキー夫人の最初の主要著書である『アイシス・アンベールド（ベールを剥《は》がされたイシス神）(7)』が刊行されたのが一八七七年ですから、最近の百年ちょっとの期間のもの、ということになります。

(6) これらを学ぶことが、情報という観点からいうと最も合理的である、ということで、それ以外のものは間違いである、ということではありません。

(7) 出版当初、新聞で「今世紀最大の著作の一つ」と評され、初版は十日以内に売り切れたそうです。

②・③の情報は、いずれもそれ以前のものを引き継ぐ形で三段階で伝えられてきました。

したがって本書の基本的骨格は、主に①に基づくものです。(8) そのうえに、具体的な情報に関しては②③で補い、より信頼と理解が深まるように現代社会の動きと対応づけられる情報を載せ、さらにそれらだけではどうしても論理に飛躍が生じてしまう場合にのみ私見を交えて、本書を構成しました。

神智学協会とブラヴァツキー夫人

しかし、「それらの情報のどこが秘教なのか？」という疑問を抱かれた方もいらっしゃると思います。そこで、本書の基本的骨格となる情報を提供していただいた〝神智学〟および神智学協会について、少し紹介させていただきます。

近代において神智学（Theosophy）を復興(9)したブラヴァツキー夫人は、大変な霊能力(10)を持った人であり、同志の人々とともに神智学協会を設立しました。神智学協会はその後、歴史に影響を与えた人物を数多く輩出し、現在に至っています。(11)

神智学協会の設立には大きな目的が三つあったとされ、

①種族、信条、性別、階級、皮膚の色のいかんを問わず、人類全体の同胞性の中核となること。

②古代および現代の宗教、哲学、科学の研究、及び同研究の重要性を実証すること。

③自然の解明されていない諸法則および人間に潜在する精神的および霊的諸能力の調査」

(8) ②以降に伝えられた〝光線〟に関する話を除きます。

(9) 〝神智学〟という言葉は、そのはるか以前から使われていました。

歴史上最初に神智学という言葉を使ったのは、西暦三世紀にアレキサンドリアの〝折衷神智学〟を創始したアンモニオス・サッカスだったといわれています。その目標はブラヴァツキーの創始した神智学協会と同じで、当時流布していた様々な宗教・宗派を調和させ、大宗教も小宗派も〝智慧の宗教〟という同じ幹から出たものである、ということを証明することでした。

ブラヴァツキー著『神智学の鍵』には、

「プラトンやピタゴラスが前から知っており、そこから彼らの哲学を組織した古代ヘルメス哲学の柱に従って、アンモニオスは自分の教えを提起しただけである」（一三〜一九頁）

と語られています。このサッカスの考えは、オリゲネスやプロティノスおよびそれ以降の〝新プラトン派〟と呼ばれた人たちに支持されました。新プラトン

となっています。

ブラヴァツキー夫人によって書かれた『シークレット・ドクトリン』は、上下巻約千五百頁からなる大作です。その内容は「宇宙発生論」と「人間発生論」、およびその両者の関係についてであり、非常に難解ですが、神智学で最も重要な文献といわれています。

この『シークレット・ドクトリン』には、世界中の国・地域に残されているおびただしい数の聖典等の文献からの引用があります。(12) しかし彼女が執筆中に身を寄せていた館には、辞書以外にはほとんど書籍は置かれていなかったことが、確かめられています。彼女は、通俗的表現でいえば〝幽体離脱〟をすることによって、それらを調べたのです。

『シークレット・ドクトリン』は日本ではまだ一部が翻訳されているのみであり、秘教関係者以外にはあまり知られていませんが、西洋世界では歴史的に見ても非常に大きな影響を与えた書物であるといえます。というのは、アインシュタインやエジソンというような人たちがこの書をいつも身近に置き、彼らの基本的な着想を得るヒントにしたという記録が残っているからです。

ブラヴァツキーは自分の仕事を、〝トランス・ヒマラヤの大師方〟(13)の力を借りて行ったと述べましたが、多くの人から「大師方の存在をでっち上げたペテン師」と非難されました。これに対し彼女は「それは自分に対する最高の賛辞だ」と述べています。なぜなら、もしそうだとすると彼女の残した人類史上類稀なる仕事が、すべて彼女の業績だということになるからです。

派は、その後ルネッサンスや近代科学の創成期等において、西洋の歴史の舞台裏で、常に重要な役割を果たしてきました。

(10) 物質化現象等も行った記録が残っています。

(11) 本部はインドのチェンナイのアディヤールで、日本には支部＝日本ロッジがあります。

(12) その文献の中には大英博物館やバチカンの図書館にのみ収蔵されているものも多く、日本の『古事記』や『日本書記』からと思われる話もあります。

(13) 彼女と同時代に神智学協会で活動したA・P・シネットは、大師と手紙で交流し、それを『シネットへのマハトマの手紙』という著書として出版しています。

後継者たち

ブラヴァツキー夫人の後継者に、アニー・ベザント女史とC・W・リードビーター司教がいました。彼ら自身も優れた霊能者でありましたが、自身で得た情報とブラヴァツキー夫人から学んだ教えを、古今東西の聖典と照らし合わせながら、論理的な整理を行い、一般の人が近づきやすいものにしました。

本書の土台となっている枠組みも、彼らの業績に負うところが大であるといえます。

日本で神智学というと、「知っている」という方の大半は教育関係から入って、ルドルフ・シュタイナーに触れた方のようです。確かに彼も神智学協会に属していた時期がありましたが、後に協会を出て彼自身の霊的体験をもとに〝人智学〟[14]を作りました。

また、ベザントとリードビーターによって育てられたクリシュナムルティーは、毎夜幽体離脱して大師の元で教育を受け、その記録を弱冠十四歳のとき『大師のみ足のもとで』（田中恵美子訳、竜王文庫）という本にまとめ、出版しました。彼は、〝特別の使命を持った存在〟として世界中から注目を浴びていました（第三章参照）。後年には、オルダス・ハックスレーやニューサイエンスの旗手の一人のデビット・ボーム等と交流し、ニューエイジ・ムーブメント[15]にも多大な影響を与えたことが知られています。

またベザントは、インドの政治にも関わりを持ちました。インド建国の父・ガンジーやネールは、ブラヴァツキーやベザントに導かれて神智学協会員となり、神智学の理解に基づく

(14) 人智学からも多くの人材が輩出されました。映画『ネバーエンディング・ストーリー』の原作や小説『モモ』で有名なミヒャエル・エンデもその一人です。本書の内容は具体的な点においてシュタイナーの主張と異なるところもあると思いますが、本書で扱う全体構造を理解することは人智学を整理するうえにも役立ち、協調・協力していくことが可能なはずですので、細部の違いにこだわらずに読み通していただければ幸いです。

(15) アメリカを中心に70年～80年代に盛り上がりをみせた霊性復興運動。それ以前のヒッピーやカウンターカルチャーの運動を継承したもの。

信念が、彼らの政治思想の支えとなっていました。

神智学という言葉こそ日本ではあまり知られていませんが、これまでの話からもお分かりいただけるように、今日日本を初め世界中で起きている新しい流れの源流を辿《たど》っていくと、そのかなりの部分が神智学と直接的な関わりを持っていた、ということがいえると思います。

では次に、先ほどブラヴァツキーの後を継ぐ情報を伝えたとお話しした②アリス・ベイリーと③ベンジャミン・クレームについて、簡単に触れておきます。

アリス・ベイリーもまた神智学協会に一時籍を置きましたが、組織になじめず脱会して、後に「アーケン・スクール」という、より開かれた組織をつくりました。彼女もまた〝トランス・ヒマラヤの大師〟の助力により、計二四冊の著作を残しました。それらは、二〇世紀後半から二一世紀前半の世界を導く情報といわれ(16)、事実現在の私たちにとって重要なヒント**に満ち溢れています。**

しかし、A・ベイリーに関しては日本ではまったくといってよいほど知られておらず、現在僅かな人々の献身的な努力によって翻訳が進められています(17)。

ベンジャミン・クレーム氏は現在までに五冊の著書を出され、また国際機関誌『シェア・インターナショナル』の編集長として、秘教的観点からの最新の情報を伝え続けています。彼の伝える情報の核に、やはり〝トランス・ヒマラヤの大師〟の助力があると語っています。その他、奉仕のための瞑想である〝伝導瞑想〟の普及活動を世界中で行っています。

さてこのように、これら三つの流れはいずれも〝トランス・ヒマラヤの大師（方）〟の助力を得ていると自ら主張しており、実際にそのような方々と会ったり、また日夜そのような方々

(16) その主著〝A Treatise on Cosmic Fire〟（宇宙の火に関する論文）は、内容的にも『シークレット・ドクトリン』の後編であるといわれる大作です。

(17) これは世界的に見て、非常に遅れた状況といえます。欧米では、ブラヴァツキー夫人やA・ベイリーの著作はCD-rom化され、重要概念に関しては検索もできるという状況になっているのです。

とテレパシーで交信していた（いる）というのです。[18]

実際に大師方との出会いを記録したものや、さらに大師方からいただいた手紙等の物理的な証拠が残っているケースは、他にも幾つか存在します。

エレナ・レーリッヒは、夫のニコライと共にトランス・ヒマラヤ[19]地域を旅して大師方のメッセンジャーとして陰で活動し、それを「アグニ（火の神）・ヨガ叢書」（竜王文庫で一部訳出）として残しました。

また、『ヒマラヤ聖者の生活探究』（仲里誠桔訳、霞ヶ関書房）という五冊からなる本は、スポルディングという人がヒマラヤで実際に体験したとされるものの記録で、日本でも、新しい動きの先導者である船井幸雄氏が「自分の今の活動に大きな影響を与えた本」と紹介した（『不思議の科学Ⅱ』角川書店、等）ことから、かなり読まれているようです。

しかし読者の皆さんに、「これだけ証拠があるのだから信じなさい」と言っても、筆者の文章を読まれただけで、直接係わりを持たれていない方には、到底無理な注文だということは承知しています。ここはとりあえず、そういう話があるということを前提に、次に進ませていただきたいと思います。

――秘教から顕教へ

これらの教えや情報は、皆同じ源から発せられていることから〝トランス・ヒマラヤ密教〟と呼ばれることもあります。[20]

(18) このテレパシーでの交信は、よく話題に出るチャネリングとは、本人の同意を得たうえでの双方通交の交信である等の点で、明白に違うもののようです。

(19) インドから見た時の〝ヒマラヤの向こう側〟という意味で、地域的にはチベットに含まれます。

(20) 〝チベット密教〟とは異なるものです。
〝チベット密教〟は仏教の中の密教ですが、〝トランス・ヒマラヤ密教〟は宗教・宗派を超えたものです。
またこの教えは、論理的な形で一般に伝えられたのはこの百年位のことですが、その起源をたどると（9）で述べたように、サッカスから古代ヘルメス哲学になり、それをさらに調べるとその前の教えが出てくるということが繰り返され、ついには人類の発生した時点にまでさかのぼってしまうということから〝Ageless Wisdom＝不朽の智慧の教え〟とも呼ばれています。

ここまでの話を聞いて、読者の皆さんの中には次のような疑問を抱かれた方がいるのではないかと思います。

まず第一点は、なぜ最近になって、そのような論理的な教えが顕教として伝えられるようになったのか、ということ。

第二点は、なぜ神智学協会なら神智学協会として一つの組織に継続して伝えられるのではなく、①→②→③というように、違った人・組織に伝えられていったのか、ということです。

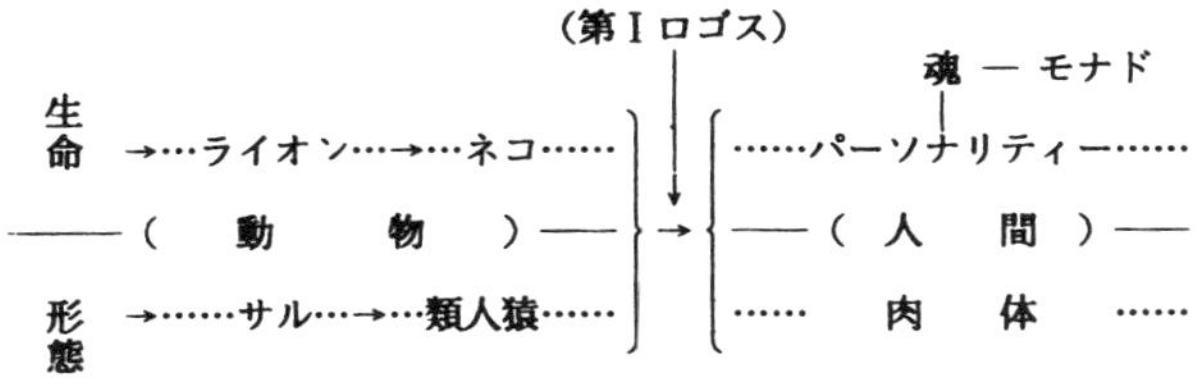

図表１（動物→人間の局面での）進化における２つの相

まず第一点目に関してですが、これには主に二つの理由があります。まず第一に、人類が全体としてかなり進歩をとげ、この教えを使いこなせるところまでたどり着いたということ。もう一つは、現在の世界で最も力を持っている欧米文化において、霊的な教えやそれに基づく生活が忘れ去られてきてしまい、それを取り戻すには彼らに受け入れられる論理的な教えが必要になった、ということです。

次に第二点に関してですが、まず基本的に大師方にとって人類は一つであり、成就すべき仕事が発生した場合には、その仕事に最もふさわしい働き手を人類の中に見つけて使われる、ということです。たまたま同じ組織に属する人々が継続して使われることもあれば、まったく違う人や組織の場合もあります。

第七章で「動物から人間に至る進化」を論じますが、その中で「進化はダーウィン以来の進化論で考えられているような単線的な流れで起きるのではなく、複線的に起きる現象である」という話をします（図表1）。つまり、今考えられているサルから人間へというような〝形態〟の進化の他に、〝生命〟（〝意識〟あるいは〝魂〟の進化ということもあります）の進化というものが存在し、その二つが一体となった形で進んでいくというのが、あらゆる進化の真の姿である、と秘教では説かれているのです。(21)

この問題の場合には、人間社会での組織の系譜図が〝形態の進化〟に相当します。しかし「生命の進化」に相当する内容の継承は、直接の個人的接触のなかった「ブラヴァツキー夫人→A・ベイリー→B・クレーム」と行われても不思議ではないのです。(22)

したがって、本書では①→②→③の流れを信頼して、お話していく次第です。

本書の構成

ではこれから秘教の全体像および、本書で扱う秘教の全体像を、お話したいと思います。先ほどブラヴァツキーの『シークレット・ドクトリン』が「宇宙発生論」と「人間発生論」より成るというお話をしましたが、それは結局宇宙の森羅万象（を動かしている原理）をすべて扱う、ということです。本書もそれにならって、その広大な領域のすべてを扱うことにチャレンジしていきます。

秘教は大師方から人類に与えられた教えですが、今回本書で扱う領域は、実は秘教全体を

(21) 動物から人間への進化の最後の過程はイヌやネコ、ウシ等のペットや家畜が人間の知性や愛情によって人間に進化します。本当に重要な意味での進化はこちらであり、サルから人間への進化は、外側の入れ物である肉体に関する表面的現象である、という考え方を、秘教では採用しています。先年、ローマ法王が進化論を認めたことが発表され話題になりましたが、それはこの教えが背景にあったからです。第七章参照。

(22) 筆者自身は、勉強の過程がクレーム氏からベイリー、そして神智学とさかのぼっていったこともあり、このような継承が起きていることに関して、否定できる要素をほとんど持ちませんし、またその説に従って整理すると、気持ちよいほどきれいにまとめることができます。

ただし、その三者間でもまったく食い違いがないわけではなく、後発の情報の中で先発の情報が修正されているケースも見られます。

いきなり複雑な情報を与えても消化しきれない、という配慮も含まれているようです。

大きく二つに分けた場合の半分ということができると思います（ちょっとコンガラガりますが、難しい話ではありません）。残りの半分は、本書で扱う――宇宙の森羅万象の――原理を踏まえたうえで、人間として自分自身（さらには人類）はいかに生きるべきか、という問題に関する領域です。[23]

これは、実生活を営んでいくうえにおいてはより重要な問題ですので、本書でも機会があるたびに触れるようにいたしますが、とても十分ではありません。納得がいくよう論じるためには、本書の応用編として、おそらく同等以上のボリュームが必要になるでしょう。[24]

本書では、今申し上げた広大な領域を扱いますので、よほどきちんと整理しないと、どこの何の話をしているのか、訳が分からなくなってしまいます。

できるだけ分かりやすくなるよう、構成にはかなり気を配ったつもりですが、読者の皆さんにも予め全体の構成の仕組みを理解しておいていただいた方が、本書で一番お伝えしたい「体系的論理」を数倍理解しやすくなる思いますので、まず大雑把に説明することにいたします。

本書の章立ては、

第一章　秘教および本書の概要
第二章　宇宙論に見る秘教と現代科学の共通性
第三章　〝神〟の世界の構造
第四章　魂の進化と人類の歴史
第五章　人間の界層構造、生死・死後の世界と再生誕

そのようなケースでは、筆者の能力の及ぶ範囲で後発の情報を取り入れる努力をしました。

(23) 〝啓示＝啓蒙＋真実の教示〟と考えていただければよいでしょう。

(24) パタンジャリの『ヨガ・スートラ』は、その内容を有する代表的な古典です。

第六章　エネルギー・システムとしての人間、そして人生
第七章　地球の進化とエネルギー・システム

となっています。本章は導入部であり概論的な話で、次章以降が本論となります。

本論の流れは、まず第二章で宇宙全体、つまり時間空間的に最大のスケールから始め、第六章の等身大の人間の生活までスケールを下ろしていき、最後にまたちょっとスケールを上げて地球全体を眺めて終わる、というように構成しています。

ちょうど宇宙全体の時空間を捉える高次元ビデオカメラがあったとすると、最も遠くまで見渡すことから始めてどんどんズームアップしていき、一人の人間までたどり着いたところで最後にちょっと引き戻して、背景である地球を写して終わる、という感じです。(25)

今の話で、ビジュアルなイメージを思い浮かべていただけましたでしょうか。実は立体的なイメージを描くことが、秘教を理解するうえで非常に重要になるのです。秘教の内容は何といっても複雑な論理構造をしておりますので、立体的なイメージが描けないことには「クリアーに理解できた！」ということになりません。

そのためにできるだけ多くの図表を用意しました。図表の好きな方は、まずはパラパラとページをめくりながら、これらの図表をボヤーッとでもよいですから眺めることから始めて下さい。それが本書を理解するうえで大変役立ちます。

左脳ばかりでなく、右脳のイメージ能力、さらに直感力・想像力・創造力、過去の体験、身体、感覚・感情、潜在意識等、自分の持てるすべてを活用して下さい。

(25) 大体、第二・三章が宇宙発生論、第四・五・六章が人間発生論、第七章が両者のつなぎの部分に当たるとお考えください。

本書のテーマ

本書を執筆するに当たって、次の三点を「全体を貫くテーマ」として設定いたしました。
①秘教の基本的な情報・考え方を分かりやすく提供する
②①の中でも特に、宇宙の森羅万象《しんらばんしょう》を貫く〝進化〟と〝エネルギー・システム〟という観点から、全体を体系的・論理的に整理する
③現代社会の最先端の動きや私たちの実生活と、①を対応づける
①に関しては、本当に突拍子もない話ばかり出てきます。②③の観点がなくて①だけでつき合っていただける人がいれば、あなたは相当変わり者と、周りから思われている方でしょう⁉

筆者自身は変わった人が好きですし、自分がその代表的人物かもしれませんが、本書をできるだけ多くの方に読んでもらって秘教の素晴らしさを味わっていただき、それがひょっとしたら真実かもしれないと考えていただくきっかけとなるものにしたい、と願っておりますので、②③の観点を入れました。

①②に関連して、できるだけコンパクトにまとめるために、多少厳密さを犠牲にして、使用する専門的概念を簡略化し必要最小限に押さえています。筆者の理解の至らないところもあると思いますし、その意味で本書は、この分野における〝基本テキストのたたき台〟を提供するものです。

（ロゴス・エネルギーのラセン構造）
第１次ラセン＝左上の小さな７巻きのバネ状のラセン
第２次ラセン＝中上に描かれた第１次ラセンで作られる輪の芯になっているラセン
第３次ラセン＝第２次ラセンの中を通る２巻き弱描かれたラセン
第４次ラセン（直線）＝第３次ラセンの中を通る直線で描かれているもの

（本書の構成のラセン構造）
第４次ラセン＝本書全体を貫くテーマ
第３次ラセン＝第１章前半の章立て説明
第２次ラセン＝第１章後半の各章の概略
第１次ラセン＝第２〜７章の本論

図表２「ロゴス・エネルギーのラセン構造」（Ａ・Ｅ・パウエル『神智学大要』第１巻より）

テーマを三点とし、章立てを七章にしたのは、実は②に関係しています。本論中いたるところに、「1が3を生み、3が7を生み出す構造」が出てきます。〝数〟の観点からいうと、これが宇宙を普遍的に貫くシステムだからです。

〝フラクタル幾何学[26]のマンデルブロー図形[27]〟や、〝1／fゆらぎ〟の話をご存知の方は、本書を読み進められるうちに、宇宙全体の進化とエネルギー・システムの中に、そのイメージを明確に感じ取ることができるでしょう。

また①②に関係する工夫として、「話をラセン的に展開する」よう心掛けました。宇宙の進化は、ラセン的に起こる現象であり、人間の認識もまた、ラセン的に進展していきます。[28]

ただ②に基づいて整理するというだけ

(26) コンピューターの開発に伴って発展した新しい数学の分野。
(27) 第二章、図表17ｂ
(28) 学問的には〝弁証法〟等で語られてきました。

なら、もっと秩序だった整理の仕方があるのですが、それではすでにある程度理解している人以外、ほとんどついて来れません。一章分を続けて読んでいただくと想定して、普通の人でもある程度ついて来れる情報量を考慮し、重要な話・難しい構造・馴染みのない概念は、適度に前後の章に振り分け、積み重ねることによって理解が進められるよう、心がけました。

第二章で、宇宙の質料の基本となる原子が図表2に示す多重構造のラセンとしてつくられていく様子を説明しますが、ちょうどそのようなイメージで本書全体を構成しています。

各章の概略・トピック

ではその第二次ラセン構造として、次章から始まる本論の各章の概略と、その中での興味深いトピック的な問題をピックアップして簡単にご紹介します。

――第二章「宇宙論に見る秘教と現代科学の共通性」

この章では、先ほどお話したように、時空間の最も大きな枠組みをご紹介します。ただし、この「最も大きな枠組み」というのは、文字通り「空間的に最大・時間的に最長」というのが一方の極として当然あるわけですが、図表2のようなそれと逆方向の「空間的に最小・時間的に最短」がもう一方の極としてあり、その両方に挟まれた全領域ということを意味しています。

秘教の宇宙論というのは、この全体を統一的な論理によって解くものなのです。

これを聞いて、現代科学の宇宙論の動向をご存知の方は、「何だ、それじゃ〝ビッグバン理論〟と同じじゃないか」と思われたことでしょう。その通りなのです。いやビッグバン理論だけでなく、〝スーパー・ストリングス理論（超ヒモ理論）〟や〝人間原理宇宙論〟等の現代宇宙論における重要な仮説とも、非常に興味深い対応関係があるのです。

この章では、その両者の概略を紹介し、それらの類似点を整理しました(29)。

秘教の宇宙論には、先ほどの「1→3→7」という構造が登場します。この〝3〟というのは、キリスト教でいうならば〝父と子と聖霊〟の〝三位一体〟に当たります(30)。これを秘教では〝第Ⅰ～Ⅲまでの三つのロゴス(31)〟と表現します。

その後〝7〟という数字が、しつこいぐらい繰り返し登場します。この〝7〟という数字は、秘教理解の鍵を握る〝マジック・ナンバー〟なのです(32)。

考えてみると私たちの生活の中でも、一週間が七日であったり、虹が七色であったり、ドレミの音階が七音でできていたりと……、不思議に〝7〟がいろいろな領域で基本的な単位を表す数として登場しますが、秘教によればこれらも実は単なる偶然ではなく、みな根底において関係していることなのです。

――第三章「〝神〟の世界の構造」

この章では、前章で述べた宇宙の背後に存在し、宇宙の創造・維持・破壊を司っている意識体、これらは通常〝神〟といわれているような存在ですが、その意識体の構成する世界――すなわち宇宙の統治機構の構造――を説明します。図表3がその組織図です。かなり複雑ですが、ここに「1→3→7」という構造が潜んでいます（概形のみ見ておいて下さい(33)）。

その代表として、私たちに最も重要な意味を持つ〝地球〟の統治機構＝〝ハイアラーキー〟

(29) 秘教の側の資料としては、インドに伝わる聖典「ヴェーダ」と、聖書で語られている天地創造の物語も含めて解説しました。

(30) ヒンズー教でいうならば〝シヴァ・ヴィシュヌ・ブラフマー〟――それぞれ宇宙の〝破壊・維持・創造〟を担当するといわれています。この他にも世界中の宗教で、同様の三位一体の教えがあります。

(31) それぞれ神の〝意志・愛・活動（知性）〟の側面を担うといわれます。これは〝破壊・維持・創造〟とほぼ同じ内容を意味します。

(32) これに関しては例えば聖書に、「七つの星は、七つの教会のみ使いであり、あなたが見た七つの燭台は、七つの教会である」（『ヨハネの黙示録』1：20）というような文章があります。

(33) これは仏教では〝マンダラ〟として描かれてきたものに当たりますが、秘教で説いている具体的構造は多少違います。

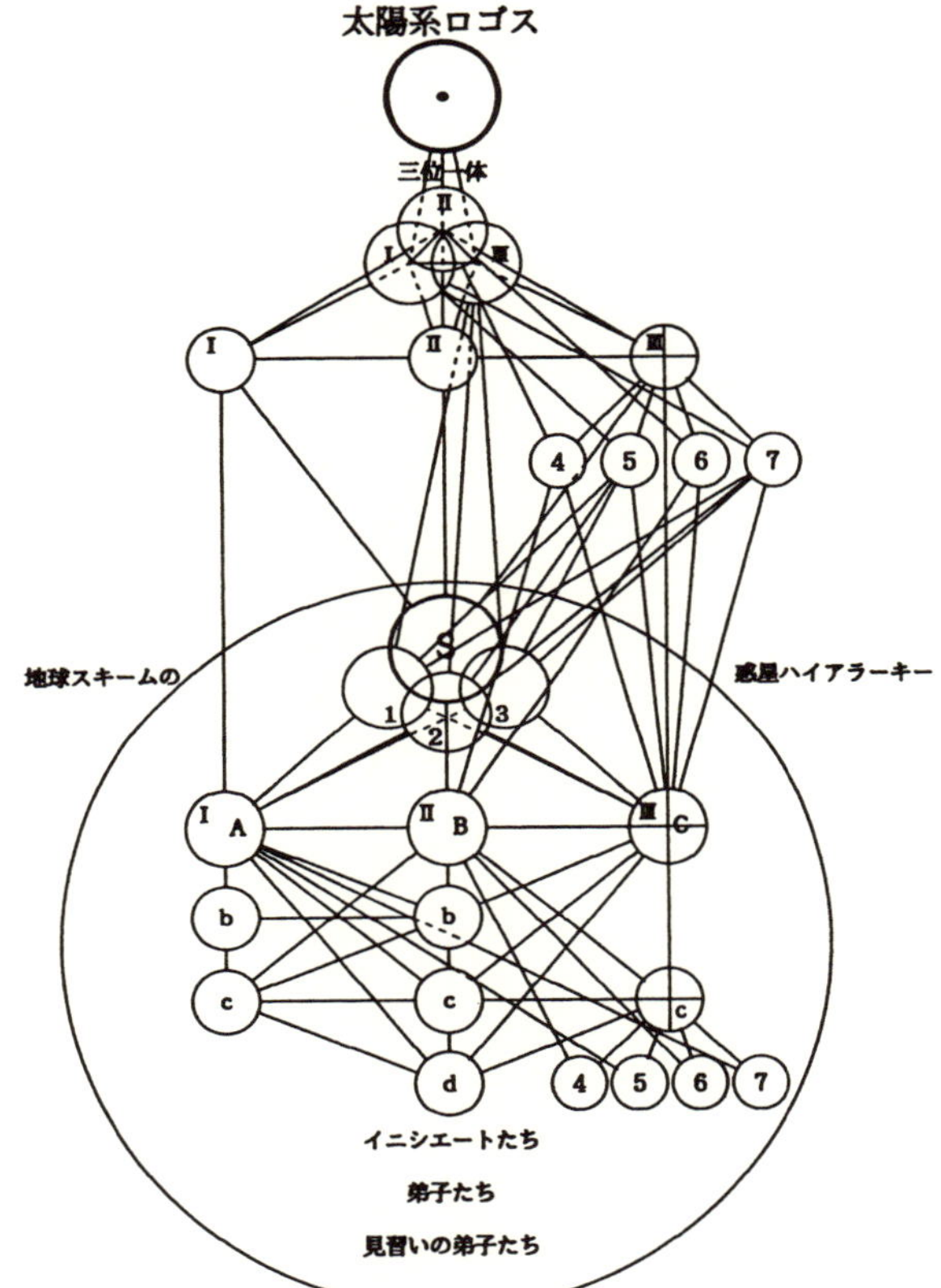

この表は現在のハイアラーキーの一部の概要であり、人間の進化に関係する顕著な人物のみを示している。同様の表が、デーヴァ進化の観点から見れば、違った配列になる。（結ぶ線はフォースの流れを示している。）

図表３　太陽系ハイアラーキーと地球ハイアラーキー
（Ａ・ベイリー『トランス・ヒマラヤ密教入門Ｉ』たま出版刊、より）

(3つの円が交わって7つの領域が生じる)

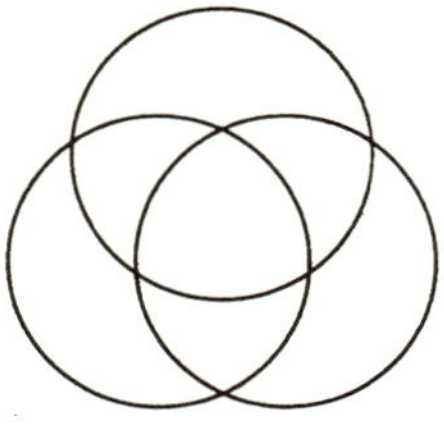

図表４　３から７が生まれる仕組み

を中心にお話をします。ハイアラーキーの中には、先ほどお話した〝トランス・ヒマラヤの大師方〟も構成員として含まれます。

私たちにとって非常に馴染み深い、仏陀やキリストの話も登場しますが、それらの言葉は秘教の中では通常理解されている個人名としてではなく、職務を表す言葉として使われます。

現在、仏陀のポジションに入られている方は、私たちが通常仏陀と思っている方です。

彼とキリストは兄弟のように密接な関係にある存在だといわれています。しかも彼等はかつて人間であり、「〝落ちこぼれ〟ていた時期さえあった」というのです。こんな話を聞くと、ホッとしませんか？

そこにあるのは、徹底した平等感なのです。

この章ではさらに、宇宙全体を貫くエネルギー・システムを考えていくうえで重要な〝七種の光線（エネルギーの七つのタイプ）〟の話が、初めて登場してきます。そこでも「1→3→7」という構造が登場しますが、それがたまたまそうなっているのではなく、きちんとしたメカニズムによって生み出されているのです。（図表4）

――第四章「魂の進化と人類の歴史」

この章から、人間の問題に入っていきます。まず個人、次に人類全体に関する最大スケールの時間枠を眺めて、そこで観察される現象を取り上げます。

秘教では、〝輪廻転生〟が実際に存在するとされていますので、個人に関する最大スケールの時間枠とはこの場合、一人の人間の誕生から死ではなく、〝魂の進化〟という現象です。

輪廻転生を通して永続するのが〝魂〟であり、私たちが通常自己だと思っているものは〝パーソナリティー〟と呼ばれます。パーソナリティーは一回の転生で魂が使用する器であり、永続性のないものです。それに対して魂こそが、輪廻転生を繰り返し、とてつもなく長い年月をかけて進化していくのです。

魂が進化して行き着く先に、〝モナド〟と呼ばれるものが存在します。「すべての存在は神である」という教えが東洋の宗教等にはありますが、モナドこそがその神性なのです。

私たちは通常、パーソナリティーのみが自分だと思っていますが、すべての人間は、「モナド――魂――パーソナリティー」という〝三重の構造〟を持っており、モナドが魂を、魂がパーソナリティーを、見えない糸で導いているのです。そして人間の進化とは、パーソナリティーが魂とのつながりを強め、魂がモナドとのつながりを強めることによって、神へと帰還していくプロセスなのです。

次に人類全体に関する最大スケールの時間枠、つまり人類が地球に誕生してから今日までの歴史について、お話しします。

秘教では、「人類の歴史の背後には、常に〝神の見えざる手〟があった」とされています。第三章で扱ったハイアラーキーの方々がその〝神〟であり、〝光線〟が〝見えざる手〟の役目を司っているのです。(34)

細かくいうと実はハイアラーキーの上に、〝シャンバラ〟と呼ばれる、進化の大計画を発する地球の最高意志決定機関が存在します。つまり地球においては、

(34) ハイアラーキーは〝進化の大計画〟を持っており、光線をコントロールすることによって、人類を導いているのです。

「シャンバラ――ハイアラーキー――人類」という〝三重の構造〟が存在し、シャンバラがハイアラーキーを、ハイアラーキーが人類を導いています。そして地球の進化とは、人類がハイアラーキーと、さらにはシャンバラとのつながりを強めることにより、神(35)へと帰還していくプロセスなのです。

こう見ていくと、一人の人間の進化と、人類あるいは地球の進化は、構造的に同一の現象であることがお分かりいただけるでしょう。しかもその両者の間は無関係に存在するのではなくて、二本の進化の交点に登場するのが、偉人・天才と呼ばれる人たちなのです。

第五章　「人間の界層構造、生死・死後の世界と再生誕」

この章では、人間を見る時間的スケールを一段下げ、転生の一つのサイクル、その中でも〝生と死に直接関わりのある部分〟を調べていきます。

その部分の仕組みを理解するためには、パーソナリティーの構造を知らなければなりません。パーソナリティーは、〝物質次元の体〟の他に〝アストラル体〟／〝メンタル体〟という三つの体を持っています。そしてこれらの体は、魂とモナドにその対応を持っているため、先ほどの〝三重の構造〟のそれぞれがさらに〝三重の構造〟を持っていることになります。これが、人間の最も本質的な構造といえます。

この〝三重の三重の構造〟が生み出される場が、〝太陽系の七つの界層〟といわれるもので、粗雑な方から、〝物質界層／アストラル界層／メンタル界層／ブッディ界層／アートマ界

(35) ロゴス、私たちにとっては太陽ロゴス。

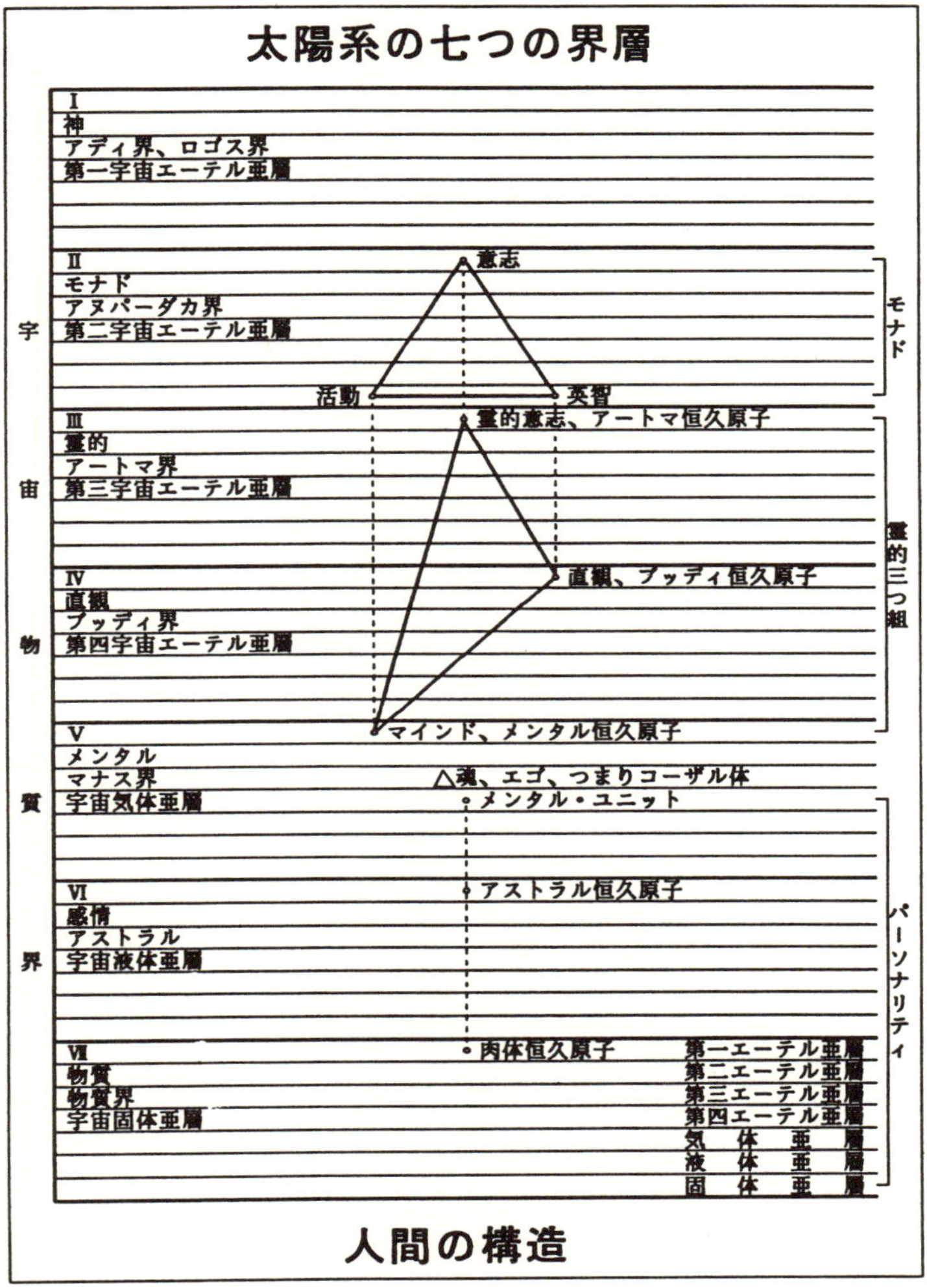

図表5　太陽系の７つの界層と人間の構造
（Ａ・ベイリー『トランス・ヒマラヤ密教入門Ⅱ』たま出版刊、より）

層／アヌパーダカ界層（モナド界層）／アーディ界層〟と呼ばれます。[36]（図表5）

各界層はさらに七つの亜層に分けられますので、界層は結局〝七重の七重の構造〟になっています。

この体と界層の理解を武器に、死のプロセス、死後の世界、次の転生への再生誕の選択、誕生までを扱います。

ほとんどの人が「死」に対して恐怖を抱いていますが、多数の臨死体験者からの報告では「死は恐ろしいものではない」という体験談が語られています。秘教の説いている教えは、この臨死体験者の報告と完全に符合するものです。そもそも秘教では、「真の人間とは輪廻転生を通じて永続する〝魂〟である」と考えているので、「死は、本当の意味では存在しない」のです。そして肉体の死は、魂の進化にとってはむしろ〝非常に大きなチャンスの瞬間〟ともいわれています。[37]

死後の世界については、仏教で教えられている「動物等に生まれ変わる」話や、諸宗教に出てくる「天国や地獄」が本当は何を意味しているのか、ということを考えていきます。

また再生誕に関しては、「親を本当に選んで生まれるのか」や「遺伝子はどうやって決定されるのか」、さらに「過去生を知ることは意味があるのか」等、興味深い問題を論じます。

――第六章　「エネルギー・システムとしての人間、そして人生」

この章は、人間を見る時間的スケールをさらに一段下げて、人間が肉体を持ってこの世に

(36) 精神世界を学ばれた方は、アストラル・メンタル等は近年よく目にされると思いますが、それらが秘教（神智学）で使われていた用語であったということは、日本ではあまり知られていません。

(37) **『死者の書』**として世界各地で伝えられてきたものは、迷信などではなく、その貴重な機会を活かす重要な〝死に方の技術〟だったのです。

存在する期間の生活を日常レベルまで調べ、人間の活動の本質を探っていきます。

通常私たちが肉体だと思っているものは、物質界層の低位の三亜層よりなる体です。私たちの物質界層の体としては、実は肉体以外にも、残りの高位四亜層よりなる〝エーテル体〟と呼ばれる体が存在します。

エーテル体は物質界層のエネルギーを伝える網状組織であり、鍼灸などで使われる中国医学の〝経絡〟はこの主要な部分です。〝ツボ〟といわれているものは網状組織の集中している点に相当し、その最も大きく重要なものが、ヨガで〝七つのチャクラ〟と呼ばれているものです。

チャクラは、アストラル体にもメンタル体にも存在し、しかもエーテル体上と同じ位置に同心球状に存在しており、発電所の変圧器と同じ役割を果たします。

↓メンタル界層↓アストラル界層↓物質界層↓……と、より低位の界層に移るにしたがって、そこに流れているエネルギー・レベルが下がっていきます。宇宙から流れ込んだ光線＝エネルギーは、↓ロゴス↓シャンバラ↓ハイアラーキー↓を通って調整されて人類に吸収できるレベルとなり、それが個人のチャクラを通ってさらに一段ずつレベルを下げることにより、肉体の活動に使えるものとなるのです。

その時、チャクラの開発レベルによって、肉体に届くエネルギーの量と質が決まってきます。すべてのチャクラがバランスよく開花していると、非常に大きなエネルギーが得られるため、通常では考えられないほどの活動ができるようになります。

さらにこの章では、プラーナ／クンダリニー／オーラ等、精神世界ではお馴染みの言葉に関しても説明します。

〝チャクラ〟等と、これまでの章で述べてきた〝界層〟や〝光線〟等の理論を駆使すると、人間の活動がすべて〝エネルギーの流れ〟として説明できるようになります。その具体例として病気を中心に取り上げます。

病気とは、極めて単純化していうと、「エネルギーの流れがアンバランスになった時に生じる現象」といえます。

また先ほど、「人間の活動はすべてエネルギーの流れである」とお話ししましたが、実は〝人間自体〟つまり人間の諸体を構成している質料自体も、光線＝エネルギーからつくられています。

このようにして、人間に係わる一切が、エネルギーによって説明できるわけです。

――第七章　「地球上の進化とエネルギー・システム」

この最後の章では、今述べたエネルギー・システムが、人間のみでなく地球(38)におけるすべての存在を貫いていることを、見ていきます。と同時にそれとの関係において、進化という現象がすべての存在を貫いて起こってくることも調べます。

地球上で私たちに馴染みのある存在たちというと、鉱物・植物・動物です。それらに人間を加え、それぞれの生活の中でお互いの間の依存関係を見てみると、自分の身体を作り維持していくうえにおいて、人間↑動物↑植物↑鉱物、という関係があります。上位にあるもの

(38) 惑星の一つの具体例と考えていただければ、より普遍性を持った見方につながります。

は、それより下位にあるすべてのものから質料の提供を受けている、というのが基本的関係です。私たち人間についてみれば、動・植・鉱物を摂取することによって生かされているのです。

　では私たちは、ただそれらから恩恵を受けているだけなのでしょうか。実は見えないエネルギーの世界では、それと逆の流れが存在しているのです。第六章で述べた流れと合わせて表記すると、

「↓ロゴス↓シャンバラ↓ハイアラーキー↓人間↓動物↓植物↓鉱物↓」

というエネルギーの流れが、〝七つの王国〟を貫いて存在するのです。

　進化は、そのエネルギーの流れに導かれて起こります。先ほど、人間からの知性や愛情を受けることによって動物から人間への進化が起こる、と述べましたが、知性や愛情も実はエネルギーなのです。したがって進化は、エネルギーの流れとまったく逆方向に進んでいくのです。

　では鉱物はどこからきたのでしょうか。太古の昔より変わらず存在した、という考えは成り立ちません。秘教の教えと一致するといったビッグバン宇宙論では、宇宙開闢《かいびゃく》の瞬間は宇宙全体が極微の一点だったと語っています。

　どこかから供給されたのか？

　そうなのです。鉱物界に先立つ王国が存在するのです。それが〝エレメンタル王国〟と呼ばれるものです。図表6をご覧ください。鉱物の前に三つのエレメンタル王国[39]が描かれております。[40]

(39) ごく微小な目に見えない存在たち。詳しくは第七章の本文をお読み下さい。

(40) この三つと鉱・植・動物、人間を合わせて〝七つの王国〟と数える場合もあります。

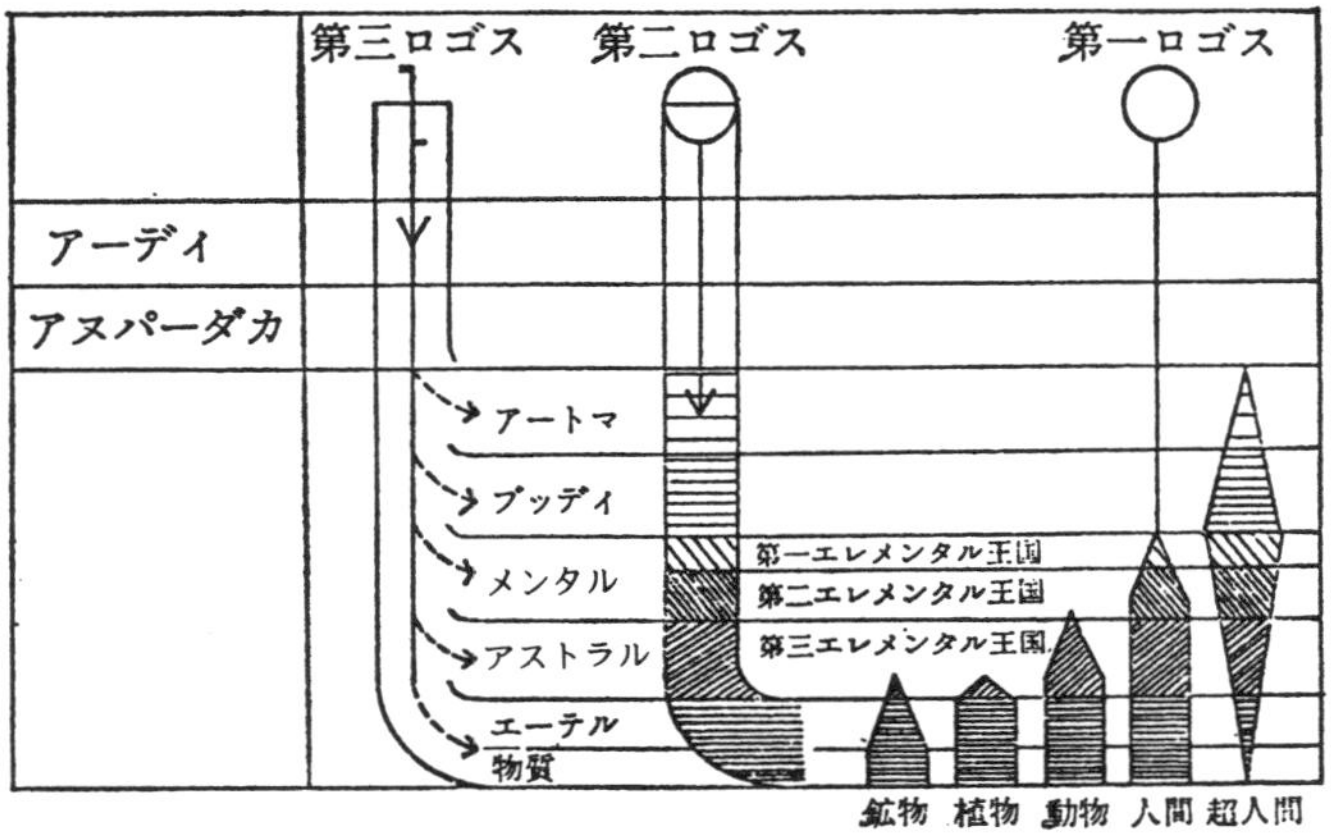

図表6　生命の各王国
（A・E・パウエル『神智学大要』第4巻、たま出版刊、より）

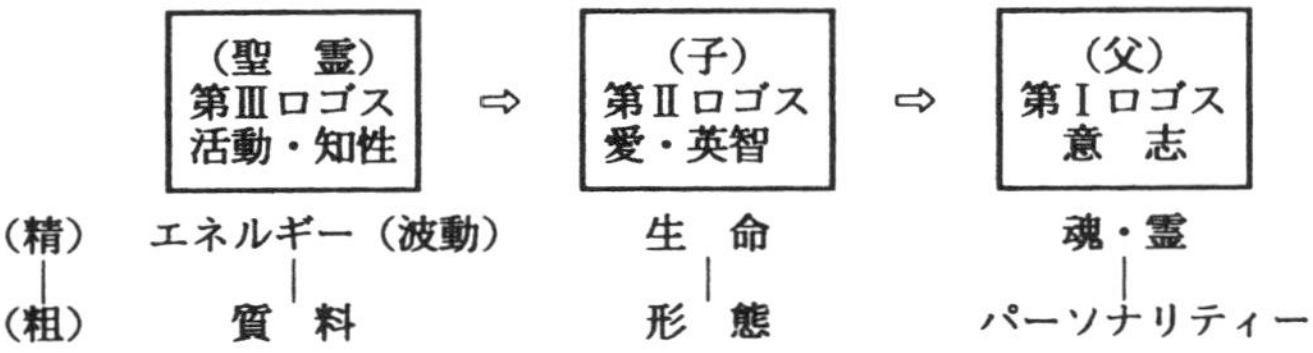

図表7　第Ⅰ～Ⅲロゴスによる創造の機能と順序

さらにその元をたどっていくと〝第Ⅱロゴス[41]〟にたどり着きます。第Ⅱロゴスは、〝生命―形態〟を生み出す神の働きです。すべての生命の源は、神なのです。

これに先立って〝第Ⅲロゴス[42]〟が、〝エネルギー―質料〟を創造します。これは第二章で述べる天地創造の一番最初の過程で、すべての質料は神の意識によって創り出されるのです。

そして最後の〝モナド（霊）・魂―パーソナリティー〟を生み出す〝第Ⅰロゴス[43]〟の働きは、第Ⅱロゴスの活動の途上、動物が人間へと進化する瞬間に起こります。

これが地球という惑星における進化の全体像です。それゆえ、人間は〝万物の霊長〟であり、地球上の進化に対して大きな責任を負っているのです。（図表7）

宇宙の根本的な法則に、〝自由意志の法則[44]〟というものがあります。その法則とハイアラーキーの指導のもと、私たちは最大限の努力をして、地球を守っていかなければなりません。

本書の読み方・秘教の学び方

以上が本書の概要です。宇宙旅行をしたような気分、それも空間だけでなく時間やさらにそれを超えた次元にわたる、極小から極大までの壮大なパノラマを感じていただければ、成功だったのですが。本書を読みながら、そのパノラマの中で現在の自分自身、人類、そして地球が置かれている状況を冷静に眺め、「今、宇宙の中のほんの小っぽけな、と同時に本当に偉大なる存在である自分自身が、何をなすべき時か」……という問題をじっくり考える時間を持っていただければと思います。

(41)〝父と子と聖霊〟の三位一体の〝子〟の相。

(42)〝聖霊〟の相。

(43)〝父〟の相。

(44)すべての存在は、許された範囲内ではありますが、自分の行動を自分自身の意志で決定する自由を与えられている、という法則。

本章の最後に、本書の読み方・秘教の学び方をアドバイスさせていただきます。

本書の効率のよい読み方は、まず初めに今述べた各章の概要を何回かお読みいただくことです。馴染みのない用語がかなり出てきたと思いますが、それらはいずれも秘教における最も基本的な概念ですから、憶えてしまって下さい。

そして最終的には、最初から全章を順に通して読んで、全体を貫く体系的論理を理解していただきたいと思います。

しかしそこまで至るにはかなり時間を要すると思いますので、初めのうちは興味の持てるところ、気分の向いたところ、どこからでもお読み下さい。

理科系的な話が苦手な方は、第二章は飛ばし読みして下さい。

宗教的な話、神の話があまり好きでない人は、第三章は飛ばし読みして下さい。

とにかく難しかったり、あまり好きでない話題のところは、そこに引っかからないで、先に進んで下さい。脚注をたくさん用意しましたが、気の向くままに御参照下さい。

内容的に難しいものを征服する時のコツは、まさに「読書百遍意自ら通ず」で、一回当たりにそれほど時間をかけなくても結構ですから、いつも身近に置いて、とにかくマメに開いて見ることだと思います。よく語られてきたことですが、精読と飛ばし読み(45)をうまく組み合わせることが、学び方のコツだと思います。計百時間位かけていただければ、相当理解が進まれていることでしょう。

「そんなことまでして理解する価値のあることなの？」

という疑問を抱かれる方が大半だと思いますが、筆者は「ある」と断言できる確信を持って

(45) intensive & extensive reading

おります——ただし、最初からそんなに気張っていただく必要はありません。

多少努力していただいていったん取っ掛かりができれば、みるみるうちに理解が進み、「たとえこの内容がまったく真実に基づかないものだったとしたって、これほど壮大なＳＦフィクションだったら騙されてもいいか」と思えるくらいの、面白さと感動を秘めていると思います。

内容にかなり信頼を感じていただいた時には、何度も繰り返し読んで全体の構造を頭に叩き込んで下さい。そうすれば本書の理解が進むだけでなく、本文中で紹介しているような名著——これらの大半は相当に難解なものです——が、本書を読む以前とは比べようもないほど楽に理解できるようになると思います。また、本書以外で接する情報に関しても、信頼すべきか否かの判断が的確に下せるようになるでしょう。

それでは準備もかなり整いましたので、〝秘教への本格的な旅〟にご出発下さい。

第二章◎宇宙論に見る秘教と現代科学の共通性

第一章では、秘教の歴史と本書の概要、学び方等をお話しいたしました。

本章から秘教の本格的な紹介を始めるわけですが、本章ではまず秘教のカバーする時空間の全領域に関して、物質的な観点を中心に見ていくことにいたします(1)。

この領域に関しては、現代科学の宇宙論が専門的に扱っております。現代宇宙論は、非常にセンセーショナルでありながら信憑性も高いものとして広く知られている〝ビッグバン理論〟をはじめ、非常にユニークな理論（仮説）が「人類最高の頭脳」と一般に考えられている研究者たちから続々と発せられている、非常に活気のある魅力的な分野です。そして、そこで出されてきた理論が、興味深いことに実は秘教で説かれている宇宙論にドンドン近づいているのです。

では秘教の宇宙論とはどんなものかというと、これが現代科学の宇宙論をはるかに上回るとてつもなく奇想天外なものでありながら、かつ完璧なまでの論理的整合性を持ったエレガントなものなのです。

本章では、この二つの宇宙論を比較してみたいと思います。

そのため本章は、ちょっと込み入った話が多くなります。細部を理解するのがめんどくさいところは読み飛ばしても結構ですから、全体像をつかむようにしていただきたいと思います。

(1)ブラヴァツキー夫人は『シークレット・ドクトリン』で神智学の主要な分野を「宇宙発生論」と「人間発生論」に分けましたが、本章でお話するのは宇宙発生論の初歩的な部分です。

科学的宇宙論

相対性理論と量子力学…二〇世紀初頭の大パラダイム・チェンジ

まず現代科学の宇宙論から紹介していきたいと思いますが、それに先だって、そこに至るまでの物理学の歴史からごく簡単に振り返ってみることにいたします(2)（図表8）。

この年表を見ますと、この五百年、そして特にこの百年のこの分野の進歩は本当にすごいなと、改めて感じます。ザーッと見ていきますと、コペルニクス（～ガリレオ）による天動説から地動説への転換、ニュートン力学の登場、ニュートン力学に基づく宇宙論が完全に勝利を収めたかに思われた一九世紀末……。

今から百年前、一九〇〇年の元旦にイギリス王立アカデミーで行われた講演でケルヴィン卿は、「今日の物理学の視野の中には、もはやごく僅かな暗雲しか残っていない。すでに私たちはこの宇宙のすべての事象を、既知の物理法則のみによって完全に記述できる段階に達した」という主旨の発言をしています。

ところがこの「僅かな暗雲」が問題であり、それが二〇世紀初頭の大パラダイム・チェン

(2) 科学史的に見ると、今日の意味での科学が確立されたのは、ニュートン力学ができあがってしばらくしてからです。それまでは、例えばコペルニクスは、新プラトン主義を学び、太陽に強い崇拝の念を持っていたようです。ニュートンでさえも新プラトン主義の薫陶を受け、錬金術や占星術に力を入れました。彼の打ち立てた理論も、それらとともに〝神の完全性を証明するための努力の一環〟だったようです。

図表8　素粒子・宇宙論関係年表（『別冊宝島116・宇宙論が楽しくなる本』宝島社より）

1543	コペルニクス『天体の回転について』刊行
1605	ケプラー3法則
1687	万有引力の法則〔ニュートン〕
1787	静電気力の法則〔クーロン〕
1847	ドップラー効果
1850	熱力学の法則〔クラウジウス〕
1864	電磁場の方程式〔マックスウェル〕
1886	マイケルソン・モーリーの実験
1900	量子論の曙（プランク定数の導入）〔プランク〕
1905	特殊相対性理論と光量子仮説を発表〔アインシュタイン〕
1913	量子法則を原子の構造に適用〔ボーア〕
1915	一般相対性理論〔アインシュタイン〕
1921	カルツァ――クライン・モデル
1925	排他定理〔パウリ〕
1926	行列力学の提唱〔ハイゼンベルク〕
	波動力学の提唱〔シュレディンガー〕
1929	宇宙の膨張の発見〔ハッブル〕
1931	モノポールの予言（量子電磁気学）〔ディラック〕
1934	中間子論〔湯川秀樹〕
1939	群論を素粒子論に応用〔ウィグナー〕
1948	くりこみ理論〔シュインガー・朝永ら〕
	ビッグバン・モデルによる元素合成の計算〔ガモフら〕
1954	素粒子論におけるゲージ理論〔ヤン＝ミルズ〕
1963	クォーク・モデル〔ゲルマン・ツヴァイク〕
1965	自発的対称性の破れ〔ヒグスら〕／3K輻射の発見
1967	パルサー発見
	ブラック・ホール特異点定理〔ペンローズ・ホーキング〕
1968	電・弱統一理論〔ワインバーグ・サラム〕
	ブラック・ホール発見
1974	大統一理論（GUT）〔グラショウら〕
	ブラック・ホールの蒸発理論〔ホーキング〕
	量子色力学の完成
1978	ボイド発見〔グレゴリー・トンプソン〕
1980	インフレーション・モデル〔グース・佐藤〕
1983	W・Z粒子の発見〔CERN〕
1985	スーパー・ストリングス理論〔シュワルツ　グリーン〕

ジを用意したのです。

アインシュタインによって発表された特殊相対性理論では「光速度のみが一定」とされ、「時間と空間の絶対性」が否定されました(3)。その後、一般相対性理論において提出された「物質が存在すると重力により空間が曲がり光も曲げられる」という〝等価原理～重力理論〟の仮説が、実際に観測で確認・証明されるに至って、その信憑性が一気に高まりました。

相対性理論からはその他、「物の速さは光速を超えられない」や、光量子＝「光は波かつ粒子の性質を併せ持つ」、さらに有名な $E=mc^2$ つまり「エネルギーと質量は相互に変換しうる」等といった、秘教とも密接に関係する仮説が導かれています。

一方、量子力学の方は、プランクの量子仮説(4)に始まり、ボーアやド・ブロイ、ハイゼンベルク、シュレジンガーといった物理学の歴史に名を刻むそうそうたるメンバーたちによって、

(3) 運動している空間は長さが縮む・時間が遅くなる。

(4) 電磁波は連続的な波としてではなく、ある特定のエネルギー量子という形で放出・吸収されている、という仮説。

徐々に確立されていきました（彼らが秘教に学んでいたのは第一章に述べた通りです）。

その中でも、〝物質波(5)〟＝「物質は同時に波＝非物質としての性質も併せ持つ」や、〝不確定性原理〟＝「ある瞬間の粒子の位置と運動を、同時にかつ厳密に特定することはできない」という考えは、特に秘教との結びつきが深いものでしょう。

「ビッグバン」モデルの誕生

相対性理論の信頼性が高まると、様々な初期条件を入れて相対性理論の方程式を解く試みがなされました。その中でも特筆すべきなのは、フリードマンらによって「宇宙の密度が時間とともに変化する」という前提のもとに解かれたとき、「膨張と収縮を繰り返す閉じた脈動宇宙」と「開いた膨張宇宙」という二つの解が存在することが発見されたことです。そして天文学者のハッブルによって、遠くの銀河ほど大きな速度で遠ざかっていることが観測されたことにより、実際に現在の宇宙が膨張過程にあることが確認されたのです(6)。

現在の宇宙が膨張しているとすると、一番最初の宇宙はどういう状態だったのかということが、当然問題になってきます。それに対する答えとして出されたのが、今日〝ビッグバン理論〟として広く知られるようになった考えで、それによれば、この壮大な宇宙も、今から一五〇億年位前のある時点では原子と比べても桁外れに小さい素粒子のような一点であり、そこから凄まじい大爆発＝ビッグバンが起こって現在の宇宙が始まったとされています。

ビッグバン理論はガモフによるその命名が見事であったこともあり、広く知られるように

(5) すべての存在は固有の波動を持っているという考えや、それに基づく実践が急速に広まっていますが、その根拠に物質波を置いている人もいるようです。

(6) 二つの解のどちらが正しいかは現代宇宙論ではまだ結論は出ておりませんが、秘教では「閉じた脈動宇宙」が説かれています。

なりましたが、その着想を最初に提示したのはルメートルというベルギーの物理学者兼牧師(7)だったといわれています。

一般の人の〝科学者〟に対するイメージがどうであれ、一流の科学者たちは皆、芸術家と同じように〝美〟を追求しており、統一的な理論というものに対して強い憧れを持っています。一方で宗教家も、絶対的な存在である神の御業《みわざ》は当然シンプルで美しく統一性があると信じており、キリスト教の牧師であれば旧約聖書の「創世記」なども当然熟知し、その真意を探ろうとしているわけです。

ルメートルが「宇宙論とは単にマクロな宇宙がどうやって生まれたかだけではなく、現在の宇宙の物質的組成というミクロな現象についても説明できるものでなければならない――つまり例えば、現在みられる様々な元素がなぜ存在するようになったかという問題も、一つの宇宙論の中で説明できなければいけない」と考えるようになったのは、彼が自身の人生に於ける二つの立場に誠実であろうとした結果の、必然的な帰着であったといえるでしょう。

このルメートルに限らず、ニュートンにしても、アインシュタインにしても、現代宇宙論の旗手・車椅子の天才と呼ばれるホーキングにしても、さらにはまったく違う分野の研究者にしても、歴史に残る大きなパラダイム・チェンジを起こした人たちは皆、例外なく、〝神〟に対して非常に強い興味関心を抱いていたようです。(8)

科学は神や宗教とは無縁のものである、という科学に対する一般的イメージは、パラダイムができあがった後に、それを完成させていくことに携わる大多数の科学者たちの仕事からくるものなのです。(9)

(7) このセンセーショナルな理論がルメートルという人物によって生み出されたことは非常に象徴的なことだと感じますので、この発見の物語を推測を交えて少し考察してみたいと思います。

(8) それは必ずしも神を肯定するということではなく、中には神の存在を否定するために必死になって、その業績を残した人もいます。しかしそのような人でも、強烈に神を意識していることには変わりありません。村上陽一郎著『宇宙論の変遷』(講談社)等を御参照下さい。

第四章では、秘教の立場から考えると、これが必然的な現象であることを示します。

(9) その人たちの仕事も、科学と宗教が統合されると予測される二一世紀には、神を意識したものに変わっていくでしょうから、近代科学が成立して以降この二百年位の間は、「時代の最先端の知識であると考えられているものが神とは無縁であった、人類の歴史の中でも、極めて特殊な時期」といわれるようになるかもしれません。これこ

――スーパー・ストリングス理論

ビッグバン・モデルは、宇宙創世がその理論通りに起こったとすると、ビッグバン初期の宇宙に充満しており現在でも観測されるであろうと予測された光が、実際に観測されたこと(10)により、一躍脚光を浴びました。そしてそれを契機に宇宙論自体が、従来その道の専門家であった以外の幅広い人々の注目をも集める分野となったのです。

ビッグバン・モデルがつくられるまで、宇宙論を導いてきたのは相対性理論でした。しかしこのモデルの信憑性が高まってくると、その初期過程は非常にミクロな素粒子の世界ということになり、その世界を扱えるのはニュートン力学でも相対性理論でもなく、量子力学のみということになるために、素粒子論の研究者が宇宙論に参入するようになってきたのです。

結局、ビッグバン宇宙論を完成させるためには相対性理論と量子力学を統合していくことが必要なわけですが、これが非常な難問で、現在も多くの研究者がしのぎを削ってこの問題に挑戦し続けています(11)。

このような日常性からはるかにかけ離れた大きなスケールの問題を考えるには、常識的な範囲の思考を繰り返していてもどうにもなりません。多くの研究者たちが解決の糸口を見つけるため模索するうち、ある人たちは「ヴェーダ」や老荘思想へとたどり着いていきました。

奇抜なアイディアの飛び交う宇宙論の中でも、近年最も注目を集めたのが〝スーパー・ストリングス理論＝超ヒモ理論〟と呼ばれているものでした。

そが、第四章で述べる〝カリユガ〟の時代の特徴といえるのでしょう。

(10) 絶対温度3Kの背景放射。

(11) 科学者たちは数式で理論武装してはいるものの、大法螺吹きのコンテストをやっているかと思われるほど、これでもかと奇抜なアイディアを競って出しています。そのような風潮に対して故・湯川秀樹博士等は「十人やって一人当たればよい」と平然と語っていたといわれています。

「宇宙開闢の瞬間においてはすべての素粒子が一種類の極微のヒモ＝弦の振動に集約されており、宇宙に働く力も唯一つしか存在していなかった」というもので、しかもこのヒモは、太さが10^{-33}cm＝プランク・スケール、長さは全宇宙の直径＝一五〇億光年というとてつもない代物だというのです。

この超ヒモ理論において、私たちの存在する宇宙は十次元の時空構造を持つと仮定すると、数式的にはそれまで解決不可能だった問題点が一挙に解決してしまうのですが、なぜ十次元の時空構造を持つのかは科学の立場からは説明がつきません。(12) しかしこれも、本章最後に示すように、秘教の立場から見事に説明できると考えられるのです。

人間原理宇宙論

現代宇宙論の話の最後に、量子力学の不確定性原理を推し進めて、「この世には客観的な実在は存在せず、すべてが観測者自身の意識によって生み出されたものに他ならない」(13)という立場に立つ「人間原理宇宙論」と呼ばれる考え方を簡単に紹介しておきます。

この立場では、「原因から結果を考えるのではなく、結果こそが原因を求める」と考えるわけで、「私たち人間が今ここに存在し宇宙を観測しているという事実から、宇宙の始まりの条件を規定してしまう」のです。

ある意味では〝やけっぱち〟に近い非常に強引な考え方ともとれる内容を含んだものです。

このような考えが生まれ、支持を得てきた背景には、人間をはじめ宇宙の存在自体が、調べ

(12) 見えない次元は〝プランク・スケールの中にたたみ込まれている〟という考えを提出している研究者もいます。

(13) これは哲学的には〝唯物論〟の対極に位置する〝唯心論〟として古くから提唱されているものです。
現象学や文化記号学でも同様の主張をしていますが、これは第六章の〝オーラ〟や〝想念形態〟等と関係の深い問題です。

れば調べるほど、偶然というにはあまりにできすぎた、「これしかない」という好条件によって支えられていたことが解明された、という事情があるようです。

その時宗教家なら、「これこそ神の御業の証明だ」と胸を張って言えるところですが、科学者たる者そうはいえないので、神の代わりに人間を特別な存在に仕立てた〝やせ我慢的考え〟とも受け取れます。(14)

それはともかく最先端の研究者の多くが、あまりにできすぎた宇宙の仕組みに驚嘆して、このような考えを支持していることは、注目に値する事実といえましょう。

(14) これまで見てきた宇宙論の歴史もそうですが、科学の進歩は一般に〝脱中心化〟〝絶対から相対〟へと進んでおり、人間のみを特別の存在と考える〝人間原理〟(の中でも極端な立場のもの)の登場は明らかにこの流れと逆行するものでしょう。

ただし、この中の穏健派の「宇宙は多くの様相をもち、私たちの意識がチューニングした相が、私たちの意識の中に〝宇宙の姿〟として浮かびあがる」という考え方は、正当なものとして評価されるべきです。

秘教的宇宙論

『聖なる科学』

現代科学の宇宙論についての話がちょっと長くなりましたが、次はいよいよ秘教の説く宇宙論の紹介に移ります。話の途中で「おや、ここは物理学の宇宙論に結びついているな」と感じられるところがかなり出てくると思います。両者の比較は折りに触れてお話しますが、本格的には一通りの説明を終えた本章の最後でまとめて行いたいと思います。

秘教的な宇宙論を調べる最も重要な方法は、信頼できる偉大な聖典を研究することです。スリ・ユクテスワという方の『聖なる科学』(森北出版)という著作は、「東洋の聖典とキリスト教の聖書との間の根本的一致を明らかにする」ために書かれたものです。[15] 各節は、最初にサンスクリットで書かれた「ヴェーダ」のスートラ(聖句)が載せられ、次にその解説が述べられ、最後にそれに対応する聖書の言葉が引用される、という構成になっています。

この書の四~五頁には宇宙創造の第一段階が取り上げられており、それに関する「ヴェーダ」と聖書の言葉は次のようになっています。

(15) ユクテスワは、ヨガの深遠なる世界を紹介した書として欧米でベストセラーになった『あるヨギの自叙伝』(森北出版)の著者パラマハンサ・ヨガナンダの師であり、その書の中でもその超人ぶりがたくさん紹介されているアバターⅡ大聖です。『聖なる科学』は、彼のそのまた師の筋にあたる大聖ババジの指示により書かれたものとされています。

「パラムブラフマは、潜在するその性質から万物を顕現させる。全能の創造力の現われはオームで、これから時間と、空間と、宇宙原子が生ずる」(16)

「アーメンという信頼すべき真理の証人、神に創られたものの根源であるお方がこういわれる」、「初めに言葉があった。言葉は神とともにあった。言葉は神であった(17)。……すべてのものはこれによって出来た。出来たもののうち、一つとしてこれによらないものはなかった。……言葉は肉となり、わたしたちの内に宿った」(18)

各聖典はそれができた当時の一般の人に理解しやすいように、と同時に真理をオブラートで包み隠すために、象徴的な表現が使われています。ブラヴァツキーの後を引き継いだ神智学協会のリードビーターとアニー・ベザントは、世界中の聖典の中の共通部分から推論して、秘教の全体系を分かりやすくまとめていくことに力を注ぎました。

彼らの業績を整理したのがA・E・パウエル編著『神智学大要』全五巻（仲里誠桔訳、出帆新社より復刊）であり、さらにそれの手引書となるものがE・N・ピアースン著『神智学の真髄《エッセンス》』（仲里誠桔訳、出帆新社）です(19)。

図表9～12と第一章で取り上げた図表2は、一つの太陽系における神の創造の一番最初の段階についての説明をするために、『神智学大要』および『神智学の真髄』の中で示されたものです。その説明文の中には、先ほどの「ヴェーダ」や聖書の記述に続く宇宙創造の過程が量的な部分にまで言及して詳細に記されておりますので、それをかいつまんでご紹介しましょう。

(16) 波動による創造物構成の原理。

(17) 本書で〝神〟を意味する表現として使っている〝ロゴス〟は、「言葉（・論理・法則）」という意味を持っています。

(18) オーム＝aumとアーメンは同じ語源を持つといわれています。さらに日本で知られているナム＝南無やアウンも、同様です。第六章参照。

(19) リードビーター等の発した情報は、幾つかの点で問題が指摘されており、信頼性を欠くという批判もありますが、秘教の全体構造を理解するという意味においては、現在でも貴重な書です。

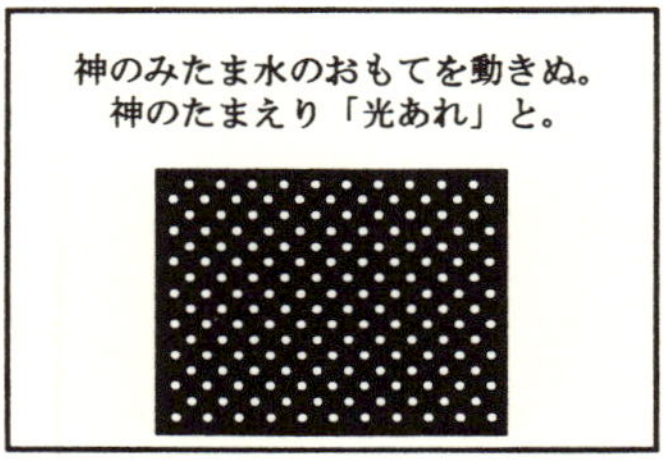

図表10　光出現の図
（A・E・パウエル『神智学大要』
第1巻、たま出版刊、より）

太初（はじめ）に・・・暗
わだつみのおもてにありき。

図表9　根源質料の図
（A・E・パウエル『神智学大要』
第1巻、たま出版刊、より）

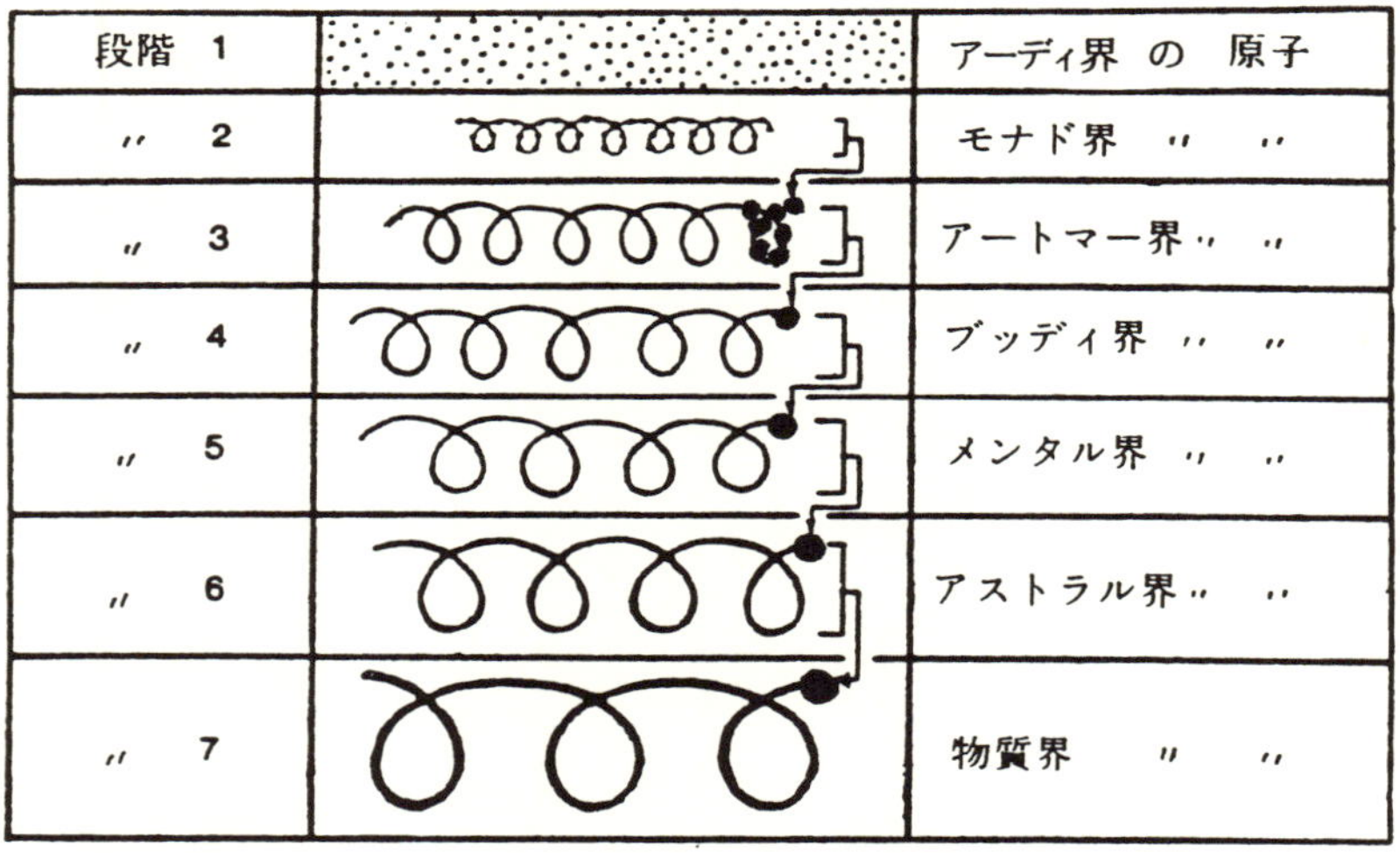

図表11　原子とラセン（E・N・ピアースン『神智学の真髄』より補正）

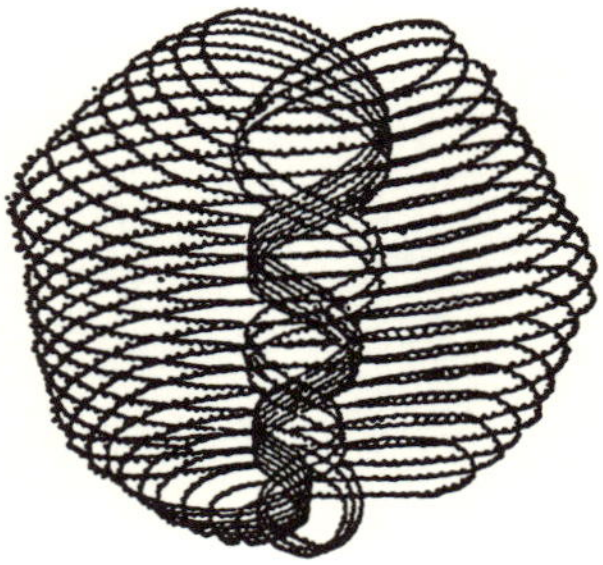

図表12　陽性物質原子
（A・E・パウエル『神智学大要』第1巻より）

――あらゆるものは神の意識で創られている

この創造行為は第一章で述べた〝エネルギー――質料〟を創る太陽ロゴスの〝第Ⅲロゴス〟の働きによるものですが、図表の過程に先立ち太陽ロゴスは、「神の心の世界」でこれから創られる太陽系に関するあらゆる原型を創造し終えていることを、押さえておいて下さい。

図表9と10には、「はじめに……暗わだつみ（海）のおもて（面）にありき。」、「神のみたま（御霊）水のおもてを動きぬ。神のたまえり『光あれ』と。……」という旧約聖書の『創世記』1の言葉が付されています。

まず〝コイロン（＝空）〟と呼ばれる〝原初のエーテル〟のみが存在する状態に、第Ⅲロゴスがエネルギーを注ぎ、コイロンの中に無数の泡＝光の点を創ります。この泡こそが一番最初の質料[20]であり、それは太陽ロゴスがコイロンを押し開いている間だけ存続するものであって、したがって「質料＝神の意識」ということができるわけです。

それ以降、原初の質料が組み合わされて〝七つの界層〟の質料が上から順に創られていきます。この時、〝7〟という数が鍵を握る数字としてドーッと出てきます。

第Ⅲロゴスはこれらの泡を七個つないでラセン状の一つの輪を創り、その輪をさらに七つつなげて〝第1次ラセン〟を完成させます。これが〝モナド界＝アヌパーダカ界〟の原子になるのです。この様子が、図表11中の段階2です。この時、アーディ界の原子をラセン状に保ちモナド界の原子を維持するのも第Ⅲロゴスの意識です。

(20)〝アーディ界層〟の原子＝最小単位。

第Ⅲロゴスは以下このプロセスを繰り返し、次々に下の界層の原子を創っていきます。すなわち次のプロセスでは、モナド界の一つの原子をラセン状に丸めたものが、先ほどの第1次ラセンを創る時の出発点だった一つの泡と同じ役目を果たす単位となります。ラセン状に丸められたモナド界の原子[21]を七個つないでラセン状の一つの輪を創り、その輪をさらに七つつなげて次のラセンを完成させると、これが〝アートマ界〟の原子となるのです。図表11中の段階3に、その様子が描かれています。

第一章で示した図表2は、この途中までのプロセスをまとめて表わしたものだったのです。直線を取り巻くように二巻き弱描かれている一番大きな（第3次）ラセンは、アートマ界の原子を維持するために働いている第Ⅲロゴスの意識です。そしてその真ん中を通っている直線に見えるものは、実はさらに大きなラセンの一部で、段階4のブッディ界の原子の創造の前半部で働く第Ⅲロゴスの意識ということになるわけです[22]。

つまり図表2の白抜きの部分はすべて第Ⅲロゴスの何重もの働きを示したもので、同様のことがさらにこの後も続いていくわけです。

これが、「ありとあらゆるものは神の意識で創られている」とか、「すべての物質は光である」ということの、現在のところ最も厳密な説明といえるでしょう。

物質原子

再び図表11を見て下さい。同様の過程が繰り返されて段階7まで到達します。

(21) スケールを落として描いています。段階4以下も同様。

(22) 図表11における段階3の前半部までで、これだけ飛躍的にサイズが拡大することに注目しておいて下さい。

しかし、これがそのまま物質の最小単位となるわけではありません。物質界では、段階7でできたラセンが十本[23]撚《よ》り合わされて、図表12のような最小単位＝〝原子〟ができます。ただしこれは化学でいわれている原子ではなく、素粒子を構成しているさらに微細な粒子をたどっていった時にたどり着く最小単位です。

ここでの原子と今現在知られている素粒子の最小単位の間がどれほど隔たっているかは、教えられておらず、人類に課せられた研究課題として残されています[24]。

図表12には〝陽性物質原子〟と書かれていますから、当然〝陰性物質原子〟というものも存在するわけで、それは撚り方が逆になっています。ここから物質界層において〝陰陽〟が生じると推測されます。

また、この形が心臓に似ていることに注目してください。この物質原子は運動性を持ち、まさに心臓のように脈打っているのです。

泡の数と亜層の形成

各原子が幾つの泡＝アーディ界の原子で構成されているかを、整理しておきましょう。

泡$7 \times 7 = 49$個で、モナド界の原子1個、

モナド界の原子49個で、アートマ界の原子1個、となり、

アストラル界の原子1個は、$49^5 = 7^{10}$個の泡から、

物質界の原子1個は、$49^6 \times 10 = 7^{12} \times 10 \fallingdotseq 1380$億個の泡から、

(23) なぜ十本なのかというと、三本が三位一体のロゴスに、七本が七惑星ロゴスに由来し、それぞれの性質を伝える必要があるからです。惑星ロゴスに由来する七本にはそれぞれ、虹の七色や七つの音階の一つが反映されます。ここから物質は光だけでなく音とも相互に転換され、マントラムにより物質の創造が可能であることも説明されています。

(24) どうしても分からないところは秘教として教えてやるけれども、そこから先は自分たちで研究し解明しなさい、ということでしょう。

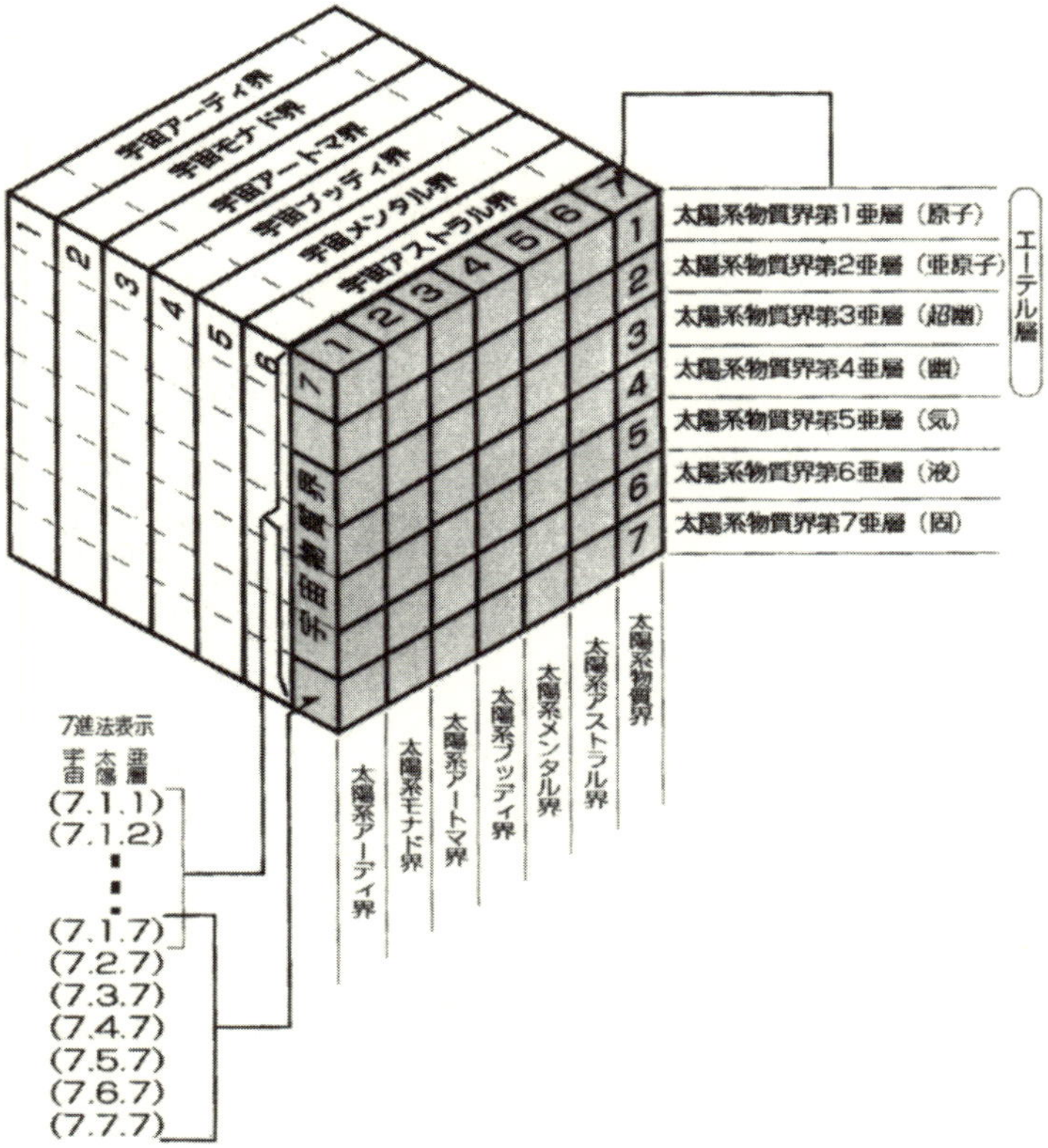

図表13　太陽系と宇宙の諸界層の関係
（A・E・パウエル『神智学大要』第1巻を補正）

できていることになります。しかもそれが、一界層進むごとに二段階重層性の増す〝多重ラセン構造〟をなしているというのです。

人類は今まで、顕微鏡の技術革新に伴いミクロの方向に視野を広げるたびに、それまで気づかなかった美しい秩序を持った世界をそこに発見してきました。未だ人類の技術の遠く及ばない超ミクロの世界に、このような秩序だった世界が存在していても、何ら不思議ではないように思います。(25)

さて、話を第Ⅲロゴスの創造過程に戻しましょう。七つの界層の原子を創り終えた後、第Ⅲロゴスは各界層の〝亜層〟の創造に取りかかるのです。

各亜層は、それの属する界層の原子がそれぞれ2・3・4……と組み合わさった〝分子〟とも呼べるものが最小構成単位となって形成されます。

こうして図表5の〝7界層×7亜層＝計49亜層〟ができあがります。

それをもとに、いよいよ〝生命—形態〟を創る〝第Ⅱロゴス〟の働きが始まるのです。

太陽系と宇宙の諸界層の関係

第一章で概観したように、秘教ではいたるところで構造的同一性、相似〜対応関係が登場します。太陽系の諸界層と宇宙の諸界層の間には、図表13のような相似〜対応関係があると考えられています。(26)

宇宙にも七つの界層と七つの亜層が存在します。宇宙物質界層の七つの亜層を調べてみる

(25)「生体システム実践研究会」という組織を主宰している佐藤政二氏は、長年の農業の実践を通して、この超ミクロの世界の理論を含む「想造量子宇宙論」という仮説を提唱し、それに基づく実践において目覚ましい成果をあげています。この仮説及び実践が、秘教の理論と非常によく対応しているのです。
佐藤氏以外にも、様々な分野の先端的実践家が、同様の動きを示しています。科学のみでなく、実践の世界も急速に秘教に近づいているように見受けられます。

(26)私たちの太陽系の所属する銀河系は、天体観測の結果、一千億ほどの太陽＝恒星からできているといわれています。銀河系は集まって銀河団を作り、その先さらに大きな存在単位が続くとも推測されています。
したがって、ここでの〝宇宙〟とは全宇宙ではなく、太陽系より一段階上の宇宙レベル（おそらく銀河系）です。

と、第1亜層が太陽系第1界層、第2亜層が太陽系第2界層、……第7亜層が太陽系第7界層、というようになっているのです。

すなわち私たちの太陽系の全界層が、宇宙の第7＝最下界層である宇宙物質界層にすべて含まれるのです。図表5の左端に縦に「宇宙物質界」とあるのは、そのためです。

これをさらに一般化すると、宇宙のすべてのレベルの界層～亜層は七進法で展開していき、一段階上の宇宙レベルを考えると一つ新しい〝桁〟が増え、それまでのレベルの〝界層〟は、新しい〝桁〟の七番目の〝界層〟に〝亜層〟として組み込まれる、という仕組みになっている、と推論されます。

しかもこれは、上に向かってだけでなく、下に向かっても同様であると考えられます(27)。

ここで、私たちが今まで観察していた宇宙とは、秘教の立場からすると一体何だったのか、という問題を考えてみましょう。

実は私たちの視覚に捉えられるものは、物質界層の中の下の三亜層、太陽系の四九の亜層のうち最も粗雑な三つの亜層のみです。私たちは本当は、太陽系のレベルに関してさえ、ほとんど何も見えていなかったのです。

一歩上の宇宙レベル、それを銀河系ということにすると、銀河系の全界層の中で私たちが見えているものは「まったくない」に等しいといえます。

私たちが見ていると思っていた銀河系は、無数の太陽系物質界層の下位三亜層の集合体だったのであり、それは宇宙物質界層と胸を張っていえるようなものですらないのです。したがって、私たちがどんなに広い空間を光学的に観測しようとも、それはすべて太陽系レベル

(27) 秘教では、私たちの宇宙より下位の宇宙に関しては語ることは避けられてきました。これは、凡人がそこに意識を向けると、とんでもない魔境に引きずり込まれてしまう危険性があるためで、読者にもその点厳重に忠告させていただきます。

で起きている現象の寄せ集めであって、銀河系やそれを超える宇宙を（それらは確かに三次元空間としては、その位置に存在するといえますが）、本質的な意味で観測しているものではないということです。

天体観測技術の発展により、可視光線以外に電磁波や宇宙線等、宇宙から来る様々な情報をキャッチすることができるようになり、秘教的観点から見ても今後人類の捉えられる領域は広がっていくことが予測されますが、人類に知ることの許された領域には限界があることは、押さえておいて下さい(28)。

秘教では、私たちにとって銀河系のロゴスは、「その方については何も語られることのない御方」と教えられています。これは語ることが失礼なのではなく、その方については語ったり想像しうるような何物をも私たちは持っていない、という意味なのです。

秘教の宇宙論は「閉じた脈動宇宙」モデル

宇宙の空間的構造・界層構造において各所に著しい相似性が見られるのと同様に、秘教では時間的構造についても非常に興味深い相似性があると説かれています。その理解しやすい譬《たと》えとして、宇宙に起きる様々なレベルの現象・活動を、〝昼と夜よりなる一日〟として語られる場合がしばしばあります。

秘教では、人間の魂は何千回・何万回も輪廻転生すると考えられています。その魂の観点から見れば、一回の転生は一つの人生の中における〝昼〟に当たり、その死から次の誕生ま

(28) 私たちの太陽系が存在する銀河系の中心部分がどうなっているかは、天文学でも観測できずに大きな謎になっています。中心付近には今まで観測された最も明るい星が存在し、また中心からは非常に強い電磁波が出ていることが観測されています。巨大なブラックホールが存在すると考えている研究者も多いようです。

では〝夜〟に当たるわけです(29)。

またヒンドゥー教の教えとして『シークレット・ドクトリン』に記されているものでは、創造者であるブラフマー（第Ⅲロゴス）の一日は昼＝宇宙の顕現の時期約四三億年(30)と、同じ長さの夜＝宇宙が消滅している時期を足して八六億年、そのブラフマーの百年が〝マハーカルパ〟という時代の単位で約三一一兆年ということになっております。

ブラヴァツキーは、このとてつもない数字も決して空想ではないといい、またA・ベイリーの『宇宙の火に関する論文』には、

「そのようなマハーカルパの幾百万のさらに幾千倍もの年月がすでに過ぎ去っており、さらにそれ以上の年数がこれより経過する。つまり時間は過去にも未来にも無限であり、宇宙は造られ、溶融され、再造され、それがいつ果てるともなく続くのである」

と述べられています(31)。

また、宇宙のこのような活動は〝呼吸における呼気と吸気〟にも譬《たと》えられます。

「宇宙が息を吐くと世界が形成されあらゆる活動が前進し、ある点に到達すると宇宙は再び息を吸い込み、それらすべてを自らの中に引き戻すのです(32)。」

これらの比喩は、先ほどの現代宇宙論の「閉じた脈動宇宙」モデルを思い出させるものです。

時間におけるこのようなリズムは、物質界での陽と陰に対応します。宇宙の始まりは〝時間も空間もない世界〟と語られていますが、宇宙が呼気に入り活動をはじめるや時間と空間が生み出され陰陽も発生するのでしょう(33)。

(29) そうして何千日・何万日も過ごして、魂も死＝解脱を迎えるわけです。第四章参照。

(30) 科学で考えられている現在の太陽や地球の年齢に近い。

(31) 私たちの太陽は、銀河系の中心の周りを二億五千万年かけて回っています。太陽の年齢は約四五億年といわれており、したがって誕生してから銀河系の中を約一八周したことになります。銀河系の年齢は約一五〇億年といわれており、太陽自身が誕生以前もそこに存在していたとすると六〇周したことになります。これらの数値を、地球が誕生してから太陽の周りを回った回数約四五億回に比べ、さらに人間の一生等と比較し味わってみて下さい。壮大なスケールの相似性が感じられるようで、興味深いものです（『星と銀河の世界』一四四頁、海野和三郎・渡辺正明著、岩波書店）。

(32)『マイトレーヤの使命』Ⅲ、五八三頁。

(33) 吸気の間も時間が存在しているではないか、と反論される

進化系→連鎖

秘教において、私たち人類にとって最も重要な宇宙のレベルは太陽系です。先に太陽系を構成する最小単位について述べましたが、今度は最大の単位を調べることにいたしましょう。

太陽系を構成する最大単位とは、惑星です。「なんだ、平凡な答だな」と思った方、ここから先が〝非凡〟ですから、期待して下さい(34)。

「現在太陽系には幾つの惑星がありますか？」と聞かれたら、多くの方は、「水金地火木土天海冥だから九個だ」と答えられるでしょう。これに対して「実は一二個なんですよ」と言われたら「ふーん、そうなの」というくらいの感じに受け止められると思いますが、秘教の答はというと、「七〇個なんです」？！？！

これは、いわゆる〝小惑星〟を入れて数えているわけではありません。

「何考えているんだ、どこにも見えないじゃないか」という言葉が返ってきそうですね。

そう、その通り。先ほど、太陽系の中のほとんどのものは私たちには見えないという話をしました。大半の惑星は、その見えない存在なのです。

図表14・15をご覧下さい。図表14で、花ビラのようなものが全部で十個描かれています。この一つずつが、太陽系における〝進化の場〟となっているため、〝進化系〟と呼ばれています。つまり太陽系には十個の並行する進化系が存在するということを表わしています。

一つの進化系には七つの惑星が存在します。したがって、太陽系に存在する惑星は、

方もいらっしゃるでしょうし、まさにその通りです。この問題を考えることは、時間・空間と意識の関係というさらに重要かつ複雑な問題に足を突っ込むことになり、ここでは扱えません。【神智学の真髄】は、原題が【時空と意識】であり、この問題がテーマとなっています。また現代物理学者の書いた啓蒙書には、この問題に積極的に取り組んでいるものがかなりありますので、それらを当たってください。

(34) この話は細部においては、秘教関係者の中でも意見の食い違いがありますので、全体の枠組みを理解していただければ充分です。

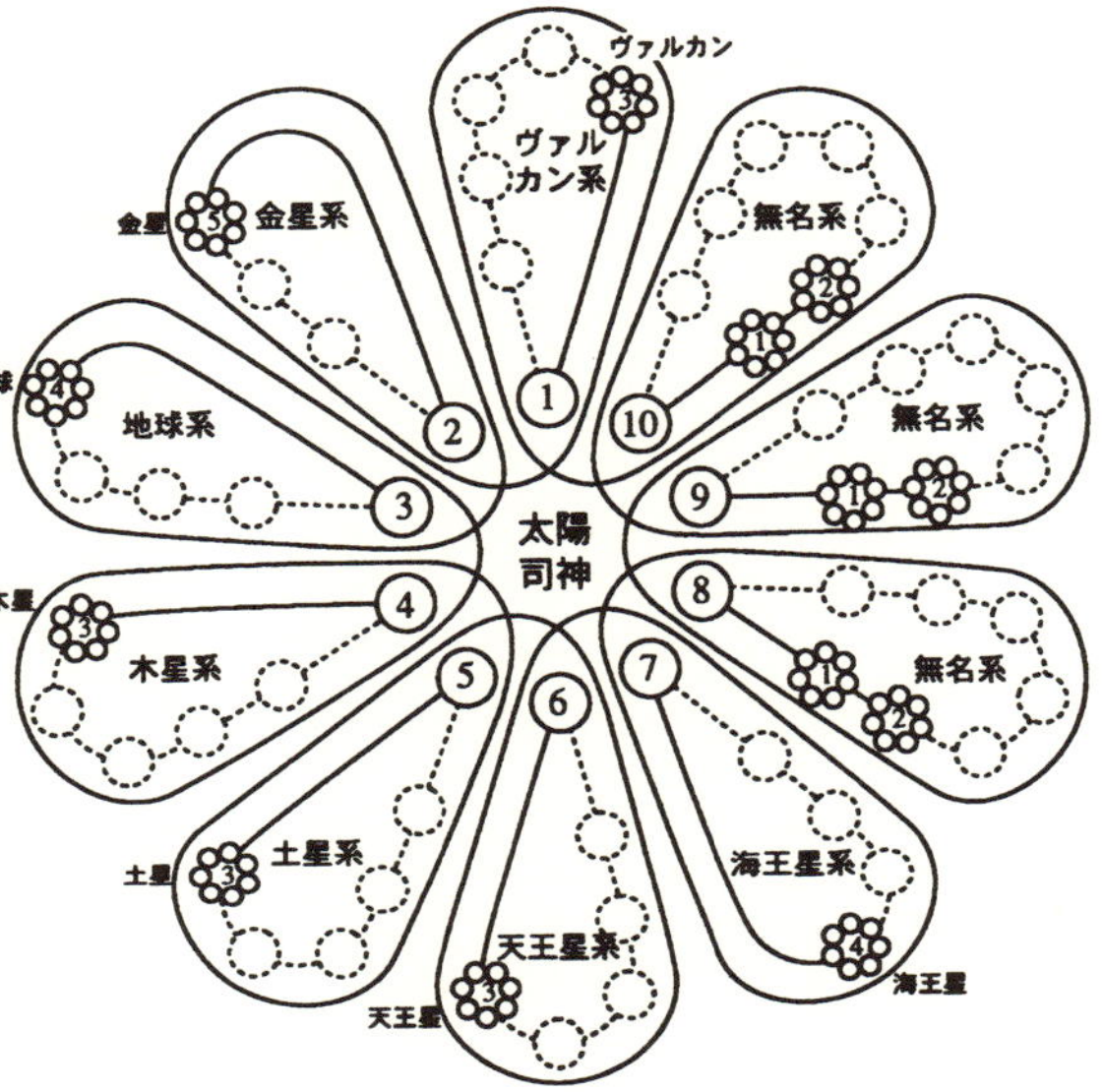

図表14　現存の太陽系（A・E・パウエル『神智学大要』第5巻、たま出版刊、より）

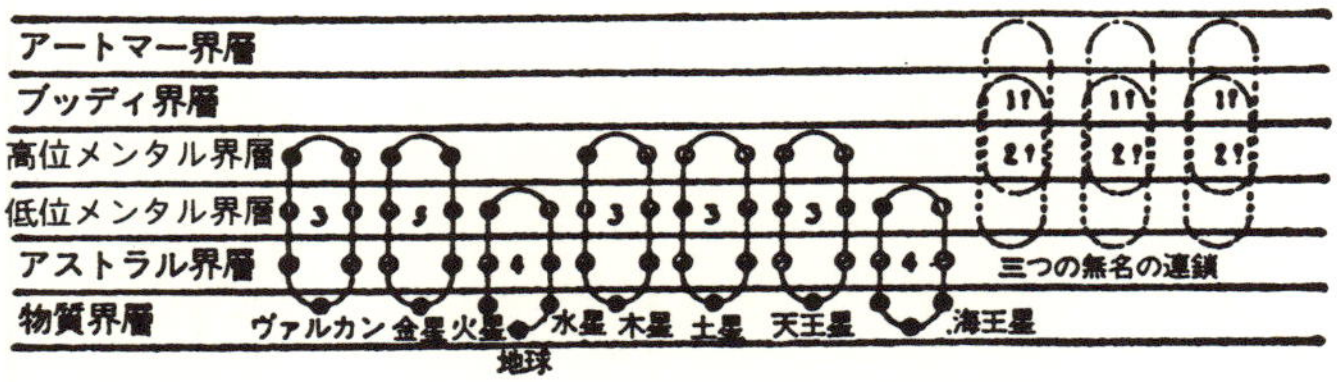

図表15　10組の存在する連鎖（A・E・パウエル『神智学大要』第5巻、たま出版刊、より）

図表16　地球系の7つの惑星連鎖（A・E・パウエル『神智学大要』第5巻、たま出版刊、より）

10×7＝70個　ということになるのです。

図表15が、現在私たちの太陽系に存在する七〇個の惑星を表したものです。(35)このうち、物質界層に描かれた惑星(36)のみが観察しうる惑星で、これを〝物質惑星(37)〟と呼びます。

今の話は太陽系をこの瞬間で切り取った断面図(38)でしたが、次に時間軸にそった変化＝進化(39)を調べてみましょう。ここからまた、〝7〟のオンパレードが続きます。

まず一つの進化系には七つの惑星が存在するといいましたが、この惑星たちは太陽系の誕生から終焉《しゅうえん》までずっとそのままなのかというと、そうではなく、七つすべての惑星の組み替えが起こるのです。何回起こるかというと、それが七回で、そのうちの一回の七惑星セットが続く期間を〝連鎖〟と呼びます。

つまり、1進化系＝7連鎖、です。

――地球の特殊性と月との関係

図表16に、現在の地球が所属する進化系＝〝地球系〟に登場する七つの連鎖が描かれています。地球は四番目の連鎖の中に、全体を通じて最下点として描かれています。

目を離して見ると、楽譜のように見えますね。一つの連鎖の七つの惑星が作る〝音譜〟が、一段ずつ下がって第Ⅳ連鎖まできて、そこからまた一段ずつ上がっていきます。

左端を見ると、横線で仕切られた一段ずつが、例の界層を表していることが分かります。

精妙な界層からスタートして濃密な界層に下り、再び元の精妙な界層に戻って、一つの進化

(35) 進化系が七でなく十であるのは、〝原子〟の話で最後の物質界層の原子が十本のラセン系で紡がれていたことに対応するように思います。

(36) この図では一一個。海王星の仲間の二個の惑星およびヴァルカンは、天文学では未確認。

(37) 一般的には〝物質天体〟。後の図表19を参照。

(38) 共時的構造。

(39) 通時的構造。

系が完了するわけです。これは全体として、惑星が「神より出て、神に還る」ことを表しており、このようにして〝神の進化の計画〟は成し遂げられていくのです。

一進化系には全部で、7×7＝49個　の惑星が登場します。そのうちで地球の占める位置が中央の最下点、最も濃密な物質界層であることは、私たちが現在生活している地球という惑星の非常な特殊性を表しています。

地球が〝水の惑星〟として、物質界で他の惑星には存在しない多くの物質生命に恵まれているのも、このような進化的観点から考えると必然的現象に思えます。

図表16で、もう一つ注目していただきたいのは、現在の第Ⅳ連鎖の一つ前の第Ⅲ連鎖における最下点に〝月〟と書いてあることです。これは、月を含めた惑星系が解体されて、地球を含めた惑星系が登場したということを意味します。さらに地球は月に対応した位置を占めており、一般の学説とは逆に「地球の質料は月の残骸によって作られた」といわれているのです。(40)

――連鎖→環→天体期→根人種→亜人種

一つの連鎖の期間中に存在する七つの惑星には、〝同一の生命の波が次々に移動するための舞台を提供するグループ〟というう関係があります。

現在の私たちの連鎖では地球に生命の波が集まっており、これを〝地球天体期〟といいます。やがて生命の波が地球上で達成すべき計画を果たすと、この図で言えば〝水星天体期〟

(40) これは現在の天文学の学説とはまったく異なりますが、人間をはじめ多くの生物の生理現象が月の動きと関係していることと、興味深い対応を示しています。第四章参照。

となり、水星に生命の波の大半が移ります。そうやって七つの惑星を〝天体期〟が移り、生命の波が一周回ることを、〝一環（ラウンド）〟といいます。

これを整理すると、1環＝7天体期　で、1連鎖＝7環＝49天体期　となります。

ただし、物質惑星以外の惑星は物質界層を持ちませんので、そこでの生命も物質界層を持ちません。したがって私たちの目には見えませんが、それでも生命は存在します。

秘教ではあらゆる惑星に生命が、そして人間が存在するといわれております（第七章参照）。さらに一天体期に登場する人間についても、進化＝人種の変化があります。

1天体期＝7根人種＝49亜人種

という関係がありますが、この〝根人種／亜人種〟の内容については、第四章で説明します。

以上、太陽系の一進化系における連鎖↓……↓根人種の時間的構造をまとめたのが、図表17ａです。円周の1/7の円弧の長さと、その上に乗っている円の円周とは同じ長さ（半径が1/7になっているため）です。四段階まで示しましたが、一段階ごとの大きさ＝長さの違いを味わって下さい。

フラクタル幾何学のマンデルブロー図形[41]を、参考のために示しました（図表17ｂ）。両図に同じ原理が存在することが、ご理解いただけると思います。

(41) 全方向に見られるイボ状の部分を拡大すると、元と同じ図形が現れてきます。それを無限回繰り返しても、まったく同じ結果が得られます。

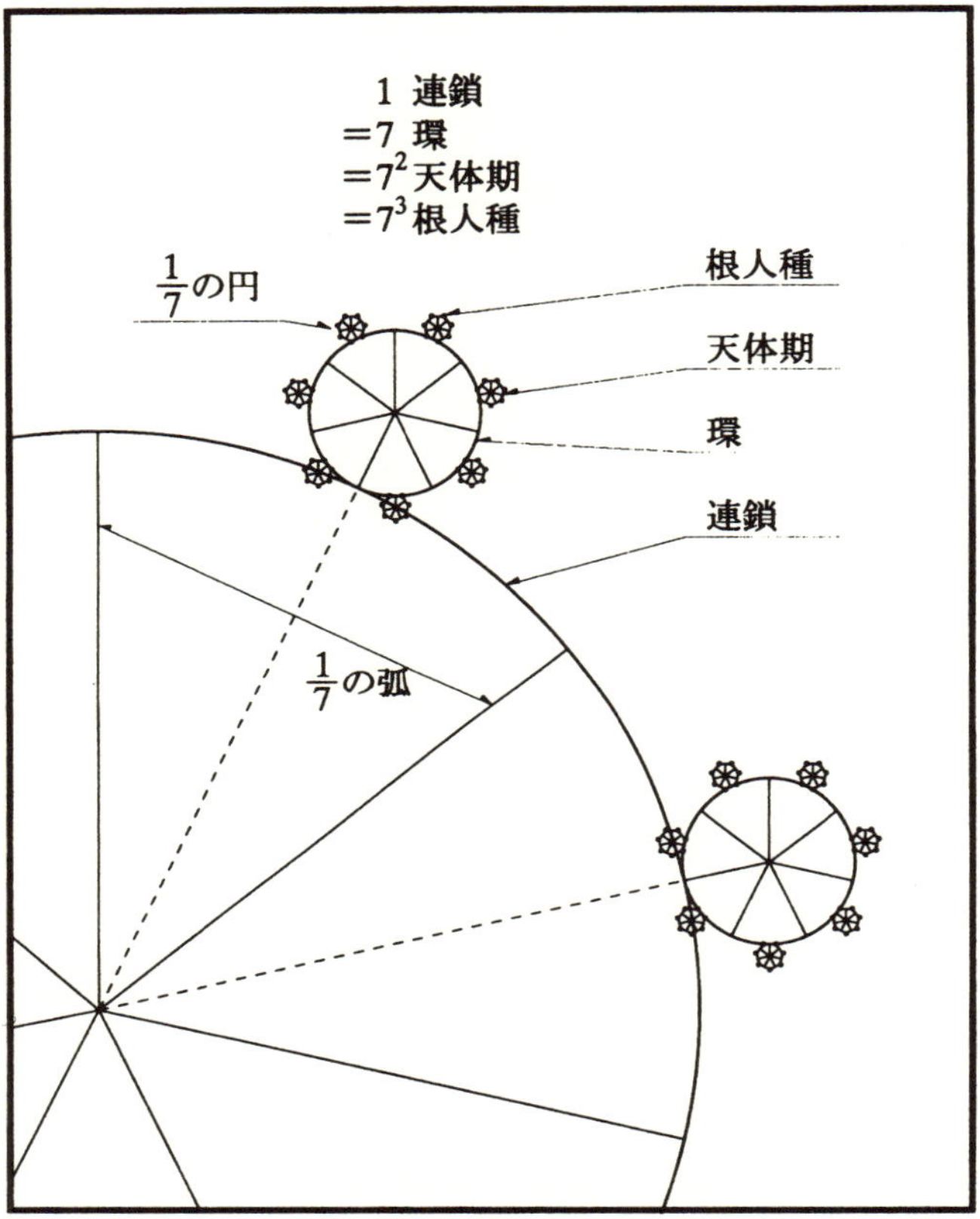

図表 17 a　連鎖→環→天体期→根人種

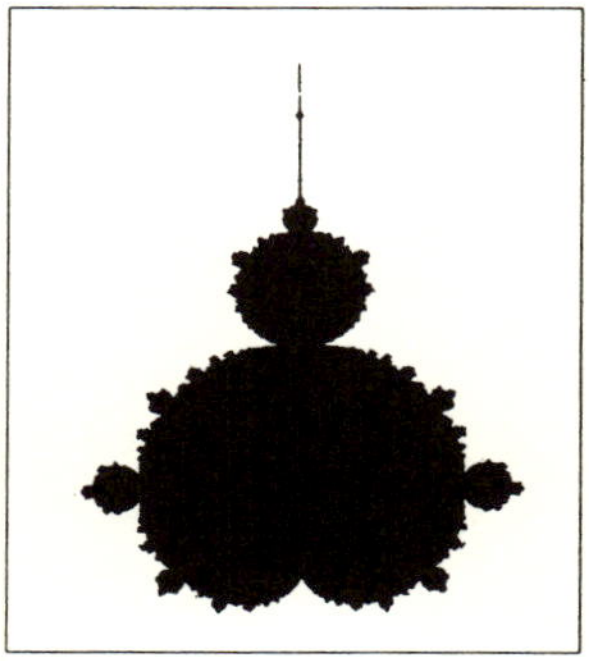

図表 17 b　マンデルブロー図形

太陽系の進化における相似関係とラセン構造

太陽系惑星の進化の概要を説明いたしましたが、図表の中には今までに述べた以上の具体的情報が入っておりますので、それについて触れておきましょう。

図表14に戻って下さい。一つ一つの花ビラをよく見ると、例えば〝地球系〟で、地球と書いてある真ん中に〝4〟という数字が入っています。さらにその周りはただの円ではなく、小さな円が七つ描かれています。

この七つの円が、現在の〝地球連鎖〟の七つの惑星であり、〝4〟という数字は現在の〝地球連鎖〟が〝地球進化系〟の七つの連鎖の中の4番目＝第Ⅳ連鎖にあたる、ということを表しています。下辺に三つ点線で描かれた円があるのは、これから登場する三つの連鎖を表します。

同様に、〝金星系〟を見ると、現在は第Ⅴ連鎖で、今後二つの連鎖が登場します。三つの〝無名系〟は、いずれも第Ⅰ連鎖か第Ⅱ連鎖かが不明であるため、七つの連鎖を示す円がすべて描かれています。

次に、図表15・16を見て下さい。一つの連鎖内の七惑星を見るとどれも、最下層に一つの惑星があって、その三つ上の層まで、各二つずつ惑星が存在するように描かれています。[42]この七惑星上を〝一環（ラウンド）する天体期の推移〟は、左上の最上層の惑星から反時計回りに最下層の惑星まで下っていって、そこから上昇に転じ一周する、というものです。

(42) メンタル界層は高低二つに分かれています。その理由は第四章以降で説明いたします。

これは図表16で先ほど見た、〝進化系の中での連鎖の推移〟という二つ上のレベルの現象と、ちょうど相似の関係になります。

平面で描くと一周した時に元に戻りますが、その中に存在する生命は当然進化しているわけで、平面に垂直に時間軸を立てると、ラセン状になります。したがって、惑星の進化もやはり、図表2のような多重構造のラセンを描いて進むことになるのです。

惑星の構造

次に、一つの惑星の構造がどのようになっているのかを、調べてみたいと思います。

例えば地球は、図表15・16では物質界層に描かれています。では地球は物質界層の質料のみでできているのかというと、そうではありません。図表18の右端の列を見てください。物質界層～アーディ界層まで七つの界層（計八つの層）でできているのです。

一つ左の列は、物質界層＝物質天球を持たない惑星の構造を表しています。物質界層がないところが違うだけで、その他は右端の列と同じです。

〝物質天体〟というのは、その天体が有する最も濃密な質料が物質質料であるという意味です。同様にその天体の最も濃密な質料がアストラル・低位メンタル質料である時、〝アストラル天体〟／〝低位メンタル天体〟という言い方が使われます。

一つの惑星の多重な界層は、図表19のように同心球状に重なり浸透し合って存在しており、より精妙な質料の層は、より濃密な質料の層より遠くまで広がっています。

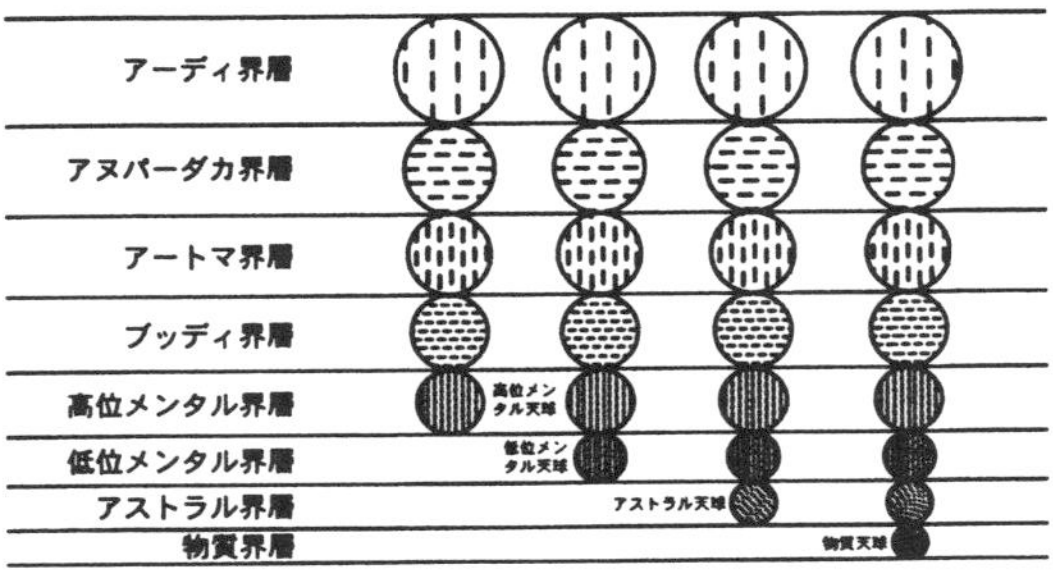

図表18　天球とその対応部分（A）

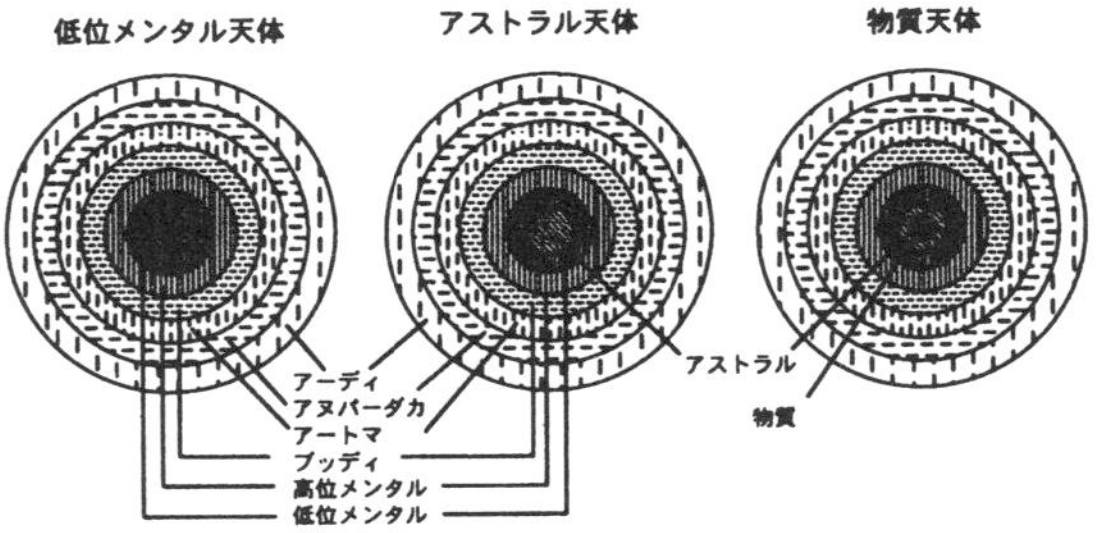

図表19　天球とその対応部分（B）
（A・E・パウエル『神智学大要』第5巻、たま出版刊、より）

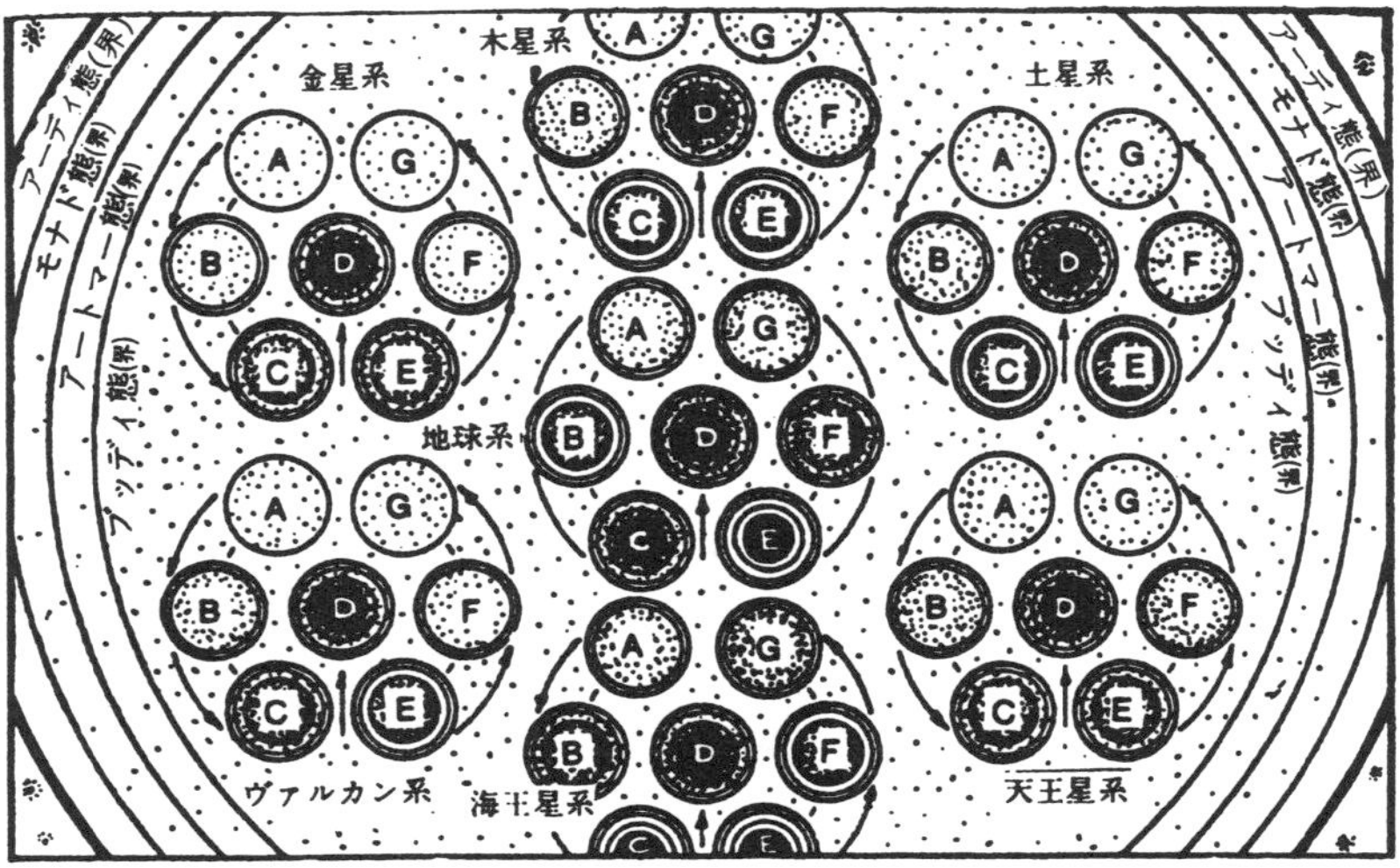

図表20　私達の太陽系の７つの惑星連鎖（E・N・ピアースン『神智学の真髄』より）

太陽系惑星の話の最後として、諸惑星間のつながりについて述べてみましょう。

図表20を見て下さい[43]。

この図で注目していただきたいのは、すべての惑星がブッディ界層の中に包まれていることです。各惑星は、物質／アストラル／メンタル界層までは他の惑星と分離しています。しかし、ブッディ界層以上はすべての惑星の質料が溶け合うような形でつながっているのです[44]。すでに同一進化系＝連鎖内の惑星に関しては、天体期の移行という形で生命の交流があることを見てきました。では、太陽系内に同時期に存在する他の進化系に属する惑星間の生命の交流は、存在するでしょうか。

この質問は、ＵＦＯの問題とも関係しますが、この図表20から解答が導けます。すなわち、すべての資料をブッディ界層以上に持ち上げることのできる存在は、惑星間を自由に移行できるのです[45]。

第一章で述べた〝大師方〟のレベルになれば、惑星間を自由に移行できるといわれています。また現在の私たち地球の〝世界主＝サナット・クマラ〟と呼ばれる存在は、金星から一八五〇万年前に来られたといわれております。先ほど見たように、金星は地球より連鎖が一つ進んでおり、そこに住んでいる方々は大師あるいはそれ以上に進化された方がほとんどです[46]。

太陽の神秘

宇宙には悪の勢力といわれるもののも存在しますが、とりあえずＵＦＯや異星人というのは、

(43) 図表14の三つの〝無名系〟はいずれも物質惑星を一つも持たないため、後の図表20等では省略してあります。

(44) 第四章参照。

(45) ブッディ界層では私たちの意味での時間は存在しませんので、移行はテレポーテーションという形になります。

(46) クレーム氏の情報によれば、現在主に金星と火星から地球の現在の危機的状況を救うためにたくさんのＵＦＯが地球に来ており、ＵＦＯに乗ってきた金星人や火星人は地球人に混ざって生活しているともいわれています。

私たちにとって好意的であるようです(47)。

これまで太陽系内の惑星に関して調べてきましたが、私たちの太陽自体について一言触れておきましょう。

まず太陽は次に述べるように、私たちに見える物質的な部分以外に二つの部分を持つ〝三重の構造〟をしています(48)。

①〝火(49)〟そのものの神秘を持つ、第Ⅰロゴスの相としての〝中心霊太陽〟

②〝極性(50)〟の神秘を持つ、第Ⅱロゴスの相としての〝主観的太陽〟

③〝電気(51)〟の神秘を持つ、第Ⅲロゴスの相としての〝物質太陽〟

また、太陽系の一つの進化系において、惑星は一つの連鎖が終わると全部壊されて造り直されると述べましたが、これと同様のことが太陽系全体として三回繰り返されます。現在の太陽系はその二回目のもので、それを司っているロゴスの特質は〝愛〟だといわれています。前回の太陽系ロゴスの特質は〝活動（知性）〟で、〝質料〟を整えるプラン＝大計画に携わっていました。またこの次の太陽系ロゴスは〝意志〟の相を完成するのが仕事だといわれています(52)。

太陽系以上の世界に関してはそれほど多くの情報は与えられておらず、それも〝神の世界〟と関係する話が多いので、次章でお話することにします。

以上、後半は秘教の説く宇宙論について、超ミクロの世界からマクロの宇宙まで、〝7〟という数字に貫かれた相似構造が無限に繰り返されていく様子を見てまいりました(53)。

(47) ただし、よく噂されるようなプレアデスからきた人とかオリオン座からきた人というような存在はいないようです。宇宙全体から見れば地球のような後進の惑星のために、わざわざそんな遠い別の太陽系から応援に来る必要はなく、太陽系内の進んだ惑星からの協力で充分だということでしょう。

(48) 『イニシエーション』アリス・ベイリー著、仲里誠桔訳（出帆新社、近刊）。

(49) 意志。

(50) 普遍的な性衝動＝愛。

(51) 活動（知性）。

(52) Ⅲ→Ⅱ→Ⅰの順序で、進んで行きます。

(53) 〝3〟という数字も〝7〟と関係して、次章以降いろいろなところに登場します。

——科学的宇宙論と秘教的宇宙論との類似点

本章のまとめとして、はじめに取り上げた科学的宇宙論と秘教の説く宇宙論の類似点を二〇点ほど、図表21に整理しました。これまで述べてこなかった問題を中心に簡単に説明していきましょう。

まずニュートン力学ですが、〝作用・反作用の法則〟(54)と〝万有引力の法則〟は、秘教ではそれぞれ〝カルマの法則〟および〝愛〟(55)の物質界での表現とされています。他の力学法則も同様に、秘教によってより広い界層に通じるものに一般化されることでしょう。

アインシュタインの相対性理論に関しては、「$E = mc^2$」という式が、秘教の公理を表す重要な式であると語られています。その意味は、この式が第Ⅲロゴスの働きそのものを表す式である、ということでしょう。質料は第Ⅲロゴスの〝意識のエネルギー〟によって支えられているわけで、その質料（量）がなくなった時、開放される凄まじいエネルギーこそ〝第Ⅲロゴスの創造エネルギー〟なのではないかと推論できます(56)。

フリードマンの宇宙論や「ビッグバン・モデル」については、これまでの話から、対応関係を充分ご理解いただけたかと思います。ただ、秘教で述べられている「宇宙を生み出した〝言葉〟」に対応するものはないのか、と気になっている方がいらっしゃるかもしれませんので、その点を調べてみましょう。

もちろん、宇宙開闢《かいびゃく》の瞬間に録音機器を持っていって確かめるなどということはできない

(54) 〝古典力学の三法則〟——①慣性の法則②加速度の法則③作用・反作用の法則——の一つ。

(55) 第Ⅱロゴスの特質。

(56) また最近、「宇宙に存在するものはすべて光である」という表現がよくなされ、本書でも次章以降、秘教ですべての存在を生み出すとされる〝七種の光線〟の話をしますが、それを数理空間内で捉えたものが、相対性理論であるともいえるでしょう。

（科学的宇宙論）	（秘教的宇宙論）
○ニュートン力学の基本法則	
「作用・反作用の法則」	「カルマの法則」
「万有引力の法則」	宇宙に普遍的に存在する「愛」
○相対性理論	
すべての観点は相対的である	
「$E=mc^2$」	第Ⅲロゴスによる創造（エネルギー ― 質料）
「光量子」	「原子」
○量子力学	
物質の波動性	「すべての存在は波動である」
○フリードマン宇宙	
「閉じた脈動宇宙」（or「開いた膨張宇宙」）	「神の呼気と吸気により宇宙は膨張と収縮を繰り返す」
○ビッグバン・モデル	
超ミクロ～超マクロを統一する理論 宇宙の始まりは1点だった すべての力は統一され一つだった すべてが対称だった（陰陽未分） それ以前は時間も空間も存在しなかった	
「ゆらぎ」 ―（開闢の瞬間）―	「コトバ」
○スーパー・ストリングス理論	
宇宙は10次元の時空構造を持ち、通常の時空間の4次元	物質界層
以外の6次元は物理学で考えうる最も極微の世界＝プランク長＝10の－33乗cmに封じ込められている	アストラル ～ アーディ界層
○人間原理宇宙論	
この宇宙は人間にとって、偶然と考えるには余りにもできすぎた「居心地の良さ」を備えている	ロゴスの計画 上位のシステム
宇宙の構造には「10の40乗」という数字があり得ない頻度で出てくる	数字に秘められた神秘
○天文学的観測	
……原子……細胞……個体……社会… …太陽系……銀河系……銀河団……超銀河団…	「上にあるが如く下にある」 ＝相似構造（空間・時間）
原子～心臓～太陽（恒星）全て振動している	すべての存在に生命がある
銀河系のすべての星が回転する	見えているものは太陽系物質界層
銀河系の中心は不明・強力なエネルギー	銀河系ロゴスはあまりに偉大

図表21　科学的宇宙論と秘教的宇宙論の類似点

のですが、科学的宇宙論ではこれに相当するものとして〝ゆらぎ〟を考えているのです。完全な一点から僅かなゆらぎが生じ、それがビッグバンのきっかけとなった、という説が濃厚です。ではそのゆらぎは何によって生じたか、と考えると、もしかすると本当に〝神の言葉〟であったのかもしれません。

超ヒモ理論に関しては、「宇宙の時空構造は十次元ではないか」という話がありましたが、これから推論して、「通常の時空間の四つの次元以外の六つの次元は物理学で考えうる最も極微の世界＝プランク長＝10^{-33}cmに封じ込められている」と考えている科学者がかなりいます。

これと秘教との対応を考えるとすぐに、「その六つの次元とはアストラル～アーディの六つの界層ではないか!?」という考えが、頭に浮かびます。実際、秘教では「アストラル界層以降、界層を一つ上がるたびに一つ新たな次元が増える」と説かれているのです(57)!!

また、相対性理論で「物の速さは光速を超えられない」と結論されていますが、一方で現実世界とは交わらない〝虚の世界〟では理論的に光速以上の存在(58)がありうると考えて研究している人たちもいます。アストラル界層以上の粒子が、それに当たるとも推測されます。

――秘教と共鳴する社会

筆者は宇宙論を専門としているわけではありませんので、本章の話は科学的宇宙論の専門家の方の目から見れば、問題点があったかもしれません。しかし――言い訳がましくなりますが――細部にこだわらず本質をつかむようにして下さい。

(57) アストラル界層以上では、私たちの時間にあたるものは存在しない、といわれています。いわゆるタイム・トラベルができるのです。

(58) タキオン等。

ここで問題にしたいのは、科学的宇宙論と秘教の説く宇宙論の間の〝対応関係〟です。これだけの類似点がある以上、その関係性を否定することは、かえって非科学的な態度のように思われますが、いかがでしょうか。

この章を通して、秘教を単なる興味の対象としてでなく、「これは本気で勉強してみる必要がありそうだ」と感じていただけたなら、本章の目的は達成されたといえます。

一般の方だけでなく、科学的宇宙論や天文学を研究している方も、これを機に秘教を学ばれ、秘教の知識をご自身の研究に生かしていただければ、と期待しております。(59)

現代科学が相対性理論と量子力学という二つの大パラダイム・チェンジを経験し、それらを統合することによって初めて到達することができた理論・仮説を、数千年も前に提示していた知識体系が存在したということは、とてつもない驚異といってよいのではないでしょうか。(60)

また逆に、秘教を学ぶ人たちが、最先端の社会の動きを学ぶことも、非常に価値のあることだと思います。もし秘教というものが本当に真実を伝えているものならば、秘教に関係する情報の中には、現代から近未来の発展に関するヴィジョンやヒントが含まれているわけですから、必ず社会の中にそれに対応する現象が見い出されるはずです。

それを知り、学ぶことにより、時代に対する理解が深まるとともに、秘教に対する理解も一層深まると思います。

筆者自身、秘教を学んだ後宇宙を眺め、また最新の天体望遠鏡でとらえられた映像を見た時には、観測された事実の一つ一つに神＝ロゴスの創造の意図が感じ取られるような気がし、

(59) かのホーキング博士は『ホーキング、宇宙を語る』(早川書房)というベスト・セラーの中で、「二〇世紀に入るまで、宇宙が膨張あるいは収縮していると示唆した人は一人もいなかった。」(二二頁)と語っていますが、本章で見たようにインドの「ヴェーダ」等では何千年も前からこのことが語られ、そして語り継がれてきているのです。

(60) さらに驚くべきことは、今までお話した物理学・天文学との関係はほんの一例であり、秘教はこれと同様な関係をあらゆる分野と結んでいるのです。

さらに現代宇宙論の進展を改めて見直した時の感動は、言葉に表せないほどのものでした。一人でも多くの読者の方に、同様の感動を味わっていただければ、と願っております。

第二章◎〝神〟の世界の構造

前章の宇宙論の中で、秘教では物質宇宙の背後に目に見えない巨大な界層構造が存在すると考えられており、さらにそのような界層構造はすべて、神＝ロゴスの御業によって創り出されたと説かれている、という話をいたしました。物質世界で観測されるすべての現象は、それを支配する神の意識の生み出した結果であるともいわれているのです。

ではその〝神〟とは一体何なのか、神についてもっと知りたい、と思われた方も多いと思います。そこで本章では、神の話を中心にお話ししていくことにいたします。

しかし、神の話というと「何かいかがわしい」という感じを抱かれる方も、一方でかなりいらっしゃると思います。この点に関しては筆者としても充分に注意を払わなければならない問題ですが、前章で現代科学と秘教の関係をアカデミックな観点から納得いただけるように論理的にお話したつもりですので、読者の皆さんからもある程度の信頼を得られているという前提で、いきなり「神は存在する」という立場から、かなり突っ込んだ話に入っていきたいと思います。

途中で「どうしても抵抗がある」と感じられた方は、読み飛ばしていただいても結構です。この章で引っかかって、本書を途中で放り投げてしまった、という方が出るのは著者として悔いが残りますので、それだけはないように、読者の皆さんにお願いしておきます。

地球を導く〝神〟の世界の構造

人間が進化して神になる

まず「神とは何か」ということですが、これは本当に難しい問題です。

歴史上、宗教を中心としていろいろな分野の人々が、この問題に様々な答を寄せてきました。その代表的なものとして、キリスト教やイスラム教のように「唯一絶対の神が存在する」という考え方と、東洋の大宗教や世界各地の先住民族に伝えられているアニミズム的民族宗教のように「万物に神が宿っている」という、二つの考え方があります。

神に対する秘教の考え方は、この両者を矛盾なく融合統一するものといえます。このことを完全に納得していただくには、本書を最後まで読み通していただかなければなりませんが、前章の「太陽ロゴスが意識を発動することによって、物質を含めすべての界層が創られる」というところの話を思い出していただければ、とりあえず大雑把には納得していただけるのではないかと思います。(1)

神について、ここではまず範囲を絞って私たちと関わりの深い問題、「一般の人間と神との

(1) すべての存在は神の意識が継続している間のみ、存在します。

関係はどうなっているのか」というところから考えていきましょう。この問題に関してクレーム氏は次のように答えています。

「神とは非常に相対的な概念だといわねばなりません。私たちは神です。しかし、あの神性をまだあまり顕現していないのです。やがて、進化の過程を通して、私たちは、大師方が今なさっておられるように、それを顕現するようになります。大師方は神を実現された方々であり、それは非常に特定の状態です。つまり彼らは彼らの意識を、すなわち神の閃光とか絶対的実在、真我という意味での意識を物質界における人間としての彼ら自身と完全に一体化させているのです。パーソナリティと神の様相が完全に統合されているのです。これが真我実現であり、神性の実現です。私たちはそれを達成する途上の様々な段階にいるのです(2)」。

私たち人間は「神であるけれども、神でない」、そして輪廻転生を繰り返し魂が進化して大師となった時、（ある段階ではありますが）神といえるような存在になるわけです。

神は絶対的存在というイメージを抱かれている方が多いと思いますが、秘教では絶対的側面と同時に相対的側面を持つと教えているのです。人間は誰も〝モナドー魂〟の相においては今の瞬間でも完全に神聖ですが、現在の人類の大半はそれらとパーソナリティーとの結び付きが薄いため、様々な苦悩を経験しなければなりません。それを乗り超えた時、結びつきが強まって進化が起こり、絶対的側面に近づいていく、と説いています。

輪廻転生と魂の進化というものを認めると、論理的に「人間が進化し続けるとどうなるのか」という問題が生じます。「人間を卒業する時がきて、その後、人間を超えた存在＝神へと進化する」という考えは、その回答として有力なものだと思います(3)。

(2)『マイトレーヤの使命Ⅲ』三四九～三五〇頁。引用文中、大師としてある箇所は訳文中では同義の〝覚者〟という言葉が使われています。

パーソナリティーとは〝肉体ーアストラル体ーメンタル体〟からなり、モナドを〝真我〟、魂を〝高我〟と呼ぶのに対して〝低我〟と呼ばれることもあります。

(3) 人間は、進化し続けてもどこまでも人間として止まっているとすると、超人的な能力を持つ人がどんどん増えていかなければなりません。しかし人類の歴史を見わたしてみても、そのような形跡は感じられません。人間を卒業すると肉体を持つ必要のない神になる、と考えると、その点も合理的に説明できると思います。

徹底した平等感

秘教ではさらにその逆、つまり「すべての神が人間（と同等）の段階を経て進化したものである」とも教えています。

これはある意味で非常に平等な考え方といえます。ブッダとキリストは、秘教においてもともに深い敬意をもって語られており、このお二方は私たちの大先輩であって、またお互いに兄弟といってもよい関係だといわれています。

しかしこの方々とても、先の考えに従えば、かつては私たちと同じように人間であったはずで、『神智学大要』の中では、「この方々は第Ⅱ連鎖の第7環で脱落したのであった。それは同連鎖の天体E・F・G上での強制訓練の過程に堪えられなかったからである」（V・一七四頁）とまで語られています。

これを読んだ方は、「何という徹底した平等感なんだろう」と感じられると思います。現在の私たちの生活に置き換えて考えると、私たちが今「落ちこぼれ」だの「△△」だの「×××」だのと内心思ってしまうような連中も、いつの日かブッダやキリストのように人類のリーダーとなり、すべての人類から〝神〟として尊敬され崇められる時期が来るということです。

人間に高いも低いもない。ただ少し先の道を歩んでいる先輩か、ちょっと道に入るのが遅かった後輩か、という違いがあるにすぎません。先輩は確かに尊敬すべきです。しかし後輩だからといって、卑しんではいけません。

一般の宗教や道徳では、「こう生きなければいけない」という押しつけ的な教えになってしまいやすいのですが、論理として「そういうふうに生きなきゃいけないのは、当たり前だよな」と納得させてくれるところにも、秘教の素晴らしさがあると思います。

地球の統治機構の全体像

人間から大師に到るまでの道のりをお話し、一般には知られざる霊的な世界がこの地球には存在していたことをお伝えしたうえで、次にその霊的な世界がどのような構造をしているかについて見ていきたいと思います。

まず全体像の概略を示した図表22から、見ていきましょう。

三段階の大きさの違う丸があります。中間の大きさのものが三つあり、〝シャンバラ〟／〝ハイアラーキー〟／人類と書かれています。人間を卒業した大師方はハイアラーキー(4)に入られますが、実は地球にはその上にさらに霊的レベルの高いシャンバラという機関があるのです。

この三つが地球上で〝惑星ロゴス(5)〟の計画を推進する中心的機関（センター）です。ロゴスの働きはこれまでにも述べたように第Ⅰ～Ⅲの三つに分けられ、それぞれ意志、愛（英智）、活動（知性）の相を司っていますが、シャンバラは惑星ロゴスの意志を、ハイアラーキーは惑星ロゴスの愛を、人類は惑星ロゴスの活動（知性）を代表しています。（図表23）

この三つのセンターを全体で括った大きな丸が、（人類に関係する）地球の統治機構全体を表し、その外側は地球以外の太陽ロゴスの領域で、上の方は霊的、下の方は物質的な界層を

(4) ハイアラーキーは一般には〝界層構造〟という意味ですが、秘教ではその通りの意味で広義に使う場合と、ここでのように「人類を導く大師方よりなる一つ上位の集団」という意味で狭義に使う場合があり、明確に区別するために狭義の方を〝地球の霊的ハイアラーキー〟という場合があります。

(5) 太陽ロゴスの下で、その計画を各惑星において実行する責任者。

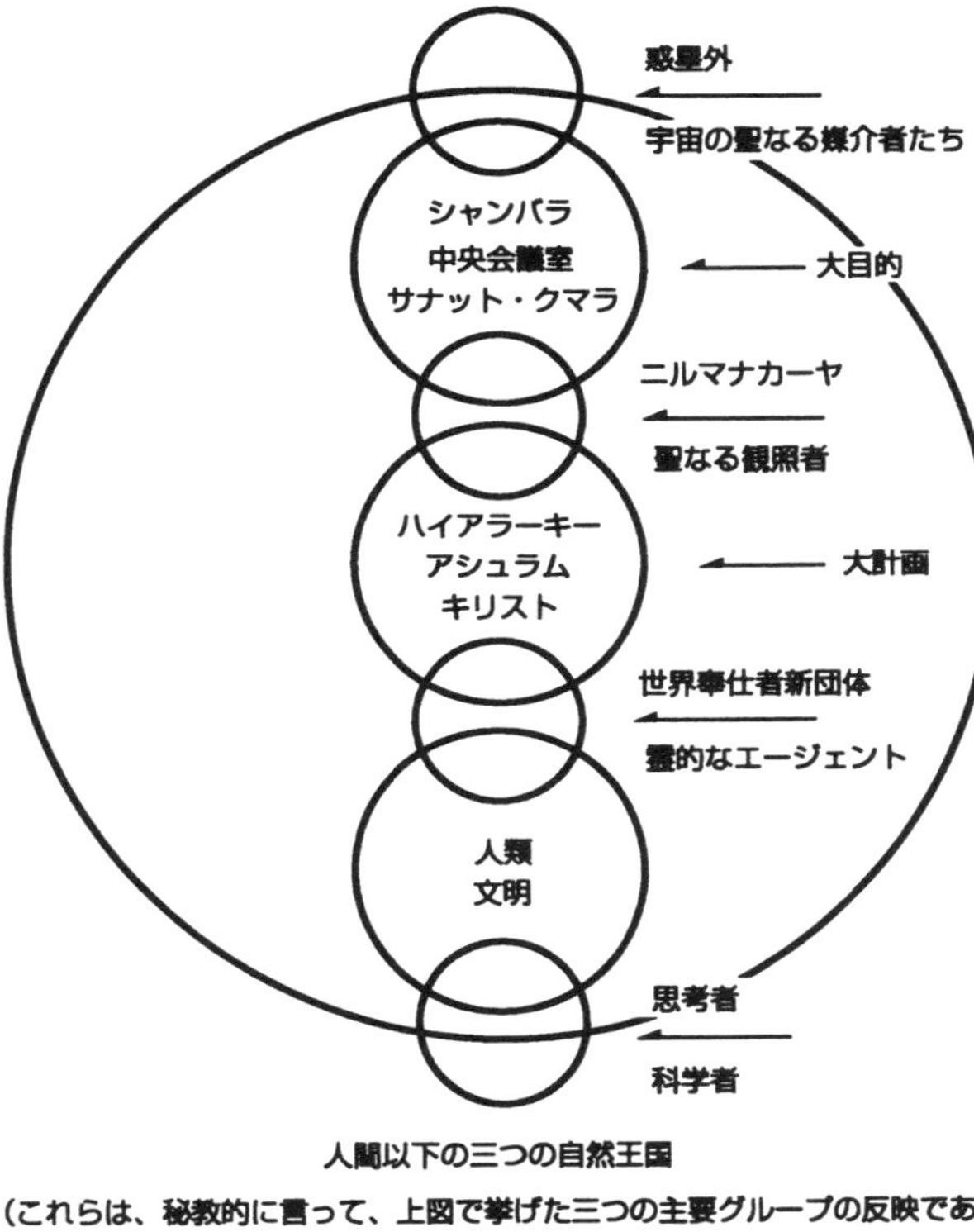

図表22　生命としての地球
(A・ベイリー『トランス・ヒマラヤ密教入門Ⅰ』たま出版刊、より)

図表23　地球の3つの中心(センター)
(A・ベイリー『トランス・ヒマラヤ密教入門Ⅰ』たま出版刊、より)

中　心	(次のものを通して働きかける)
第1惑星中心 ＝シャンバラ	1.7つの光線、即ち、玉座の前の7つの霊 2.ある偉大なる媒介者方 3.世界主の会議室
第2惑星中心 ＝ハイアラーキー	1.7名の主要なチョハンと彼らのアシュラム 2.2次的アシュラムの42名の大師方 3.2次的アシュラムの総計
第3惑星中心 ＝人類	1.転生している弟子達—7つの光線タイプ 2.世界奉仕者新団体 3.人道主義者、教育家、善意の人々等の総計

表していると考えられます。

三つのセンターおよび太陽ロゴスの他の領域との間に、小さな四つの丸があります。これらは全体を円滑に機能させるために各センター間の連絡の役目を果たす仲介者を表しています。

――シャンバラと世界主

まずシャンバラから、もう少し詳しく説明していきましょう。

シャンバラはゴビ砂漠の上空に存在するといわれる、地球最高の霊的センターです。しかし存在するといっても、目に見える低位の物質界層ではなく、高位の物質界層である〝エーテル界〟の第2亜層に存在するので、いくら探しに行っても高度な〝エーテル視力〟を持った人でなければ見えません。

ここには現在の〝世界主〟である〝サナット・クマラ〟がおられます。世界主とは惑星ロゴスの反映（代理）の役割をし、この地球上の進化の〝大目的〟(6)に対する最高責任者です。サナット・クマラは、今から一八五〇万年前に私たちの地球に真の人類の登場を可能にするために金星から来られ、(7)「日の老いたる者」といわれております。しかしそのエーテル体での姿は若々しいため「永遠の一六歳の少年」ともいわれています。

人間は第四章で述べる第3段階のイニシエーションの儀式を受ける時に初めてサナット・クマラにお会いでき、イニシエーションを授けられるということです。(8)

(6) 太陽ロゴスによる進化の計画のうち、シャンバラにおろされる段階のものを〝大目的（purpose）〟、そこからハイアラーキーにおろされた段階のものを〝大計画（plan）〟と区別することがあります。

(7) 金星から世界主が来られた理由は、金星は連鎖・ラウンドが進んでおり霊的に非常に高い方々がおられることの他、金星は地球の高我、個人でいえばパーソナリティーに対する〝魂〟に当たる存在であるため（金星は、夜空で一番明るく輝く惑星）です。

幾つかの宗教にはサナット・クマラを示す言葉があります。例えばユダヤ教のエホバ。

(8) それまでのイニシエーションはハイアラーキーの長であるキリストによって行われます。

現在シャンバラにはブッダもおられます。その他、高度に進化された少数のメンバーによるシャンバラの〝中央会議室〟において、地球上の最も重要な〝大計画〟が決められ、ハイアラーキーへと伝えられます。

──アバターとニルマナカーヤ

次に仲介者の丸を上から見ていきましょう。

一番上の丸の「惑星外／宇宙の聖なる媒介者たち」は、地球と太陽ロゴスや他の惑星をつなぐ役目を果たすために他の惑星から来られている〝アバター〟とも呼ばれる存在たちを表します。

アバターは、地球の基準でいうと後に述べる第6段階以上のイニシエーションを受けた方々です。中でも、この太陽系外の領域にも自由に出入りできるところまで高度に進化された方々でありながら、わざわざこの地球に来られ私たちのために労をとられている方々は〝宇宙のアバター〟と呼ばれ、その中にはサイババと前章で紹介したババジがおられます。

アバターは地球上に愛を実現するのを手助けするという共通の仕事の他に、例えばサイババは「社会の表に出て、常識を超えた世界の存在を多くの人々に知らしめる一方、地球上に溢れ出た悪を浄化する」、ババジは「裏で働き、地球を維持する手助けをする」というような個々別々の役割を持っています。

アバターの語られることは、当然秘教とは矛盾しませんが、象徴的な表現しかなさらず、むしろ「真意は語られない」ともいわれます。彼らはあくまでお手伝いをして下さっているのであり、論理的な教えを伝えることは彼らの仕事ではないからです。

次の丸の〝ニルマナカーヤ〟[9]というのは、アートマ界においてシャンバラとハイアラーキーを情報とエネルギーの両面において結びつける媒介をされている方々です。情報の媒介とはこの場合、大目的を具体化し大計画に引き降ろす、ということです。

世界奉仕者新団体

人間の魂の進化に関しては次章で扱いますので、ここでは詳しく述べませんが、人類の中でも、何万回もの輪廻転生を経て人間としての経験を締めくくるプロセスに入った人たちは、ハイアラキーの大師方の〝弟子〟（或いはその見習い）となって、ハイアラキーの計画を人類に下ろす役目を果たします。

現在数百万人にのぼるそのような男女からなる集団を、〝世界奉仕者新団体〟といいます。

秘教に慣れ親しんでいない方は、「そんな組織は聞いたことがない」といわれるでしょう。確かにこの組織は、誰もが認知できる顕在的レベルで存在しているわけではなく、また団員であっても顕在意識と結びついたパーソナリティーのレベルで、この組織に属しているわけではありません。

この組織は、一九二二年に現在の〝キリスト〟[10]である〝マイトレーヤ〟によって召集をかけられ、魂のレベルでそれに呼応した者たちが集いました。その数は今も増え続けていると

(9) サンスクリットや仏教で使われてきた意味とは、違うようです。

(10) キリストというと通常、イエス・キリストを思い浮かべられると思いますが、秘教でいうキリストは違った概念です。これに関しては後に説明いたします。

いわれます。

したがって、世界奉仕者新団体に属する団員一人一人は内的な魂のレベルでハイアラーキーにつながっており、彼らの魂は大計画とその中における彼らの役割を理解しています。このグループは二つに大別され、そのうちの小さい中核的なグループは外界で意識的に大師方の直接の監督のもとで働いています。

しかし他の多くの人たちは、未だ魂とパーソナリティーとの間に明確な連絡がついていないため、自分が世界奉仕者新団体の一員であっても、まったく自覚がありません。これらの人たちが、大きな外郭のグループを構成し、大師方の印象付け(11)のもとに働いています。

これらのメンバーは世界のあらゆる地域、社会のあらゆる分野におり、地球の大いなる変遷の時期に必要な変化を起こすために働いています。彼らは〝人類の希望〟ともいえる存在であり、彼らを通して新しい社会が築かれていきます(12)。

一番下の丸は、世界奉仕者新団体のメンバーに知らず導かれながら、実際に行動し現実社会を変えていく、他のすべての人類を表しています。

大師方は非常に高い能力と強力なエネルギーを持っておられますが、彼らが直接手を下して地球を変えていくことは許されません。宇宙には〝自由意志の法則〟という絶対的な法則が存在し、これによって「地球を変えるのは人類以下の存在たちの自由意志に基づく行動を通してでなければならない」と定められています。大師以上の方々は地球に関して、いつも人類が自分たちの力でよりよい社会を築いていけるための支援をするに留めておられるのです(13)。

(11) 後に述べる、エネルギー＝波動を通しての方向づけ。

(12) もし読者の皆さんが世界奉仕者新団体のことを知らなかったとしても、既にこの組織の一員であるかもしれず、またそうでなかったとしても「そんなものがあるなら私も是非入って、世界のために奉仕したい」と考え努力することは、自分自身にとっても地球にとっても非常に意義のあることです。

(13) 大師以上の方々に、もし自由に手出しをすることが許されるならば、一瞬のうちに地球に理想的な状態を作り出すことも可能でしょう。しかしそれでは、人類以下の存在たちは何も学ばず、進化の機会を失ってしまい、結局は宇宙全体の進化が止まってしまいます。

光線と役職

この全体像の構成員について、別の角度からもう少し詳しく示したのが、図表24です。左から二番目の列は、魂の進化の段階＝〝秘伝〟すなわち〝イニシエーション〟を表す数値です。イニシエーションが0以上5未満は人間で、5段階のイニシエーションに到達すると、人間を卒業して大師、つまり神（のような存在）になるのです。[14]

人類が受けるイニシエーションに関しては、次章で詳しく扱います。イニシエーションには、確かに儀式の面があり、人間から大師になるまでに五回、その大きな儀式を受けるということだけ、ここでは覚えておいて下さい。[15]

その右から縦は七列に割られ、イニシエーションが1～4までの欄に第1光線～第7光線と書かれています。前章で、あらゆる存在は光でできているという話をしました。あらゆる存在というからには、人間も当然光でできており、その光の種類が七つあるということなのです。

またまた大変な話ですが、この〝七種の光線〟については後ほど、さらには次章で詳しくお話いたします。ここではまず、魂がそのうちのどの種類の光線でできているかによって、人間あるいは大師以上の方々も七つのグループに分類できることを表している、ということだけ理解しておいて下さい。

その上にいって、イニシエーションが5の段はすべて〝アセカ〟、6の段はすべて〝チョハ

(14)「エッ、何!?」と叫びたくなった方もいらっしゃるでしょう。その通り、これはとてつもなく重要な問題です。こんな話を聞けば、「イニシエーションって何？」と誰もが知りたくなり、「私もイニシエーションを受けたい」と誰しも思われるでしょう。

でも焦り過ぎると、どこか新興宗教の信者のようになってしまいますから、まずは気を落ちつけて下さい。

(15) ただし、儀式といっても一般の人が目に見える世界で行われるのではなく、〝内界〟＝見えない世界で魂が受けるものです。

		沈黙せる観察大霊						
イニシエイション	9	世界主						
	8	プラティエカ・仏陀	仏陀					
	7	マヌ	菩提薩埵	マハーチョハン				
	6	チョハン	チョハン	チョハン	チョハン	チョハン	チョハン	チョハン
	5	アセカ	アセカ	アセカ	アセカ	アセカ	アセカ	アセカ
	4	第一光線	第二光線	第三光線	第四光線	第五光線	第六光線	第七光線
	3							
	2							
	1							

図表24　イニシエーションの一覧表
（A・E・パウエル『神智学大要』第4巻、たま出版刊、より）

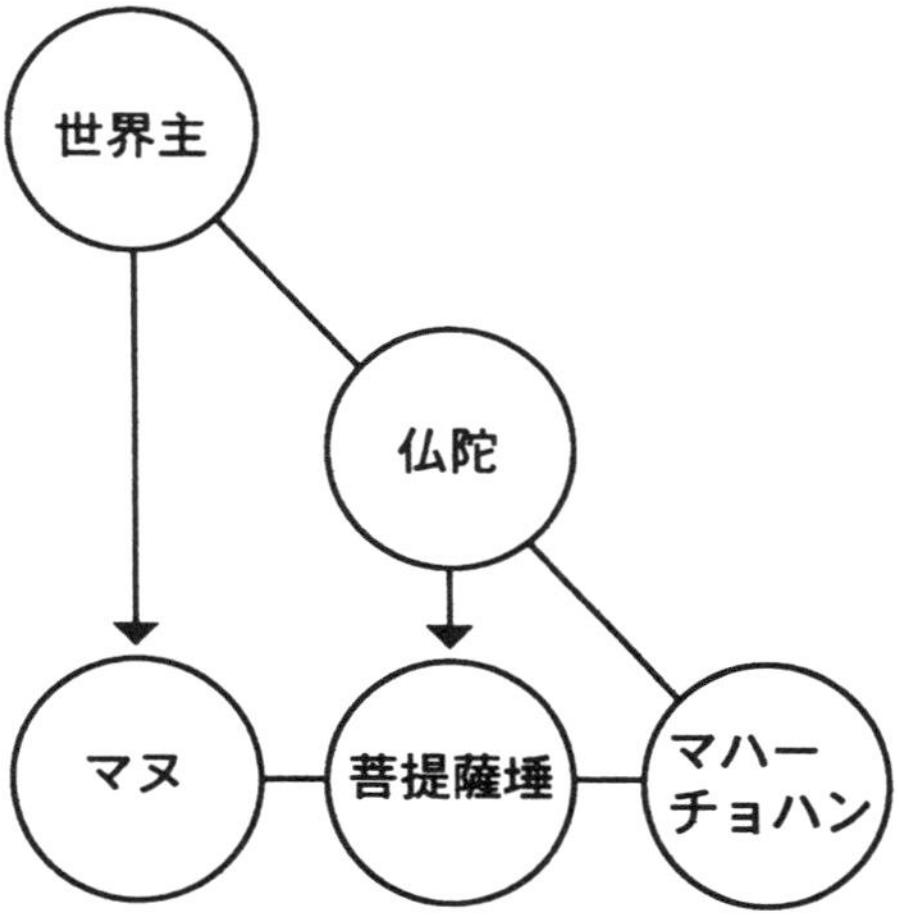

図表25　ハイアラーキーの大三角
（A・E・パウエル『神智学大要』第4巻、たま出版刊、より）

ン〟と書かれています。それ以上の欄の中に書かれているのも含め、これらは皆、大師となられた方々の地位または役職の名前を表すものです。

〝仏陀〟というのも、秘教では地位あるいは役職の名前なのです。(16)〝菩提薩埵〟(ボダイサッタあるいはボーディサットバ＝世界教師)は西洋の〝キリスト〟に当たり、これも役職の名前なのです。

地球上には実は、先ほど述べた世界主サナット・クマラよりさらに霊的に高い〝沈黙せる観察大霊〟という方がおられますが、この方はその名の通り、普通の意味では何も活動されず、ただじっと地球上で起こっていることを見守られているということです。

――ハイアラーキーの大三角

第7段階以上は、非常に構成員が少なくなります。私たちにとって特に関わりが深いのは図表25の五名の方々で、いずれもシャンバラの中央会議室に籍をおかれています。

マヌ―菩提薩埵(＝キリスト)―マハーチョハン(＝文明の主)は同格で、このライン以下の大師方で先ほどのハイアラーキーというグループを構成します。したがってこの三名の方々はシャンバラにもハイアラーキーにも属し、ハイアラーキーではトップの位置を占めます。

キング＝世界主を中心としたシャンバラの会議室でこの惑星の進化の大計画の理想的イメージが作られ、仏陀はその理想的イメージをハイアラーキーのリーダーであるキリストに伝え、それを基にマヌ―キリスト―マハーチョハンの三名で次の千年、百年等々の間に大計画

(16) 本書では、役職を示す時は〝仏陀〟、仏教の祖について述べる時は〝ブッダ〟と表記して区別します。

のどの部分が実行に移され得るかを決議し、さらにそれに基づいてハイアラーキーの大師方で詳細が決められる――というのが、地球の統治機構の中枢的システムです。

まずあまり馴染みのない方々について、簡単に触れておきましょう。

図表25では書かれておりませんが、第1光線の第8段階のところに書かれている〝プラティエカ・仏陀〟とは、シャンバラにいて世界主のお手伝いをされる役目の方で三名いらっしゃり、今の方々はいずれもサナット・クマラとともに金星から来られました。(17)

この三名の方々は、現在はサナット・クマラを補佐しておられますが、遠い将来、(18)世界主の役職を引き継がれるということになっているということです。

〝マヌ〟とは、人類が進化していく際の理想像を決め、それを体現された方です。その仕事は、地球ロゴスの意志と目的を実世界で実現することであり、その中には大きな地殻変動の計画を立てられ、大陸を隆起させたり海底に沈められたりするようなことも含まれます。(19)より現実的な問題としては、世界の政治の大もとは、マヌの指揮下にあります。(20)

マヌは現在二名地球におられ、今までに現れている最新の人種＝第5根人種＝アーリアン人種のマヌは十万年も前からおられます。もうお一方は第4根人種＝アトランティス人種を完成させるために、影響の中心を中国においておられ、したがってこの方は数十万歳といわれています。

〝マハーチョハン＝文明の主〟の仕事は、専務取締役のような役割で、大計画を可能な形に近づけるものです。大計画は人類のための理想であり、ハイアラーキーはエネルギーやアイディアを（多くの場合）波動の形で放出し、人類の中の優れた人たちがそれをキャッチして、

(17) プラティエカとは〝行動する〟という意味です。クマラ方とも呼ばれます。

(18) 地球から生命の波が次の惑星に移行した時。

(19) 最近頻発しているような地震が、この方々によって起こされているということではありません。第七章参照。

(20) マヌには色々なレベルがあるとされていますが、ここでいわれているのは〝人種マヌ〟です。

自由意志のもとにそれを実現していくのです。(21) 実際にマハーチョハンは自然の諸力を操作し、電気的エネルギーの発出源ともなっておられます。

キリストとその再臨

秘教の教えにおけるキリストは、先ほどから説明しているようにイエス個人を指すのではなく、〝世界教師〟を意味する役職の名前です。世界教師というからには、世界を指導するのがその役目であり、世界の大宗教となっているものは、皆この方ご自身が世に出られるか、あるいはその弟子を遣わされて起こされたものです。(第四章参照)

今のキリストは、その固有の名前を〝マイトレーヤ〟といわれます。マイトレーヤに関してはいろいろな宗教の中で、期が至ったときに出現する〝救世主〟として語られており、(22) 私たちに最もなじみのある名称としては、仏教の〝弥勒菩薩〟がそれに当たります。

イスラム教では〝イマム・マーディ〟、ヒンドゥー教では〝クリシュナ〟、ユダヤ教では〝メシア〟が再臨すると語られており、皆それらはマイトレーヤのことを意味していると考えられます。

秘教では、このような現実世界へのキリスト（あるいはその弟子）の再臨は特別のことではなく、人類がそれを必要とする時期に、周期的に繰り返されてきたと説かれています。

このような話をするとキリスト教徒の方には猛烈な反発を買うかもしれませんが、秘教ではイエスはキリストではなく、キリスト＝マイトレーヤの弟子であり、二千年前のイエスの

(21) それに関する話は、次章・天才のところで詳しく述べます。

(22) ブッダの言葉である〝阿含教〟の中にも語られています。

顕現は、〝オーバーシャドー〟という方法によって、マイトレーヤが弟子イエスの体を借りてキリストの意識を現したのだといわれています。[23]

私たちにとって何にも増して重要なことは、現在がちょうどキリストの再臨の時期に当たるといわれていることであり、クレーム氏は非常に近い将来、マイトレーヤの登場が見られると主張しています。[24]

仏陀

仏陀は濃密な肉体は持たず、シャンバラにおられ、人類と〝デーヴァ〟という目に見えない存在たち[25]の両方の教師として、キリストより高次の界層で働かれます。また、シャンバラの決定をキリストを通してハイアラーキーに伝える役割をします。

現在の仏陀は、インドで仏教を起こしたゴータマ・ブッダです。しかしそのブッダもまた、その時肉体を提供したゴータマ王子とは別の存在です。仏教を起こされた時、ゴータマ王子は師であるブッダにやはりオーバーシャドーされていたのです。

ブッダは現在肉体を持っておられませんが、年に一回だけ目に見える姿で現れるといわれています。それは〝ウエサクの祭〟と呼ばれ、五月の満月の夜、ヒマラヤのウエサクの谷という秘密の場所で行われるもので、霊的な意味では地球上で行われる最も重要な祭です。[26]

ブッダはこの惑星の〝英智の主〟です。それに対してマイトレーヤはこの惑星の〝愛の主〟といわれます。

(23) オーバーシャドーは大師方と弟子の間でよく用いられるもので、弟子の合意を得て行われ、大師の意識が現われている間も弟子自身の意識が残っている等、通常のチャネリングや憑依とはまったく違います。イエスの問題に関しては、次章イニシエーションのところで具体例として説明する際に、詳しく取り上げます。

(24) 実は約一世紀前に神智学協会が設立された背景には、マイトレーヤの再臨のための準備という目的がありました。当初オーバーシャドーが使われる可能性が高く、イエスと同じ役割を果たすための器として準備されたうちの一人がクリシュナムルティーでした。

(25) 第七章参照。

(26) リードビーターの『大師とその道』(竜王文庫)の口絵に、その祭のスケッチが載っており、神々しいブッダのオーラを通して発せられるエネルギーが、地球全体を祝福している様子が、素晴らしいカラーで描かれています。

仏陀とキリストは歴史上、図表26のように受け継がれてきました。キリストになられた方が、次の仏陀の位につかれます。この道を歩まれる方は、数千年も前にその時の仏陀に誓いを立て、以降その準備のための教育を受け続けられます。

マイトレーヤの次に〝キリスト→仏陀〟の道を歩まれる方は、後に述べますクートフーミ大師(27)と決まっています……これもまた、事実であればとんでもない情報ですね。

図表26　歴代の菩提薩埵と仏陀

根人種	菩提薩埵	仏　陀
第3	主カシャパ	
4	主ゴータマ	主カシャパ
5	主マイトレーヤ	主ゴータマ
6	クートフーミ大師	主マイトレーヤ
7		クートフーミ大師

――七種の光線

今まで、シャンバラからハイアラーキー、そして人類へと大計画が下ろされ指導がなされていく、という話をしてきましたが、その時の指導というのは、何となく言葉を伝えることによってなされる、というイメージがあったと思います。

もちろんそういった方法が取られることがなくはありませんが、マハーチョハンのところでもちょっと触れたように、それよりはるかに重要なのが〝エネルギーを伝える〟ことによってなされる指導です。

すべての存在はエネルギーであり、またすべての現象はエネルギーに対する反応の結果であると言えます。そして、より上位のものはより強いエネルギーを扱うことができ、それによって下位で起こる現象をコントロールすることができます(28)。

(27) イエスの弟子・聖ヨハネ、それ以前にはピタゴラスでもあったといわれています。

(28) 例えば、ウエサクの祭では、ブッダを通してシャンバラからの強力なエネルギーが世界に放出されます。シャンバラのエネルギーは、すぐ後で述べる〝第1光線〟で、破壊を通して新しいものを創造する働きを持っており、行き詰まり腐敗した現在の社会を変革していくエネルギーとなります。

すべてをエネルギーの観点から見ていくというのが、本書の主題の一つでもあり、今後もいろいろなところで折りに触れてお話いたします。

ではいよいよ、光線の説明に移りましょう。

ここでいう〝光線〟の話は、精神世界でもまだあまり語られておらず、最初は取りつきにくい感じを受けると思いますが、「すべては光でできている」「すべてはエネルギーである」ということの具体的内容であり、極めて重要なものです。(29)

光線は七種ありますが、これらは第一章で述べたように（図表4参照。『神智学大要』Ⅳ四一〜四三頁には、より正確な説明がなされています。）「1から3が生まれ、3から7が生まれる」というプロセスで生み出されます。つまり私たちの太陽系では元は一つの光線が働いており、その一つの光線がまず三種に、そしてそれがさらに七種に分かれるのです。

ちょうど太陽系自体が、プリズムのような働きをしていると考えればよいでしょう。

視野を拡大し太陽系の一段上のレベルの宇宙を眺めると、そこでは太陽系で働く〝元の一つの光線〟を一種として他に六種、計七種の光線が存在し、その七種も元を正すとさらに大元の一つの光線から枝分かれして生み出されている……そのような仕組みになっているのです。(30)

これは、本章で後に述べる〝太陽系以上のロゴスの世界〟ともパラレルな構造です。

話を再び、私たちの太陽系、そして私たちの惑星に戻しましょう。(31)

今述べたように、光線は大元の一つがいきなり七種に分かれるのではなく、まず三つに分かれます。それが第1〜3光線であり、その三つを〝アスペクト〟(32)の光線といいます。

残りの四つすなわち第4〜7光線、はアスペクトの光線から派生するもので、〝属性〟の光線と呼ばれています。

(29) 光線に関する情報はブラヴァツキーの時にはそれほど多くありませんでしたが、アリス・ベイリーそしてベンジャミン・クレーム氏と時を経るにしたがって、詳しい情報が伝えられるようになってまいりました。

二一世紀には、あらゆる問題に関係する最重要の分野の一つとして、一般に認められるようになると思います。

(30) 現在の太陽系で働く〝大元の一つの光線〟は、前章でお話した〝愛〟＝第2光線です。また、プリズムの例を出したのでついでにお話しますと、〝1→3→7〟という話は、白色光が三原色に分かれ、それからすべての色（虹の七色）が生み出されることを思い出させます。

(31) 太陽系内のすべての惑星は、同じ〝七種の光線〟のセットによって、つくられ、コントロールされています。

(32) 日本語には適切な表現がなく、〝様相〟あるいは〝側面〟と訳されています。

しかし属性の光線が派生であるといっても、七種の間に順位があるわけではなく、どれもが重要であり、同等の価値を持ちます。（ただしこれは便宜的な表現だと思います。）

第1～7までの各光線の特徴は、次章（図表44）で詳しく取り上げますので、ここでは簡単に列記いたします。一度にはなかなか頭に入らないと思いますが、できるだけ記憶に留めるようにして下さい。

第1光線：意志または力
第2光線：愛と英智
第3光線：活動・柔軟性あるいは知性
（以上 アスペクトの光線）

第4光線：調和・美・芸術・和合
第5光線：具体的知識または科学
第6光線：抽象的理想主義あるいは献身
第7光線：儀式的秩序・魔術・儀式
（以上 属性の光線）

――アシュラムとチョハン

光線の観点から、図表24をもう一度調べてみましょう。

世界主は第1光線、仏陀は第2光線、マハーチョハンは第3～7光線の一番上にきています。これはそれぞれ、各光線のこの惑星における最高のリーダーだということです。

プラティエカ・仏陀とマヌ、キリストはそれぞれその先に世界主、仏陀の道が待っています。

この地球上では、第1光線は第9段階、第2光線は第8段階、第3～7光線は第7段階のイニシエーションまで受けることができ、またそれ以上は受けることができません。したがってその段階に達するかそれ以前に、他の星に出ていって、そこで進化の道を続けます[33]。

各光線は、ハイアラーキーにおいてそれぞれ〝アシュラム〟というものを作っております。アシュラムとは、内閣の省庁に当たるものと考えればよいでしょう。

主要なアシュラムは各光線に一つずつ計七つあり、その各アシュラムはその他に分室を六つずつ持っておりますので、計四九のアシュラムがあることになります。

各アシュラムは、それぞれの光線の特徴に基づく仕事を行っています。

図表27に、現在の各光線の主要なアシュラムのリーダーであるチョハンのリストが載っています。チョハンは班長だと憶えて下さい。

図表27　各光線のチョハン

光線	首長（チョハン）	知られている著名な過去生
第1	モリア	使徒ペテロ
2	クートフーミ	ピタゴラス／使徒ヨハネ
3	ベニス人のチョハン	
4	セラピス	
5	ヒラリオン	聖パウロ／イアンブリスク
6	イエス	タイアナのアポロニウス
7	ラコッツィ	ロジャー・ベーコン／ローゼンクロイツ／フランシス・ベーコン／サン・ジェルマン

例えば、左端にある光線の欄で6と書いてある列に、イエスとあります。第6光線のリーダーが第6段階のイニシエーションを受けたイエス大師である、ということを表しています。

イエスは、次の転生での〝タイアナのアポロニウス〟という大哲学者としての生涯で大師になられ、現在は第6段階の大師として、六百歳近い[34]シリア人系の肉体を実際に持ってローマ近

(33) 光線を第1光線・第2光線に変更して、地球での滞在を引き延ばすこともあります。

(34) 大師の中には何千年も一つの肉体を使用されている方もおり、六百歳という年齢は、大師としては中位から短い方です。

郊に住まわれているといわれております。

キリスト教界を陰から導いておられ、特に近年のローマ法王庁の大きな改革には、イエス大師の影響が強く現れています。

この表の中には、他にもキリスト教関係者には馴染みの深い方々がたくさんいらっしゃいます。第1光線のモリヤ大師と第2光線のクートフーミ大師は二千年前イエスの十二使徒であったペテロとヨハネです(35)。第5光線のヒラリオン大師(36)は、イエスの死後キリスト教会の普及の土台を作った聖パウロです。

その他のチョハン方も、皆本当に重要な方々ですので、この際、お名前くらいは憶えておいて下さい。

大師方の生活

ただし、大師になられた後、すべての方がこの表中のポストに残られるわけではありません。人間を卒業した後、大師になってからその先の進路としては〝七つの道〟があるといわれています(37)。

「地球での奉仕の道」はその一つで、その道を歩まれている大師方は全部で一四〇名ほどいるといわれています。これはむしろ定員が一四〇名で、それ以上は必要がなく、他の道を歩まれるということです。大師方は分離した自己意識(38)をまったく持たれず、グループで働かれますので、人間の組織のようにポストを争うようなことはあり得ません。

(35) 当時イエスは第4段階のイニシエートであり、この方々もすでに第3段階のイニシエートで他の弟子たちより進んでいたので、イエスがマイトレーヤによってオーバーシャドーされていた事実を知っていたようです。

十二使徒の他の十名の方々も現在は、イエスを裏切ったユダも含め、大師になられています。

(36) 一九世紀中盤から欧米に起こった〝心霊主義＝スピリチュアリズム〟を指導されていたようです。

(37) 『世界大師と覚者方の降臨』四二・四三頁、A・ベイリー著『イニシエーション』が元の情報で、若干の解説が載っていますが、『神智学大要』Ⅳ三五八頁・Ⅴ七三頁には、違った内容が載せられています。

(38) 低級な意味での自我がなく大目的に従って、一心同体として働かれます。

それら一四〇名の方々もすべて人類のために働いているというわけではなく、動・植・鉱物やデーヴァ・自然霊(39)と呼ばれる存在に関わっている大師もたくさんおられます。人類の進化に直接関わっているのは、三名の大主(40)を含め、六三名の大師方です。

大師方は男性でも女性でもなく、これら両方の側面を兼備されています(41)。しかし、大師方が肉体を持つ必要のある時は、現在の地球のエネルギーの関係上、男性の肉体をとります。

大師方は生死を超越しておられますが、人類社会の中への登場の仕方はその役割に応じて様々で、大師になられた時の肉体をそのまま保持している時もあれば、普通の人間と同じように誕生と死の形態をとられる場合もあります。ご自分で創られた〝マヤヴィルーパ〟といわれる体をとられ、何百～何千歳も生き続けられることもあります。

いずれにしろ肉体は完全に〝光子＝エーテル化〟していますので、テレポーテーションをしたり、同時に複数の場所に現れたり、老若男女自由に変身できます。また、他の大師方や弟子たちと連絡し合う時は、通常テレパシーを使われます。

大師方は地球上の光線＝エネルギーの管理者であられ、瞑想によるエネルギーのコントロールがその仕事の重要な位置を占められています。

大師方は人類の中で公然と生活されることは稀《まれ》で、ほとんどの方々が最近までヒマラヤやアンデス等世界の険しい山岳地帯や砂漠等、人里離れた所で生活されていました。それは大師方の体が極めて精妙にできており、人間たちの創り出す荒い波動の中では活動しにくいからです(42)。

ただし、現在キリスト＝マイトレーヤの再臨に伴って次々に大師方が実社会に出られてい

(39) 人間と並行する進化系列に属する、天使や妖精といわれてきた目に見えない存在たち。第七章参照。

(40) キリスト／マヌ／マハチョハン。

(41) これは輪廻転生の過程で、男性だけあるいは女性だけをずっと繰り返して大師方になるわけではなく両方の性を繰り返し経験されてきた結果です。

(42) サン・ジェルマンという―パン屋さんではなく―伯爵が一八世紀に存在され、当時のヨーロッパの宮廷では、人間を超越した格別の存在であることが広く知られていたようです。

その方は第7光線のラコッツィ大師です。

るということです。先ほどの六三名の大師のうち、約四〇名が濃密な肉体を持たれ、一四名が一般の人たちに混ざって秘密裡にではありますが、活動しておられます。これは十万年前のアトランティスの末期以来の大変な出来事で、現在がいかに大きなターニング・ポイントであるかを伺わせます。

これらの方々は、マイトレーヤの登場(43)とともに紹介されることになっています。

――トランス・ヒマラヤ・ロッジと秘教の普及に当たっている大師方

大師方は、ロッジと呼ばれる大きな集団に別けられます。西洋世界に責任を持つ大師方が所属されているロッジは、〝トランス・ヒマラヤ・ロッジ〟と呼ばれるものです(44)。

西洋では偉大な霊的教師たちの存在が忘れ去られてしまったため、それを復興させるため西洋世界に理解されやすい論理的な教えを普及することが必要になったのですが、トランス・ヒマラヤ・ロッジの大師方は地上で公に活動されておられなかったので、ブラヴァツキーやアリス・ベイリーらの弟子を通じてその教えを広めたのです。

主に秘教の普及に当たっているのは、モリヤ／クートフーミ／ジュワル・クールの御三方です。この方々は、『シークレット・ドクトリン』をはじめとするブラヴァツキーの著書の指導をされたのをはじめ、神智学協会の内外を含め多くの人たちに肉体で会われた記録が残っています。

図表28を見て下さい。第一章で取り上げた図表3は、太陽系ハイアラーキーと地球ハイア

(43) 最終的に〝大宣言の日〟というセンセーショナルなイベントが用意されている、といわれています。
「二一世紀は素晴らしい時代になる」というようなことがいろいろなところでいわれていますが、現在の混乱した社会状況や回復不可能な臨界線まで来ている環境破壊を見ると、そんな楽観的なイメージはなかなか浮かばないと思います。
本当にそんな時代が到来するためには、マイトレーヤと大師方が現実の社会に出られ、力強く人類を指導して下さるぐらいのことでもなければ、ありえないような気がしませんか？

(44) サイババやババジらのアバターは、もう一つの主要なロッジである〝南インド・ロッジ〟に所属されています。
本書でお伝えしている論理的な秘教の普及に当たっているのは、トランス・ヒマラヤ・ロッジに属されている大師方で、それゆえその教えを〝トランス・ヒマラヤ密教〟と呼ぶことがあるのです。

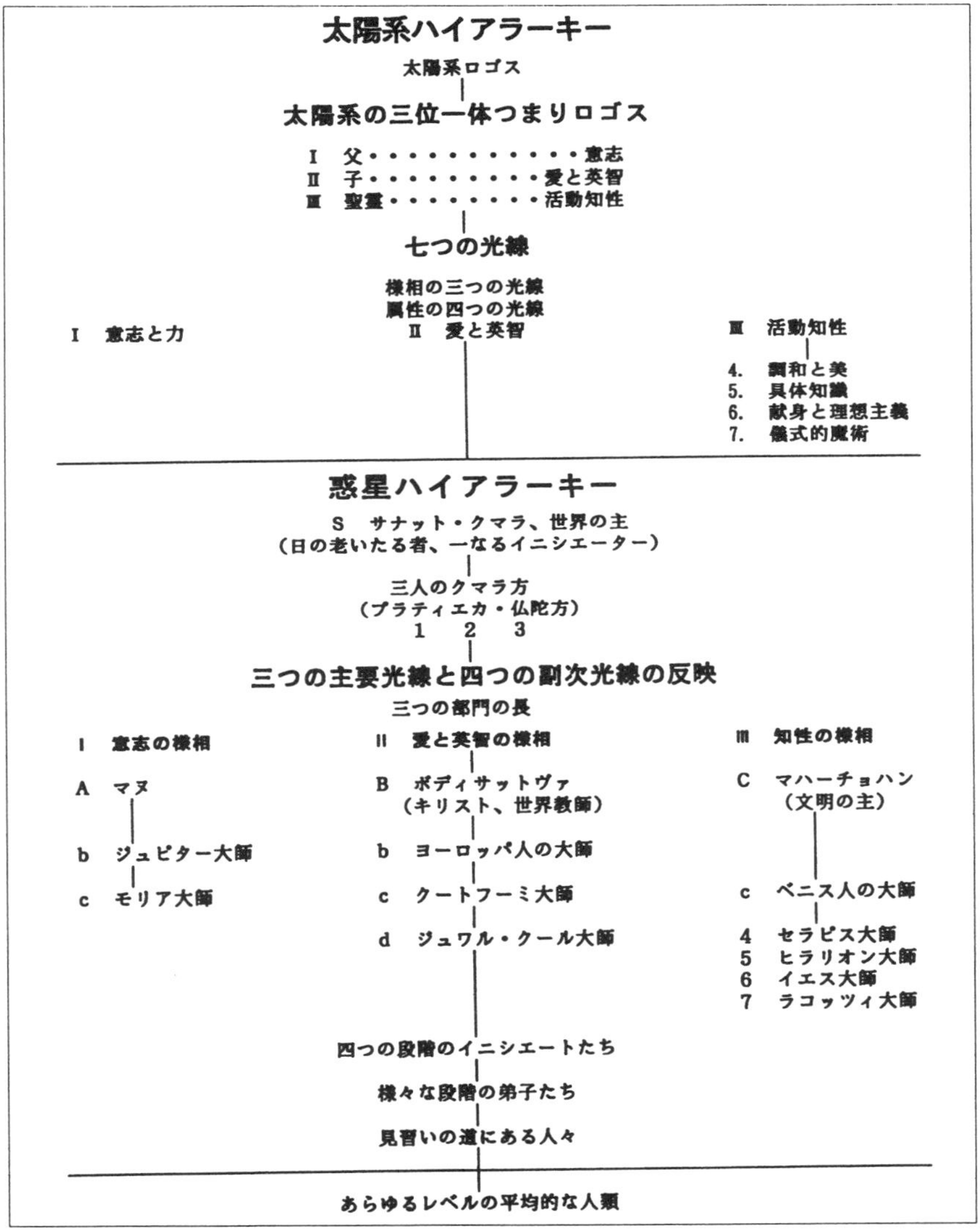

図表28　太陽系ハイアラーキーと惑星ハイアラーの図表を解く鍵
（A・ベイリー『トランス・ヒマラヤ密教入門II』たま出版刊、より）

ラーキーの組織図でしたが、図表28はそれを平面化して、地球ハイアラーキーに現在の担当者名を入れたものです。

この図の真ん中の第2光線のラインのdのジュワル・クール大師(45)は、第5段階の大師で、アリス・ベイリーを通して二〇世紀末から二一世紀の始めに重要になる情報を伝えられる等、秘教を学んでいる者にとっては特に重要な方です。

モリヤ大師は、エレナ・レーリッヒを通じて〝アグニ・ヨガ〟を伝えました。(46)

(45) 仏教における唯心論である唯識派の大学者・無着(むじゃく)は、彼の過去生の一つでした。

(46) ただし、モリヤ大師から伝えられたと思われていたシリーズの一巻『召命』(竜王文庫より翻訳が出ています)は、マイトレーヤが直接伝えられたものだといわれています。

太陽系以上の宇宙における〝神〟の世界の構造

ハイアラーキーの相似構造

地球にはこの他にも霊的に高度な方々がいらっしゃいますが、とりあえず、私たちと直接関わりが深く特に知っておいた方がよい大師方と、全体の構造については、大体話してまいりましたので、次に太陽系以上のハイアラーキーとの関係を調べていきましょう。

図表3を見ていただければ、太陽系ハイアラーキーと地球ハイアラーキーが相似構造をなしているのが、お分かりいただけると思います。この図は地球ハイアラーキーの方に焦点を当てているので、地球ハイアラーキーの円が大きく描かれていますが、本来は第二章の図表17ａのように、太陽系ハイアラーキーよりはるかに小さく描かれるべきでしょう。

太陽系よりさらに上の界層とのつながりを示すために、〝1→3→7〟の段階までで省略して描いたのが図表29、〝1→3〟の段階までで省略してさらに上の宇宙とのつながりまで示したのが図表30です。

前章及び先ほどの光線のところで見てきた、〝無限に続く相似構造〟が、霊的なハイアラーキー

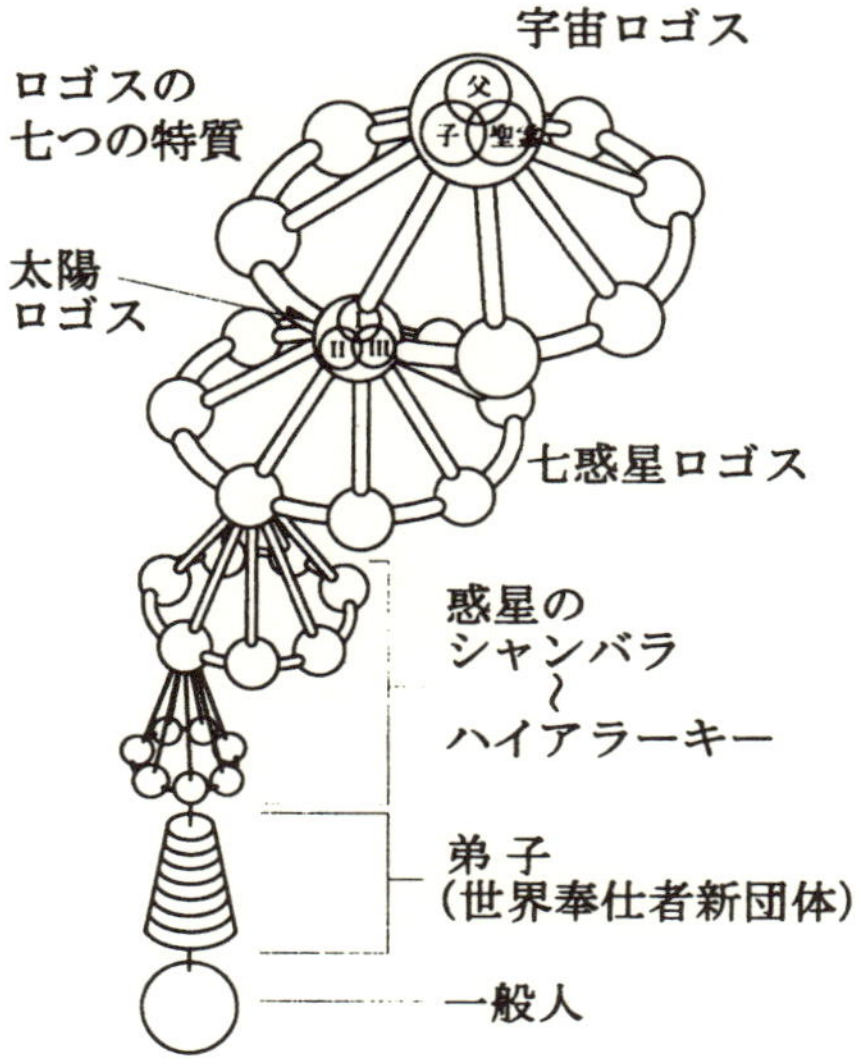

図表29　宇宙ロゴスのハイアラーキー（シナラジャダーサ『入門神智学』より補正）
注：原図では、「惑星のシャンバラ／ハイアラーキー／弟子（世界奉仕者新団体）」は、
それぞれ「大天使達／秘伝家／弟子の段階」となっていました。

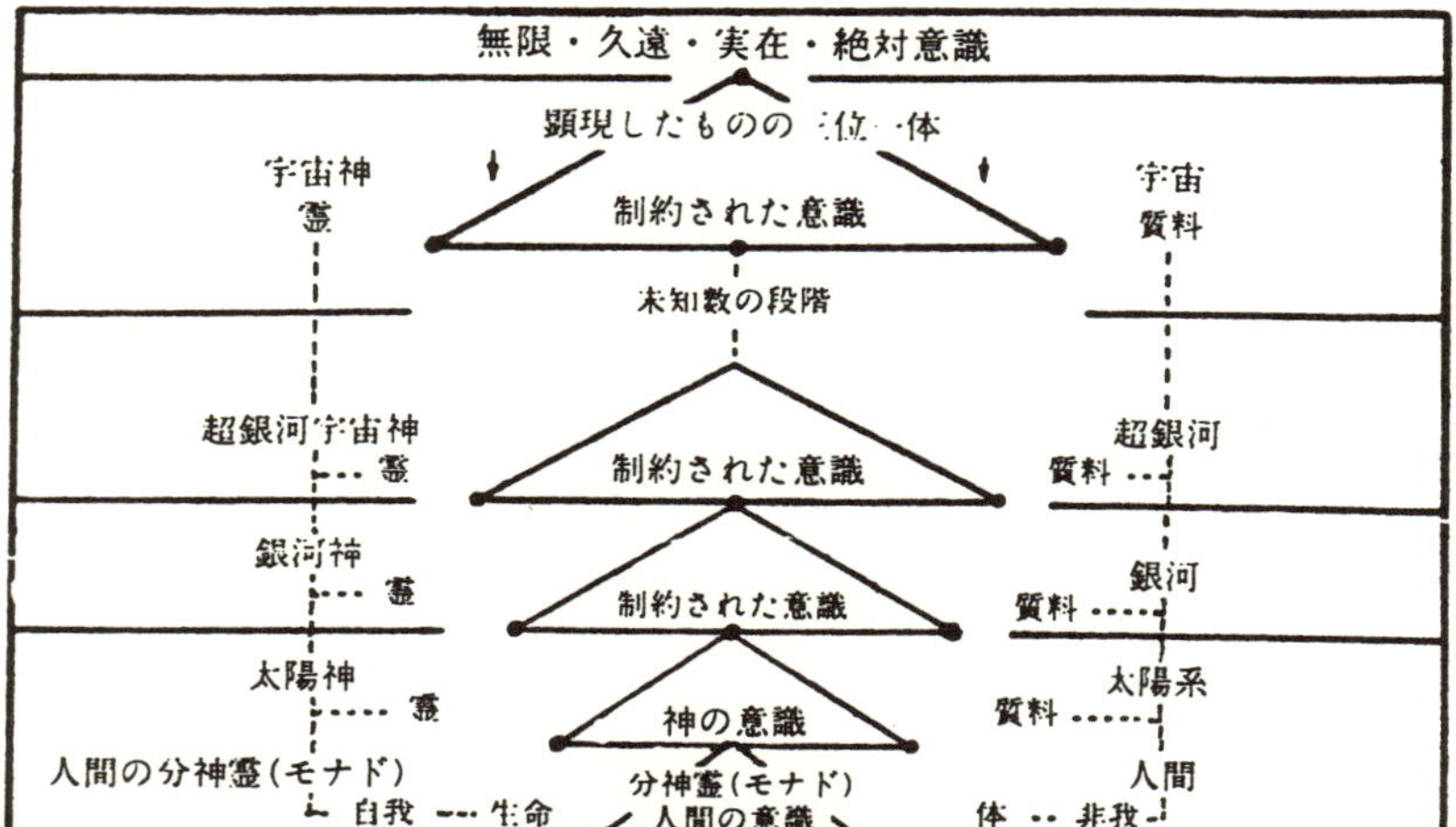

図表30　宇宙の進化（E・N・ピアースン『神智学の真髄』より）

に関しても存在することが示されています。

太陽系ハイアラーキーについて、少し具体的に触れておきましょう。

太陽ロゴスは、ロゴスの七つの特性＝光線を受け持つ〝七惑星ロゴス〟を持ち、太陽ロゴスの大計画はこの惑星ロゴスたちによって実行されます(47)。

太陽系の七つの神聖なる惑星が、この惑星ロゴスたちの表現体です。神聖なる惑星と非神聖なる惑星の一覧表が、図表31です。各惑星は一つの光線を受け持ちます。

地球はまだ非神聖なる惑星です。神聖なる惑星となるためには、この惑星のロゴスが第3段階のイニシエーションを受けなければなりません(48)。

宇宙飛行士たちの語るように地球は今でも美しいのですが、その本来の可能性に比べると、まだ鈍くしか輝いていません。惑星のイニシエーションが高くなると、濃密な物質は精妙なエーテル体へと変化していき、それとともに輝きが増してくるといわれています。

太陽系の転生・進化と宇宙ロゴス

ここで、前章でも触れた太陽系の転生と進化について、少し説明を加えておきましょう。

太陽ロゴスには、意志・愛（英智）・活動（知性）の三つの側面があり、現在の太陽系は愛が中心になっています。太陽系自体も惑星と同じように転生し、現在は三回の転生のうちの二回目で愛＝魂の相を完成させることが目的となっているのです。

一回目は活動＝パーソナリティー（形態）の相の完成が目的となり、太陽ロゴスの魂の表

(47) この七惑星ロゴスのことを、キリスト教では〝神の玉座の前の七御霊〟、ヒンドゥー教では〝七プラジャーパーティ〟、ゾロアスター教では〝七アメシャ・スペンタ〟、エジプトでは〝神秘の七神〟、ユダヤ教では〝七セフィロス〟と呼んでいます。

(48) 地球の惑星ロゴスは、第二次世界大戦で連合国が枢軸国を破って地球上の悪をある程度撲滅したことにより、第2段階のイニシエーションを受け、その結果地球のアストラル界層はかなり浄化された、ということです。しかし神聖なる惑星となるためには、しばらく時間がかかるようです。

図表31　太陽系の惑星と光線
（B・クレーム『マイトレーヤの使命』シェア・ジャパン刊、より）
（原典はA・ベイリー『秘教占星学』ルーシス・トラスト出版、図表33も同じ）

光線	神聖なる惑星	非神聖なる惑星
第１	ヴァルカン	冥王星
2	木星	太陽（隠れた惑星を一つ覆っている）
3	土星	地球
4	水星	月（隠れた惑星を一つ覆っている）
5	金星	
6	海王星	火星
7	天王星	

図表32　太陽系に流れ入るエネルギーの主要な中心
（A・ベイリー『トランス・ヒマラヤ密教入門Ⅱ』たま出版刊、より）

I・1	大熊座
2	プレアデスの７人の姉妹
3	シリウス
II・1	７つの太陽系。私たちの太陽系はその一つである
2	７つの聖惑星。地球はその一つではない
3	５つの非聖惑星、もしくは“隠された”惑星
III・1	７つの惑星中心
2	人間のエーテル体にある７つの“力の中心”
IV・1	黄道帯の１２星座

図表33　黄道帯12星座と光線
（『とんぱ』１号、52ページ、出帆新社刊、より）

光線	３星座、即ちエネルギーの３角形		
第１	牡羊座	獅子座	やぎ座
2	双子座	乙女座	魚　座
3	かに座	天秤座	やぎ座
4	牡牛座	さそり座	射手座
5	獅子座	射手座	水瓶座
6	乙女座	射手座	魚　座
7	牡羊座	かに座	やぎ座

現となる器を準備しました。現在はパーソナリティーを魂の相で活性化しているところであり、前回のロゴスが達成したところのものが、今は乗り越えられるべき〝悪〟として作用しています。[49]〝神〟と同様、〝善／悪〟という概念も、宇宙の進化の中では相対的なものです。ですから悪という言葉ではなく、〝不完全〟という言葉を使った方が適切です。[50]

　太陽ロゴスの現在の仕事が完成すると、愛すら乗り越えられるべきものとなり、最後の転生に入って、意志＝モナドの相が中心に働くことになります。ただし、それは私たちが一生を終えるより、はるか彼方なる先のことですので、今は充分に愛を育みましょう。

　銀河系のロゴスに関しても、基本的には太陽ロゴスと同様のプロセスが繰り返されると考えてよいと思います。しかしその具体的内容に関しては、前章で述べた通り、あまり情報が与えられておりません。私たちにとってはあまりにも高度の世界過ぎてほとんど理解することができず、無駄だからでしょう。

　銀河系のロゴスにしてそうなのですから、その上の世界と考えられる銀河団や超銀河団を司るロゴスに関しては、[51]そういう存在があり得るということだけを頭に置いておけばよいと思います。

太陽系に注ぎ込むエネルギーの流れ

　太陽系以上の宇宙に関して、私たちとの関わりで分かっていることをまとめておきます。「宇宙はすべてエネルギーである」と言ってまいりましたが、実際私たちの太陽系は膨大な

(49) 愛の作用が形態を通して不完全に表現されると悪になるのです。

(50) 完全なる完成ということは、永遠にありえません。さらなる完成を目指すとき、既に達成されたものは相対的に〝より不完全〟なものとなるのです。

(51) 銀河系が、一千億もの恒星＝太陽から構成されていることを考えると、図表29の宇宙ロゴスは、銀河系全体のロゴスではないでしょう。銀河ロゴスと太陽ロゴスの間には、太陽ロゴス→惑星ロゴスと同様の界層構造が相当な回数繰り返されると考えるべきでしょう。

宇宙エネルギーの海の中に存在し、強い影響を受けています。

私たちの太陽系に流れ入る、あるいは生じるエネルギーの主要なセンターが、図表32にまとめてあります。このように私たちは九重の主要なエネルギー刺激を受けており、この他にも影響力は少ないもののたくさんのエネルギーを受けています。

私たちの太陽系に関しては、〝大熊座の七つ星(52)〟によって体現されている七名の偉大なるロゴスによって七種のエネルギー（大元の光線）が生み出され、黄道帯の十二の星座は、そこから図表33のようにして七種の光線を生み出し伝えます(53)。

太陽系に流入した七種の光線は、惑星を媒介にして伝えられます。

このような関係が、占星学の基礎を作っています。占星学（術）というと、いかがわしいという感じを受ける方が多いと思いますが、実は非常に科学的なものであり、二一世紀にはその重要性が再確認されるでしょう(54)。

こうして地球に流れ込んできたエネルギーは、大師方によって地球の進化に役立つようにコントロールされます。

最後に、夜空で一番明るく輝いている恒星である大犬座の〝シリウス〟という、私たちの太陽系にとって特別な意味を持つ星について、少しお話しておきましょう。

〝私たちの太陽系とシリウス〟とは、人間の〝パーソナリティーと魂〟と同じ関係にあるといわれています。この太陽系内では、すべての惑星のハイアラーキーは絶えずコンタクトを取り協力し合いながら活動しており、そのグループ全体を〝グレート・ホワイト・ブラザーフッド（大白色同胞団）〟と呼びます。私たちの大白色同胞団は、シリウスの大白色同胞団の

(52) 北斗七星。

(53) 各光線に三つの星座が書かれているように、主要なエネルギーの伝導は、いつも〝三角形〟を通して行われます。

(54) 過去から現在に至る宮廷や治世者は、ほとんどの場合お抱えの占い師を持っておりました。今日の私たちの社会でも、政治家や財界の有力者、証券アナリスト等の中には、太陽の黒点の活動を初め、天体の動きを参考にして社会の動きを予測している人がかなりいますが、これは故無きことではないのです。

一枝なのです(55)。

しかしそのシリウスも、大熊座の七つ星と、〝プレアデスの七つ星〟とで作る三つ組の最下点です(56)。

このように宇宙は、果てしなく連なる相似構造をしているのです。

――物質宇宙はロゴスの運動の結果

そろそろ、本章のまとめに入る時がきました。

〝神〟の世界の構造がこれほどシステマティックなものとして明快に伝えられていたことは、初めて接せられる方には非常にセンセーショナルであったと思います。自分自身の問題として振り返ってみた時、こういった情報はどう扱ったらよいのか、少し考えてみましょう。

私たちには長い進化の旅路が待っているわけです。ブッダやキリストのような方々でさえも、この先無限に道が続いているのですから。

当然、自分より魂が進んでいるなと感じる人がいても、羨《うらや》む必要もありません。そのような人たちも、今自分がいる段階を通り、自分が感じているような苦しみを経験し乗り越えて、そこまで到達したのですから。

大師になられた方は、私たちが味わった苦悩・悲哀をすべて味わい、乗り越えてこられました。その経験があるからこそ、あらゆる人を救うことができるのです。そして今もなお進化を続けて行くために、普通の人間の何万倍、あるいは何億倍かもしれないほどの責任を担

(55) 大師になられたばかりではまだ基本的に太陽系を出ることはできませんが、シリウスは例外です。

大師の進む〝七つの道〟の一つに〝シリウスへの道〟がありますが、それはこの理由によります。

(56)『マイトレーヤの使命Ⅱ』九六頁。図表34のⅡ・Ⅰにあるように、私たちの太陽が属する〝七つ星〟＝〝七つの太陽系〟が存在します。

い、努力されているのです。

最後の方では、地球を超えたさらに大きな宇宙のお話をしましたが、秘教では「すべての星座や太陽系や惑星の背後に、それらを通して自らを表現する偉大な存在がいる」と説いています。前章で示した物質宇宙の構造やそこで起きている現象も、実はそれを支配する意識＝ロゴスの活動の結果だというわけです。

恒星の一生の最後に訪れる超新星爆発に関して、クレーム氏は次のように語っています。

「一つの太陽系のロゴスの計画と目的すべての集積が外的物質界で表示されたものです。かくしてなし遂げられる放射能力が超新星を意味するとてつもない輝きとして現れます。(57)」

「超新星のとてつもない輝きは一つの天帝（ロゴス）の特殊の顕現を現わすのです。すべてが成就された、すべてが一つの音のなかに融合された、すべての違い、すべての矛盾を含み、しかも解決されて。(58)」

このような言葉を噛みしめながら夜空を眺めると、一層趣が深くなります。(59)

最初にもお断りしましたが、読まれている途中で「この話は宗教臭くて非常に抵抗がある」と感じられた方もいらっしゃったと思います。ここで語った内容を一般的に検証する手段を、人類は今のところ持っておりませんので、そう感じられた方には「この内容の正否に関する結論をすぐ出そうとはせずに、とりあえず次章に進んでいただく」ことを、お願いしたいと思います。(60)

(57)『マイトレーヤの使命Ⅱ』二二三頁。
(58)『マイトレーヤの使命Ⅱ』二二三頁。
(59) 本章では、人間から出発して進化の経路をたどり、偉大なる宇宙ロゴスに至るまでの話をしてまいりましたが、逆の経路で宇宙ロゴスから下っていくと、創造のプロセスがよく理解できます。復習がてら、ご自分で検討してみて下さい。
(60) 本章の内容は、『とんぱ』第一号一八～六七頁に、仲里氏がもう少し詳しくまとめられていますので、御参照下さい。

第四章◎魂の進化と人類の歴史

前章では〝人間を超えた存在〟、一般には〝神〟と呼ばれている存在方によって構成されている世界の構造を中心に、お話いたしました。その中で、秘教では〝輪廻転生〟が存在するとされており、「魂は輪廻転生を繰り返す中でいろいろなことを経験し学ぶことによって、少しずつ進化し」、その終着点として「遂には肉体を持つ必要のない、人間を超えた存在＝マスター＝大師になる」と教えられている、という話をいたしました。

本章では前半でまず、その大師となるまでに人間の魂が歩む道のりを、お話しいたします。魂が人間として歩む道のりは、転生の数にして何千回とも何万回ともいわれます。時間の長さあるいは転生の数で計った時には、行程の最初から99％以上のところまではイニシエーションや世界奉仕者新団体などと縁のない未成熟な期間であり、最後の僅かな回数の転生で急速な進化の路線に入って、一挙に完成へと至ります。

前半で扱うのは、その最後の仕上げの時期に関してであり、急速な魂の進化がどのようなプロセスで起こるかを、記述していきます。それ以前の時期に関しては、目に見えるほどの魂の成長というのはありませんので、人間一般の一生の問題について考える次の二章で、扱うことにいたします。

本章の後半は、地球に人類が登場して以降今日まで人類が歩んできた道のり、つまり人類の歴史に、秘教の観点から光を当てて見たいと思います。

個人の歴史――魂の進化

――イニシエーションのプロセス

まずは、人間としての期間に受ける五段階のイニシエーションについて、見ていきましょう。

イニシエーション自体は、内界（見えない界層）で実際に行われる儀式です。[(1)] イニシエーションを受ける人の魂は、儀式を受ける前にすでにその段階までの進化を達成しています。そうでないと、その人の身体が儀式の際に流されるエネルギーに耐えきれず、破壊され死亡してしまいます。儀式は、エネルギーの導入口である〝チャクラ[(2)]〟が開かれた状態を定着させるために、行われます。

それによって、魂は一度受けたイニシエーションを再度受ける必要がなくなり、進化の道を後戻りすることもなく、常に前に進むことができるようになるわけです。

このようなイニシエーションの儀式は、幸運なことに現在の人類の周期に与えられた特別な恩寵《おんちょう》で、そのお陰でこの時期、人類全体の進化が非常に速められています。[(3)]

(1) これは主要な宗教では皆、認知されており、それぞれの言葉や方法で伝えられてきたようです。

(2) 第六章参照。

(3) 通常の周期では、一般にこのような儀式は行われず、進化はより漸進的に行われます。そのこともあり、一つの人生の中に数回訪れるような〝悟り〟のことを、広い意味でのイニシエーションということもあるようです。

五段階のイニシエーションを達成していくプロセスは、全体を通して眺めると、より低位の界層の体(4)から上位の体に向かって順次一段ずつ、自分の意識でコントロールできるようになっていくプロセスである、ということができます。

第1段階は、〝誕生〟のイニシエーションと呼ばれます。これによって魂が霊王国＝ハイアラーキーの仲間入りをするためで、ある程度の肉体のコントロールが達成された時に、受けられます。

第2段階は〝洗礼〟、アストラル体がコントロールされ、感情が浄化された時、受けられます。

第3段階は〝変容〟、メンタル体がコントロールされた時に、受けられます。

第4段階は〝磔《はりつけ》〟、東洋では〝偉大なる放棄〟と呼ばれており、それまで魂の器であったコーザル体が犠牲に供され、消滅します。(5)

第5段階のイニシエーションは〝復活〟といわれ、ブッディ体がコントロールされるとともに、物質から完全に開放されて大師となります。(6)

このように魂の進化とは主観的なものではなく、論理にかない、目に見えない世界ではありますがハッキリした現象を伴った、極めてシステマティックなものです。

やや複雑ですが非常に重要な話なので、第3段階と第5段階のイニシエーションに関して、人間の本質的な構造と照らし合わせながら、もう少しだけ見ていきましょう。

人間は図表5で見たように、〝三重の三重の構造〟をしており、その大きな方の三重の構造には、パーソナリティーと魂の上にさらに〝モナド〟という本当の神性とも言える部分があ

(4) より正確には第七章で述べるように、体を構成している〝エレメンタル〟。

(5) 第一章の図表5を見てください。〝霊的三つ組〟はメンタル／ブッディ／アートマという三つの界層の体からできています。この場合のメンタル体（マインド・マナス）は、パーソナリティーのメンタル体よりも上の亜層で構成されており、魂のメンタル界層にある器を〝コーザル体〟と呼びます。また、メンタル体とコーザル体を構成する亜層の違いを、〝低位メンタル界層〟・〝高位メンタル界層〟と呼んで区別します。

ただし、以上のそして本書での概念は主に『神智学大要』に基づくものであり、アリス・ベイリーにおいては魂・コーザル体等の概念に若干修正がなされていることを、お断りしておきます（メンタル界には三様相があり、低位具体的マインド／魂／高位抽象的マインド）。

(6) 物質からの開放は、徐々に進んでいく漸進的プロセスです。第4段階までに、肉体の四分の三が目に見える物質界層で

りました。第3段階のイニシエーションを受けると、それによってパーソナリティーの小さな三重の構造のコントロールがすべて達成されたことになり、それを構成する三つの身体の持つ波動が共鳴することが可能となって、魂がパーソナリティーを支配できるようになります。

一方で魂はそれ以前からモナドとの結び付きをもっており、このイニシエーションによって、パーソナリティーが魂と一体となることによって、パーソナリティーが初めてモナドと接触できるため、それまでとはまったく違った人間に〝変容〟するのです(7)。

すべての生命は、神聖なるモナドが〝質料を霊化する〟ために降りてきたものであり、それが物質界層まで下った後、進化によって再びモナドに戻ることが、進化の大計画です(8)。

第5段階のイニシエーションによって、肉体が解消され、パーソナリティーは完全にモナドと一体となって、帰還が達成されることが〝復活〟なのです。

イエスの生涯で語られるイニシエーション

キリスト教の福音書にあるイエスの生涯の物語の中に、実は、各イニシエーションがどのようなものであるかが象徴的に語られている、といわれています。順を追って見ていきましょう。

まずベツレヘムでのイエスの誕生が、文字通り第1段階〝誕生〟のイニシエーション、バプテスマのヨハネに受けた洗礼が、続く第2段階〝洗礼〟のイニシエーションを象徴してい

ある固体・液体・気体からより精妙な物質界層であるエーテル体に変わっていき、光を放射するようになっていきます。このプロセスが次の第5段階で完成するのです。

(7) 前章で述べたように、最初の二つのイニシエーションはキリスト＝マイトレーヤによって授けられ、第3段階の時初めて世界主＝サナット・クマラの前に進み出てイニシエーションを授けられます。ハイアラーキーの観点からはこれが真の意味での第1段階のイニシエーションとなります。

(8) 第七章参照。

ます。では次の第3段階に当たるのは、どこでしょうか？　これが分かった方は、今までの話をよく理解されたうえ、かなり聖書に精通されている方でしょう。

第3段階〝変容〟のイニシエーションは、〝オリーブ山でのイエスの変容〟に象徴されています。(9)ここでイエスは弟子たちのうちペテロ・ヤコブ・ヨハネだけを連れて山に登り、その山上において、「イエスの姿が彼らの目の前で変わり、顔は太陽のように輝き、服は光のように白くなった」と記されています。この輝きは、パーソナリティーがモナドと接触したことを示しているのです。

イエスは誕生した時すでに魂が高度に進化しており、第3段階のイニシエーションを受けていました。前に述べたように、魂は輪廻転生を繰り返す間、後退することなく常に進歩し続け、一度受けた低位のイニシエーションは再度繰り返して受ける必要はありません。第1～3段階のイニシエーションは、イエスの生涯の中で魂が実際に受けたものではなく、象徴として語られるために演出されたものでした。

しかし第4段階のイニシエーションは、イエスにとっても今まで受けたことのないものであり、彼は自身の体を〝磔刑〟にし、命までも〝放棄〟することによって、そのイニシエーションを受けたのです。(10)

イエスが死後三日目に成した〝復活〟が、第5段階のイニシエーションの象徴です。

しかしこの第5（とそれに続く第6）(11)段階のイニシエーションは、イエスが実際に受けたものではありませんでした。イニシエーションとは、そんなに急に何段階も受けられるものではありません。一つの生涯で実際に受けるのが可能なイニシエーションは二つくらいまで

(9)「イエスの姿が変わる」‥『マタイによる福音書』17、他に『マルコ』9、『ルカ』9

(10) 第4段階のイニシエーションを受ける前には、それまでの転生で解消されずにたまっているカルマをすべて清算しなければならないため、そのイニシエーションを受ける生涯はとてつもなく辛いものになることが多いようです。ブラヴァツキー夫人もこのイニシエーションを受けましたが、彼女の後半生は激しい病苦に苛まれていました。そんな中で大師方の助力を得ながら、あの偉大な仕事を成し遂げたのです。

(11) 聖書の中に出てくるイニシエーションの話はこれで終わらず、次の第6段階まで登場します。このイニシエーションは〝昇天〟と呼ばれ、イエスが死の六〇日後に復活された体で昇天されたのが、これに当たるわけです。

です。それは後に述べるように、努力の積み重ねによって諸体を少しずつ浄化していくことが必要だからです。

自分がそれまで受けたことのあるイニシエーションを演出することは可能であっても、まだ受けたことのないイニシエーションを演出することは、通常不可能です。ではイエスになぜそれが可能だったのか、ということになるわけですが、それはイエスがマイトレーヤによってオーバーシャドー(12)されていたからなのです(13)。

イニシエーションとその前後の意識の界層

イニシエーションは魂の存在する高位メンタル界層以上で受けますが、その前後の時期に主に意識をおいている界層は、イニシエーションを受けるたびに一段ずつ高まってきます。それをまとめたのが、図表34です。

同時期でも、深い睡眠や瞑想時の意識は、通常の覚醒時に意識のある界層より一段高くなります(14)。

厳密には、意識は時々刻々変化し、いろいろな界層を揺れ動いています。したがって、ここで示した界層というのは、全時間の平均値がある界層を指しており、それ以上の界層の意識を持つこともあります。第一段階のイニシエーションを受けていない人であってもメンタル的な思考に頭が満たされることはありますし、睡眠が不可欠なのは、その間に魂からのエネルギーが供給されるからです。

(12) 第三章参照。

(13) この時の第6段階のイニシエーションは、マイトレーヤが実際に授けられたイニシエーションだといわれています。

(14) よく素晴らしいアイディアが、睡眠中や瞑想時に浮かぶといいますが、それはこの意識の界層の違いから生じます。最近よく話題になる脳波研究――アルファー波・シータ波・デルタ波等――は、これを裏付ける情報でしょう。

また、魂の進化はデジタル的＝階段的ではなくアナログ的に滑らかに起こりますので、二つのイニシエーションに挟まれた期間中に、意識のある界層の平均値は進化とともに徐々に上昇していきます。クレーム氏は彼の師である大師と相談して、イニシエーションの間の時期の進化段階を小数点で細かく表示しています。(15)

ちょうど中間の、コンマ5くらいのところから通常の覚醒時に意識のある界層が、一段階上の界層レベルに移行していきます。例えば1・5の前後の意識の変化を、「〝アストラル偏極〟から〝メンタル偏極〟への移行」というように表現します。その移行は2・5で完成します。

魂の進化とは

これまで述べてきたことは、見えない世界の話なので、まだ具体的なイメージがつかめない、という方が多いと思います。そこで、魂が進化するメカニズムを別の角度から調べていきましょう。

魂の進化とは結局、パーソナリティーが魂やモナドとの結びつきを深め、モナドに帰還していく過程です。それを分かりやすく表したのが、図表35です。

進化は左から右へと進んでいきます。全プロセスを通じモナドの大きさは変わりません。(16)しかし魂とパーソナリティーは、段々大きくなっていくように描かれています。それはパーソナリティーについて見てみれば、動物から進化して人間になったばかりの段階では、アス

(15) 第一段階のイニシエーションを受けた時に平均的に意識の存在するアストラル界層のレベルを1、そこからイニシエーションを一段上がるごとに意識の存在する界層レベルを＋1して、その間にはさまれた部分を分割して数値化すると考えればよいのでしょう。

(16) さらに大きな時間スケールにおいてはモナドも成長していくはずですが、ここで示されている期間にはほとんど変化は見られない、ということだと思います。

図表34　イニシエーションと意識の界層

段　階	通常の覚醒時に意識のある界層	睡眠·瞑想時に意識のある界層
0	物質	アストラル
.5		
1	アストラル	低位メンタル
.5		
2	低位メンタル	高位メンタル
.5		
3	高位メンタル	ブッディ
.5		
4	ブッディ	アートマ
.5		
5	アートマ	モナド

図表36　多様の中の合一
（A・E・パウエル『神智学大要』
第4巻、たま出版刊、より）

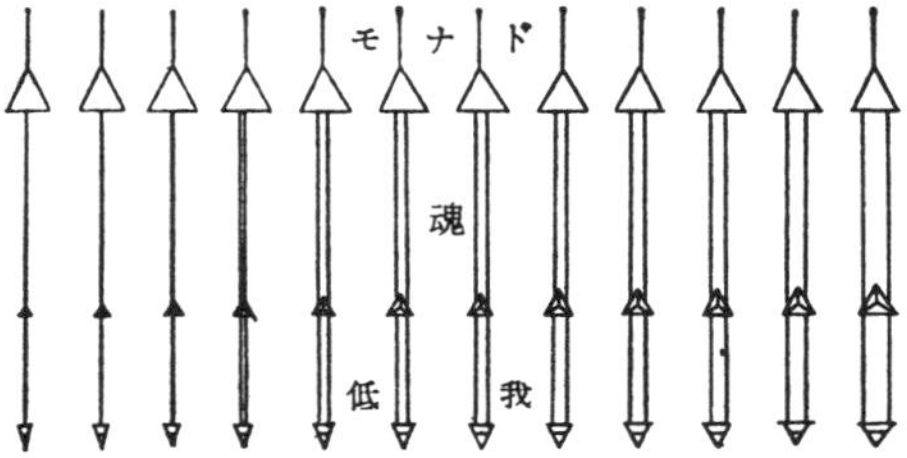

図表35　モナド・エゴ（魂）・低我（パーソナリティー）
（A・E・パウエル『神智学大要』
第4巻、たま出版刊、より）

トラル体やメンタル体は充分に発達していませんが、輪廻転生を繰り返しその中で感情的あるいは知的体験を積むことにより、それらの体が少しずつ育っていくためです。

魂の相でもまったく同様のことが起こります。魂に反映されている三つの体はコーザル体（高位メンタル体）／ブッディ体／アートマ体です。コーザル体はメンタル体よりも高位のメンタル亜層でできていて、メンタル体の機能が具体的思考であるのに対し、コーザル体の機能は抽象的思考です。今日の一般的な人は、まだコーザル体があまり成長していないので抽象的な思考が苦手であり、知的と思われる活動もほとんどは具体的思考の段階です。

ブッディ体の機能は直観です。コーザル体ではどんなに深い抽象的な考察であっても、対象の外側からの理解でしかありません。しかしブッディ体では、対象と一体となり、その内側から直接・瞬時に理解がなされます。

真の〝天才〟とはこのブッディ体の意識が目覚めている人であり、それと比較するとコーザル体のみの段階(17)で仕事をする人は、〝秀才〟ということができるでしょう。このブッディ体が目覚めてくるのは、第1段階のイニシエーションを受ける前後からです。ですから、天才とは必然的にイニシエーションを受けた人たちであるわけです。(18)

図表36は、パーソナリティーと魂以上の世界の違いを表した図です。全体が太陽のような形で描かれているのは太陽ロゴスを象徴する意味もあるのでしょう。その先端の刺の一本一本が一人一人のパーソナリティーを表します。パーソナリティーの段階では別々の存在のように思えていても、ブッディ界層になると隣同士が浸透し合い区別がなくなります。これがアートマ界層、そしてさらに中心の界層に進んでいくと一体感がさらに強くなってきます。

(17) この段階でも充分に天才的と評される業績を残す場合があり、そのメカニズムについては、後ほど述べます。

(18) コーザル体からは普通、メンタル体・アストラル体の亜層を一段ずつ降りて肉体脳に届くので、時間がかかります＝秀才。
　一方天才の場合は、各界層の最高亜層のみを使って伝わるので瞬時に正しい答が出せます。その時本人にも、なぜそれが正しいかは分からない場合があります。

この一体感は当然、神聖な世界を感じさせ、深い愛情・深い理解をもたらします。

第二章で取り上げた物理学の天才たち、アインシュタインやニュートン、あるいはその前のガリレオやコペルニクスといった、真のパラダイム・チェンジを起こした人たちは、クレーム氏のイニシエートのリストで調べると、皆第2段階以上のイニシエーションを受けています。彼らが神をいつも意識していた本当の理由も、ここにあるといえるでしょう。

アートマ体については、〝意志〟の器であること以外、ほとんど伝えられていません。

高い亜層への質の改善

魂の進化に伴う諸体の成長には、図表35に示されているような量的な側面の他に、同一の界層内での亜層の質的な改善という側面もあります。

人間は大師になるまで、肉体・アストラル体・メンタル体を棄《す》てることはできませんが、進化に伴ってその中身は変化していきます。諸体は次第に、より高い亜層の質料で構成されるようになり、高級な思考や感情を抱くことができるようになっていくのです。ただし、実際の機序は今述べた逆で、意識をチューニングする界層・亜層を高める努力の繰り返しによって、諸体の質料の質的改善が起こり、それによって進化

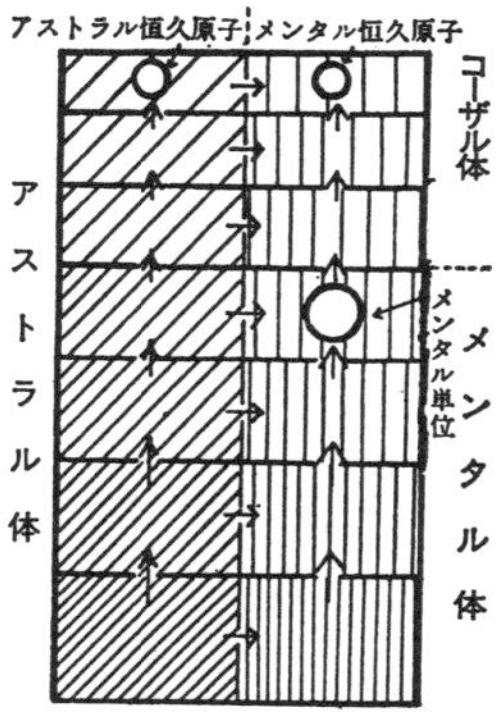

図表37　メンタル体とコーザル体に及ぼすアストラル体の影響（A・E・パウエル『神智学大要』第4巻、たま出版刊、より）

が生じるのです。

図表37はアストラル界層およびアストラル体を例にとって、その様子を表したものです。アストラル体の意識が、ある亜層で生ずると、その意識によって引き起こされる波動によって、隣接する一つ上の亜層も刺激されます。その繰り返しによって少しずつ上の亜層が開発されて、より高尚な感情が芽生え育っていきます（界層と体の関係は次章で説明いたします）。アストラル界の各亜層はまた、ちょうど音楽における〝オクターブ〟高い倍音のような関係でメンタル界の同じ亜層ともつながっています。これによって、アストラル体を浄化することがメンタル体を高める効果も生じるのです。

アストラル界層は、その反映であるところのブッディ界層との間にも、僅かですがつながりを持っています。アストラル体がその最高の亜層で機能している時は、ブッディ界層ともつながっているので、パーソナリティーにブッディ意識を現すことができ、それはブッディ意識を育てることでもあります。(19)

これは、〝大きな三つ組〟の間の関係によって生じます。人間が〝三重の三重の構造〟であったことを、思い出して下さい。モナド／魂／パーソナリティーの大きな三つ組は、それぞれ意志／愛／活動（知性）の側面を一つずつ担う〝小さな三つ組〟によって構成されており、そのうちの愛はブッディ体を通して魂に反映され、パーソナリティーではアストラル体に反映されているためです。

同様に意志はアートマ体と肉体、活動（知性）はコーザル体とメンタル体に反映されており、したがってメンタル界層の高位と低位の境界面で、面白いことにちょうど鏡像のような

(19) この話を聞いて、「そうか、魂を速く進化させたい、天才になりたい……それには感情を浄化すればいいんだな！」などと、短絡的には考えないで下さい。もちろん感情を浄化するのはよいことに違いありませんが、アストラル界層の最高亜層とは私心のない世界ですので、そのような打算的思いが少しでもある時には、最高亜層とは結びついていません。

ブッディの直観とアストラルの衝動の違いは、直観は非利己的で永続性があるのに対し、衝動は時間とともに消えていく、ということです。ですから、よいアイディアが頭に浮かんだと思っても、すぐに行動しないで間をあけてみるようにして下さい。

対応関係があるのです。

瞑想による創造性発揮のメカニズム

自己の精神性を高めようとして努力されている人の多くは、感情・感性を磨くことだけに集中するか、知性を磨くことだけに集中するかの、どちらかに偏り他を否定する傾向があるように見受けられます。しかし、片方だけではうまく行きません。間違った方向に進む危険性すらあります。(20)

魂の進化は人間にとって真の目的とも言えますが、ではそれを促進するには「一体どうすればいいの⁉」という疑問がわいてきます。

その問いに対する答を具体的にあげていけばキリがありませんが、最も代表的かつ本質的な方法は〝瞑想〟と〝奉仕〟、それに今皆さんが本書を読まれて取り組まれているような〝知的学習〟だといえます。

学習に関しては、メンタル体が鍛えられるとともに、人生のより正しい選択がしやすくなり、無駄が省ける、ということでご理解いただけると思いますので、他の二つを少し説明いたしましょう。

深い瞑想中の意識は、通常の生活時の意識と比べ一段上の界層にある、という話を先ほどいたしました。

これも、波動という観点からイメージしていただくと、分かりやすいでしょう。日常生活

(20) 両方ともが必要なことは、人間の最終的な目標である大師方が、感情においても知性においても（さらに身体―意志においても）完成された方であることを考えれば、明らかでしょう。

では荒い粗雑な波動にすぐ意識が引き寄せられてしまいがちですが、意識を落ち着け瞑想しているとより精妙な波動を感じられるようになるわけで、これがより高い界層・亜層の開発につながります。(21)

瞑想にはいろいろな種類がありますが、その種類のいかんを問わず、正しく行われた瞑想では、パーソナリティーと魂の結びつき（図表35）が強められます。

目覚めている時、パーソナリティーにはそれを構成している肉体・エーテル体の意識やアストラル体の感覚・感情、低位メンタル体による思考等が、次々と浮かんできます。瞑想が深まると、意識が一点に集まり波動が静まるため(22)、魂の意識がパーソナリティーに入ってくることが可能となります。

魂には輪廻転生での経験がすべて蓄積されていますから、深い瞑想時に素晴らしいアイディアが突然頭に浮かぶ、というようなことが起こるのです。創造的な仕事をする人が瞑想を重視するのは、このためです。

瞑想中あるいは瞑想によって高められた意識によって、画期的なアイディアが浮かぶメカニズムは、他にもあります。大師方は大計画に従って人類の進化を導かれていますが、そろそろこういう情報が必要だなと判断されると、（特別に選んだ弟子に直接送られる場合もありますが、より多くのケースで）それを〝マインド・ベルト〟と呼ばれる高位メンタル界のある層に波動として流されます。その波動にチューニングできるまでに意識の高まった人は、それをキャッチして自分の経験・能力に合わせて読み取り、創造的仕事を始めるわけです。

よく画期的な発明・発見が、全然つながりのない人や組織によってほとんど同時に行われ

(21) 低い界層の波動が粗雑であり、高い界層が精妙であるということに関しては、第二章の各界層の原子が創られていくプロセスを思い出していただければよいでしょう。

(22) 脳波はその反映です。第六章参照。

ることがあるのは、このような事情があるからです。現在いろいろな分野で大きなパラダイム・チェンジが起きており、しかもそれらが皆方向性を同じくすることも、その一例と言えます(23)。

奉仕

次に奉仕がなぜ、魂の進化に役立つのか考えてみましょう。一つにはカルマという問題もあります(24)。けれどもより本質的には、真の奉仕がブッディのところで出てきた一体感に基づいてなされるものだからでしょう。

本当の奉仕とは、自他が同一であるという感覚から生じる魂の衝動であり、奉仕しているという感覚すらないほど、当然のこととして行われるものだからです。したがってそれをなすことは、当然パーソナリティーと魂の結びつきを強め、より高位の界層・亜層を育てることにつながります。

「そんな奉仕なんてとてもできない」というのが、多くの人の偽らざる気持ちでしょう。だからといって何もやらないければ、何も進みません。躊躇《ちゅうちょ》する必要はありません。常に意識を浄化することを心掛けながら、人のため社会のために積極的に働けばよいのです。

そして、その時に結果を気にしないことです。

うまくいってもいかなくても、最大限誠意を尽くしてやったことが酷《むご》い仕打ちとなって返ってきても、喜んでそれを受け入れられる気持ちを持って努力すること。それが繰り返され

(23) 歴史的に意義のある大きな仕事は大計画に基づくものですから、自分の魂に蓄積された情報だけでは困難です。

(24) よいカルマを積めば、よい報いが得られます。カルマの法則に関しては、第六章の最後を参照。

ることによって、少しずつ真の奉仕に近づいていきます。

先ほど創造性の話をしましたが、クレーム氏は「創造性と奉仕とは同一のものである」と語っています。どちらも同じ源＝魂からくるものであり、それはさらに神＝ロゴスの性質でもあるからです。

真の創造は、普通の人間には「とても耐えられない苦痛」として感じられるような状況の中にあってさえ、止むに止まれぬ魂の衝動として起きてくる行為だからです。しかもほとんどの場合、出来上がった成果を社会に出していく際に、周囲の無理解や保守的な勢力からの迫害を何重にも乗り越える必要があります。

そういう苦難を乗り越えて公表された創造的業績は、社会を発展に導く上で大きな貢献を果たします。

人が魂に密接であればあるほど、創造性と奉仕への意志は強烈になっていきます。

人類の進化と歴史

これまで一人の人間（魂）の進化について見てきましたが、今度は種としての人類の進化と、その結果築かれてきた歴史について、秘教の立場から述べてみましょう。ここでもやはり、今まで一般にはまったく気づかれてこなかった多くの興味深い事柄を知ることができます。

そもそも一般には、人類は独力で今日の姿までたどり着いたと考えられていますが、秘教によればそれはまったくの誤りなのです。前章で見たように、大元に宇宙ロゴス↓……↓太陽ロゴス↓惑星ロゴスの大計画があり、それがさらにシャンバラ↓ハイアラーキーと降ろされ、より具体化されたものが、常に私たち人類を背後から導いてくれていた、と秘教では説かれています。

その導きにより、この地上で実際に行動し大計画を実現していくのが、私たち人類の役目であるわけです[25]。

私たちが間違った選択をした場合、非常に惨《みじ》めな状況に陥ります。しかし、そのまま放っておくと滅亡の危機に晒《さら》されるような時には、高位の世界から救いの手が差し伸べられます。それを受けて、自由意志を正しく用いハイアラーキーの計画を実施しようとするイニシエート

(25) 人類は、ただ上の世界から操られているというわけではありません。人間には自由意志がありますから、ハイアラーキーの計画が実行されるかどうかは、私たちの自由意志がそれを選択するかどうかにかかっています。

たちの努力によって、新しい道が切り開かれ、正しい方向に軌道修正がなされてきた結果として、今日の人類社会が存在するのです。

そのようにして歴史は進んできましたし、これからもそれが続くというのが、秘教の観点からの歴史の見方です。

黄道帯十二星座とユガの周期

その際、宇宙から流れ入る光線＝エネルギー（図表32）が、大計画を立てるうえにも、人類が実際に行動するうえにも、重要な影響力を持つわけです。

宇宙から流れ入る光線＝エネルギーというのは、地球を超えたスケールで周期的に変化していますが、人類の歴史もその影響を受け、周期的に変化します。

多くの研究者によって立てられてきた「歴史の〇〇年周期説」というものの中の幾つかは、秘教の説く光線理論から説明可能です。

秘教の伝える周期にはいろいろな長さのものが有りますが、一番有名なのが図表38に描かれた黄道帯十二星座による、約二千年周期のものです。それによれば、現在は魚座から水瓶座への移行期です。(26)

七種の光線は、第三章でみたように黄道帯十二星座から伝えられるものであり、当然周期性を持ちます。

またインドでは、太陽が黄道帯十二星座を回る時に、その他にもう一つ〝〇〇ユガ〟と呼

(26)〝ニューエイジ〟という言葉が少し前の流行語にもなりましたが、これは今徐々に影響力を強めている〝水瓶座＝アクエリアス〟の力が、〝魚座＝パイシス〟に勝る時代が間もなく来ることを指した言葉なのです。

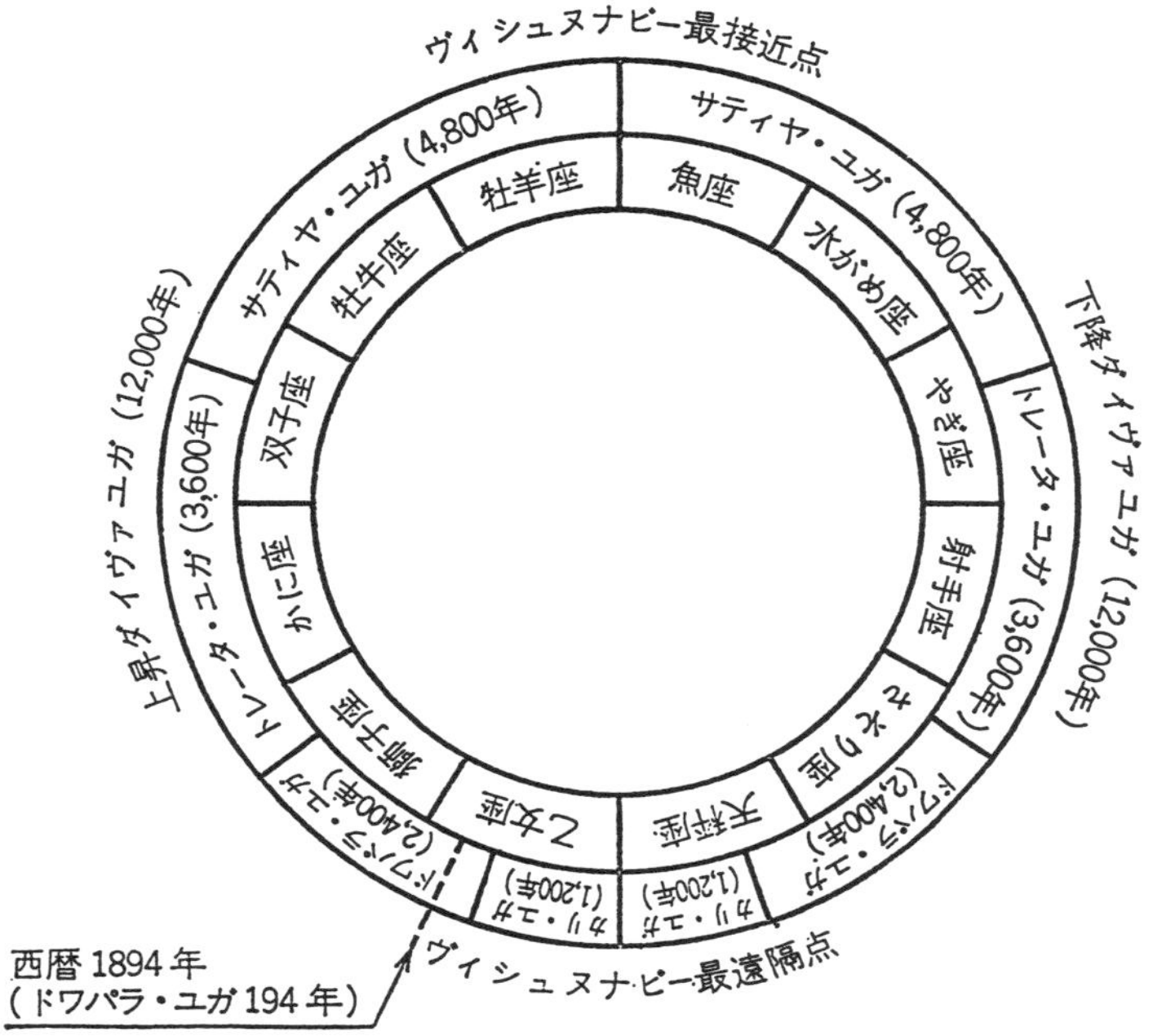

図表38　天宮図（12星座とユガ）
（スワミ・スリ・ユクテスク『聖なる科学』森北出版刊、より）

ばれる時間の周期があると伝えられてきました。[27] ユガとは期=宇宙的季節のことで、人類がハイアラキーの発する霊的な教えとどれくらい結びついているかによって、大きく四つの期に分けられています。

これは、太陽が黄道帯を回る時、周期的にその宇宙の中心に近づいたり離れたりすることによって生じる周期です。最も離れた時期が図の下の方の〝カリ・ユガ〟で、霊的な教えが失われ、人間は物質界しか理解できなくなった、霊的な意味での暗黒時代です。

今現在は、このカリ・ユガを脱し、〝ドワパラ・ユガ〟に入った時期で、少しずつ人類が霊的な教えを取り戻していく時期に当たるといわれています。ドワパラ・ユガでは物質界の創造原理である〝電気的な力〟を理解できるようになります。[28]

つぎの〝トレータ・ユガ〟では、さらに電気的な力を生み出す原因となる磁気的な力が理解されるようになります。

そしてこの図の一番上、〝サティヤ・ユガ〟の時期には、人類は現象を超えた宇宙のすべてを理解するようになります。最高の精神性を取り戻す時期です。

神=ロゴスはこの世に霊と物質という、対立する二つの極を創造しました。物質を霊化するという形でその対立を徐々に解消し、再統合していくことが、進化の大計画なのです。[29]

――より短い周期と長い周期

周期性というものは至るところで見られます。

(27) 図表38で十二星座の書かれている輪の外側に描かれています。

(28) 電気・磁気は、現在理解されているよりはるかに奥深い内容をもっており、人類の進化とともに徐々に真の姿が明らかにされてくるはずです。

(29) 霊の方がいいからといってそこにだけ安住することはできず、物質の中にドップリつかって泥にまみれながらもそこから這い上がっていくという努力を、周期的に繰り返さなければならないのです。

より短い周期は、シャンバラとハイアラーキーによりその時の状況にあわせて決められます。現在ハイアラキーが採用しているものに、一世紀を四分割し、各世紀の最後の二五年間は秘教への関心と学術を刺激し、翌世紀の最初の二五年間はさらにこれを発展させ、次の五〇年間は引っ込める、という周期(30)があります。

さらに一年の中でも、前章で触れた五月の満月に行われるウエサクの祭りから十月の満月まで、シャンバラのエネルギー（第1光線）が流され、残りの期間は引っ込められる、という周期もあります。こうして光線＝エネルギーに導かれることによって、その時々の人々の活動が方向づけられ、歴史が築かれていくのです。

秘教の観点から人類の歴史をみる場合に、忘れてはならない大きな周期性もあります。第二章の〝太陽系内の時間的構造の相似性〟で述べた、

進化系→連鎖→環→天体期→……→

という流れを思い出して下さい。天体期より一つ短い周期として、一つの天体期に登場する七つの〝根人種〟、さらにそれより一つ短い周期として、一つの根人種の期間に登場する〝七つの亜人種〟というものがありました。

これらの人種は、前章で述べたように、第1光線の第7段階の大師である〝マヌ〟によって創造されます。七つの根人種と七つの亜人種の発生も、厳密に大計画に基づくことです。図表39に「光線と人種の関係」がまとめられています。

この図表から、前章で述べた第1～7光線が一つ一つ順番に登場して、根・亜人種を完成させていくことが分かります。さらに「魂の完全な表現」の列の句を読むと、光線および根

(30) 一九世紀末からの神智学協会の活動、そして今世紀現在の神秘現象に対する関心はこれに対応しているわけです。
クレーム氏の活動も、このタイミングと一致しています。

人種の階段を一段ずつ上がる毎に、各界層の身体の特質(31)が粗雑な方から一つずつ完成されるよう、秩序だって計画されていることが読み取れるでしょう。

各光線の間に優劣の差はありません(32)。

各界層間にはエネルギー強度の違いがありますが、各光線間には（大まかに言えば）質的違いがあるだけです。界層を縦軸とすれば光線は横軸であり、その二つの軸でエネルギーのバリエーションをつくり出し、様々な現象を生み出しているのです。

現在の地球生命期の人種

具体性がないと理解しにくいので、〝現在の地球天体期(33)〟を例にあげて、説明しましょう。

現在の地球天体期で登場する七つの根人種は図表40のようになっています。

現在までに第5根人種＝アーリアン人種までが世に送り出されており、第6・7根人種はこれから登場するわけです。

図表41には、現在の人類のほとんどすべてを占めるアーリアン人種とその前のアトランティス人種の七つの亜人種を示してあります。

現在アーリアン人種は、第6亜人種が出現しています。

日本人は、肉体的にはアトランティス人種の第7亜人種であるモンゴリアンの種族の血を最も強く受け継いでいます。欧米人たちはアーリアン人種に属します。

しかし、人種はどれが尊いということはなく、皆それぞれに果たすべき役割をもって登場

(31) 次章参照。

(32) 七つの光線は、違ったエネルギーを通す七つの回路＝チャンネルのようなものです。第六章「光線とチャクラの関係」参照。

(33) 第二章で述べた体系的な表現をすると、地球連鎖の第4ラウンドの第4惑星天体期。

図表39　光線と人種との関係
（A・ベイリー『秘教心理学Ⅰ』より）

光線	完全な表現	魂の完全な表現	主要な影響
第1	第7根人種	大計画の完成	第1・第7亜人種
2	6	完成された直観	2・6
3	5	完成された知性	3・5
4	4	完成された感情	4・6
5	3	完成された肉体	5・3
6	2		6・2
7	1		7・1

図表40　根人種とその特徴

根人種	名　　称	身体　・　居住地　　等
第1	エーテル	エーテル体以上の濃密体を持っていなかった。
2	ハイパーボレアス	動物人間。地球北部のプラクシヤ大陸に住んでいた。
3	レムリア	初めての真の人類。レムリア（ムー）大陸に住んでいた。
4	アトランティス	アトランティス大陸に住んでいたが、大部分は大西洋底に沈んだ。現在も多くの人が、この人種に属する・
5	アーリアン	ヨーロッパ・アジア・アメリカ等に居住する。
6		間もなく出現し、太平洋にできる新しい大陸に居住する。
7		

図表41　第4・5根人種とその亜人種

亜人種	アトランティス	アーリアン
第1	ルモアハル族	ヒンドゥー族
2	トラヴァトリ族	アーリアーセム族
3	トルテク族	イラニア族
4	チュラニア族	ケルト族
5	セム族	チュートン族
6	アッカディア族	各地に出現開始
7	蒙古族	未出現

し、またその役割があるからこそ存続していることをしっかり頭に入れておいて下さい[34]。そのために現在、アトランティスとアーリアンのお二方のマヌが存在されています。

現在の地球天体期に登場した根人種を、最初からざっと見ていきましょう。

第1根人種はエーテル体のみで肉体を持っておらず、第2根人種も〝動物人間〟と呼ばれるような段階だったようで、本当に人類と呼べるのは第3根人種からです。

その登場は今から一八五〇万年前、世界主であるサナット・クマラが金星から来られ（前章）、それによって初めて人類が個別化[35]しました。

この第3根人種＝レムリア人種の役割は肉体を完成することでした。この人種が存在したとされるのが、〝ムー大陸〟です。ムーとは月＝ムーンに関係します。

月は、地球連鎖の前の〝第Ⅲ連鎖〟において現在の地球の位置を占め[36]、当時はもっと大きかったのです。地球はその時の月が解体された質料によって作られ、その残骸が現在の月です。

地球上の生物の肉体も、月からの要素[37]によって作られます。人間のみでなく、多くの生物の出産をはじめとする生理現象が、月の動きと関係しています[38]。

――アトランティス人種とアーリアン人種

その次のアトランティス人種の目標はアストラル体を完成することで、今から千二百万年前頃から登場しました。その後期には現代社会を上回る非常に高度な技術文明を有していた

(34) それを忘れると、人種差別発言だ、ということになってしまいますので。

(35) 一つの魂が一つの肉体を占めること。これは一つの進化系のちょうど真ん中の時期に一回だけ起こる最大のイベントで、聖書にあるアダムとイブの物語は、これを象徴的に語ったものです。第七章参照。

(36) 第二章参照。

(37) ＝エレメンタル。第七章参照。

(38) 満月の夜に出産が多くなったり、特異的な行動を取ることが報告されています。肉体に関する漢字に〝月〟が入っているというのも、それを思うと味わい深いものです。

といわれていますが、それは人類が築いたものではありません。大師方が指導者として人類と一緒に生活し、その指導の下につくったものを、人類はただ享受していたのです。

しかし人類は次第に堕落していき、今から十万年前に大師方と悪の勢力との間で激しい戦いが繰り広げられました。その結果ハイアラーキー側は一応は勝利を得ましたが、人類から離れて舞台の背後に引っ込まなければならなくなり、陰から人類を援助することになったのです。それとともに、高度な技術文明は失われてしまいました。

アトランティス人種は非常に長く続き、アストラル体を強力に発達させたので、それは今日での人類の最も強力な器になっています。

その次に登場したアーリアン人種の役割は、メンタル体の完成となっており、これは現在急速に進みつつあります。[39]

アトランティス人種の意識の中心は腹部[40]にありましたが、アーリアン人種の意識の中心は、胸[41]に引き上げられています。それが入ってくるエネルギーの違いを生み、体の発達や様々な生活様式の違いを生み出します。

アトランティス人種は農耕民族のように安定した生活の中で成長をとげましたが、アーリアン人種は意識の中心が高くなった分、騎馬民族に象徴されるように一定の地に留まることなく流動的な生活の中で成長することが、求められています。

まもなくマイトレーヤと大師方が登場し、人類はアトランティスの終わりから十万年ぶりに大師方のグループとともに生活することになるといわれています。しかも以前よりさらに素晴らしいことに、人類はメンタル体を発達させ、自分の頭で考えることができるようにな

(39) ただし体＝質料を完成するということと、それを使いこなす＝機能を完成することは、異なります。次章参照。

(40) 太陽神経叢＝マニピュラ・チャクラ。第六章参照。

(41) ハート＝アナハタ・チャクラ。第六章参照。

りつつあるのです。これが人類、そして地球の輝かしい未来を保証します。

大宗教は皆兄弟

では次に、人類の文化の中から一つ、宗教を例にとって、その歴史を調べてみましょう。前章でお話したように教育を担当する第2光線の世界教師＝キリストが、周期的にその時々の人類が必要とする教えを自分自身あるいは弟子を通じて流したものが、大宗教の起源です。

マイトレーヤの前のキリストであったゴータマ・ブッダは、インドでヒンドゥー教を、エジプトで〝光の宗教〟を、ペルシャでゾロアスター教（火の宗教）を、ギリシャで音楽と音によって教えを説き〝オルフェウス秘教〟を起こされ、最後にヒンドゥースタンで仏教を起こされるとともに仏陀の悟りを得られ、マイトレーヤにキリストの仕事を引き継がれました。(42)

キリストを引き継がれたマイトレーヤは、彼の弟子イエスをオーバーシャドーし、キリスト教を起こしました。またイスラム教の教祖モハメッドはイエスの弟子で、イエスによってオーバーシャドーされていました。

ですから結局、世界の大宗教というのは皆同じ教えを源とする兄弟のようなものといえるわけです。真理は言葉では語り尽くせないものであり、その全体を伝えることは不可能です。偉大な方々の教えであっても、その時代その地域に住んでいた人々を導くために発せられたという面もあって、真理の一側面を強調したものになっています。

(42)『神智学大要』V、一三三～一三四頁。

大師方と比較すれば未熟な人間がそれを引き継ぎ、組織化したものが既存の宗教ですので、どうしても他との違いの方が強調され、「自分たちの方が優れている」という議論になりがちです。本来正しい教えだったものが、権力を得るための道具として使われ、歴史上様々な問題を起こしてきました。

しかし共通性に注目していけば、正しい教え同士の間に矛盾はないはずです。一つのハイアラーキーしか存在せず、一つの大計画に基づいて与えられてきたものなのですから。(43)

正しい教えは、「もしあなたが仏教徒なら仏教を通して、キリスト教徒ならキリスト教を通して、イスラム教徒ならイスラム教を通して、……神への道を歩みなさい」というような表現の仕方をしています。

――ルネッサンス

次に、歴史が周期的に進んでいくという例を、一般によく知られた史実で一つ、紹介しておきましょう。(44)

近代的な芸術や科学の起源は、西暦一五〇〇年頃に起こった〝ルネッサンス＝文芸復興〟にあると言えますが、それより逆上ること二千年の紀元前五〇〇年頃が、ちょうどこの頃と似たルネッサンスの時代だったのです。

クレーム氏のイニシエートのリストを調べてみると、両時代に素晴らしい偉人や天才たちが特に多く輩出しているのを確認できます。

(43) 宗教的な活動が正しく行われているか否かの判断基準の一つに、個人の自由意志を尊重し（典型的には献金・布教の強要をしない）、他の団体や教えをいたずらに否定しないかどうか（明らかに間違ったカルト的教団を批判することは、当然必要です）、ということがあげられます。

(44) A・ベイリーを通しての教えをベティ・ストックバウアーがまとめたものが、『シェア・インターナショナル』誌一九九五年六月号二四〜二八頁に掲載されました。

紀元前五〇〇年頃にはゾロアスター・ブッダ・孔子・老子・ピタゴラス・ソクラテス・プラトン・アリストテレス・アレクサンドロス大王といった人類史上最大級の偉人・天才たちが世界各所に一挙に登場しています。

一方西暦千五〇〇年頃には、コロンブス・マゼラン・コペルニクス・ガリレオ・ダヴィンチ・ミケランジェロ・ラファエロ・シェークスピア・ルター・ベーコンといった人たちが現れ、その後の急速な文化の発展の基礎を作り上げました。

このような時代が二千年を隔てて現れたのは、偶然ではありません。そう、二千年というのは一つの星座の支配する〝エイジ〟の長さでした。それぞれの時期のルネッサンスは、新しい時代の到来に向けて起こるべき変化の準備にとりかかるために、ハイアラーキーによって意図的に起こされたものだった、ということです(45)。

現在流れている光線

ロゴス～ハイアラーキーは、流入する光線をコントロールすることによって、人類の活動をコントロールし大計画を実行していきます。

どの時期も、五種類の光線がハイアラーキーにより選ばれて、地球上に流入するようになっており、その時期には顕現している光線のタイプを持つ人が多く転生してきます。それは彼らが、その光線を有効に活用できるからです。

現在は図表42にあるように第6光線と第7光線が入れ代わる時期で、2・3・5・6・7

(45) ジュワル・クール大師は次のように述べています。「第5光線の大師のアシュラムは、準備の仕事において重要な役割をもっている。なぜならば、世界の再建やハイアラーキーの実際の性質の実証は、エネルギーの科学的な使用を通して行われるからである。」(前注の記事、原典は "The Externarisation of the Hierarchy" P577)

の五つの光線が顕現しています。現在社会は混迷の度を一層深めていますが、この根本の原因はパイシス（魚座）からアクエリアス（水瓶座）の時代への転換、個を確立する第6光線と統合する第7光線の力が、均衡しているためである、といわれています。

一つ前の時代には自我を育て、個を確立することが人類にとって重要なことであり、第6光線が流されました。自我の確立なしに集まっても、烏合《うごう》の衆《しゅう》となるだけで、大したことはできません。個の確立の達成がある程度見込まれた段階で、第7光線が流され始めたのです。

一九世紀以降今日まで、科学技術が急速に発展してまいりましたが、それは主に第3光線と第5光線[46]によるものです。一方でそれらの科学技術を支える思想は〝要素主義〟／〝アトミズム〟といわれており、第5光線と第6光線がそれに関与していると思われます。今その思想に基づく科学技術も行き詰まりを見せており、各方面でパラダイム・チェンジが起きてきています。

その共通の特徴は、〝ホーリスム＝全体主義（政治的な意味ではありません）〟／〝関係主義〟と呼ばれ、これには第7光線の影響が感じられます[47]。

今日の（日本）社会の混迷を理解する二つの鍵は、自己中心的な利益の追求と、性の氾濫だと思いますが、これらは第6光線と第7光線に対する未熟な反応の必然的な結果とも言えます[48]。

今日ハイアラーキーによって流されていないのは、第1光線と第4光線ということになります。ただし第1光線に関しては、現在シャンバラから直接人類に流されています。これは人類の歴史上三回目という、極めて特殊な事態です[49]。

(46) 第5光線が具体的知識と科学を促進するのに対して、第3光線はより抽象的な知性の使い方を促進します。

(47) 組織のあり方にしても、第7光線に基づく開かれた協力関係が模索されています。しかし、制度はまだ第6光線の影響によって作られた古い体制のままなので、新しい時代に適応できません。本当に抜本的な構造改革が、必要な時期にきているわけです。

(48) 性的合一も統合の一形態です。第7光線は性的エネルギーの中心である仙骨のチャクラを通して流入します。第六章参照。

(49) 過去の二回とは、先ほどお話した①サナット・クマラが金星から来られ人類が個別化した時と、②十万年前にハイアラーキーと悪の勢力との間で激しい戦いが繰り広げられた時です。今日という時代がそれらに匹敵する、約二千万年に三回目という重要な時期だということです。

図表42　顕現している光線と顕現していない光線
（Ａ・ベイリー「秘教心理学Ⅰ」を参考に作成。図表43、44も同じ）

光線	（　顕　現　の　状　態　）
第１	顕現していない
２	１５７５年以降、顕現中
３	１４３５年以降、顕現中
４	２０２５年頃、徐々に顕現してくる
５	１７７５年以降、顕現中
６	１６２５年から過ぎ去り始め、今急速に去りつつある
７	１６７５年以降、顕現中

図表43　人類との関係において考慮しなければならない光線

１．太陽系自体の光線
２．私たちの惑星の惑星ロゴスの光線
３．人間王国自体の光線
４．私たちの特定の人種の光線、つまりアーリアン人種を決定づける光線
５．ある特定の周期を支配する光線
６．国家の光線、つまり特定の国家に特別の影響を与える光線の影響力
７．魂の光線
８．パーソナリティーの光線
９．次のものを支配する光線
　ａ．メンタル体
　ｂ．アストラル体
　ｃ．物質体

図表44　真理を教える方法の光線による違い

光線	高　位　の　表　現	低　位　の　表　現
第１	政治的手腕と統治の科学	現代の外交的手腕と政略
２	ハイアラーキーによって教えられているようなイニシエーションの過程	宗教
３	通信や相互作用の手段。ラジオ・電報・電話・輸送機関	金銭・金の使用と流布
４	ハイアラーキーの構成を基礎にし第２光線と関係したメイソン派の働き	建築構造・現代の都市計画
５	魂の科学。秘教心理学	現代の教育制度
６	キリスト教と様々な宗教。第２光線との関係に注目	教会と宗教組織
７	あらゆる種類の白魔術	心霊主義の低位様相

この光線の働きは、強力な破壊を通しての創造です。今日の行き詰まった社会制度を打ち壊し、新たな社会を作っていくために、この光線が必要なのです。[50]

第2光線は、現在の私たちの太陽系に常に存在している〝愛〟のエネルギーですが、第1光線による破壊の後の復興において、この光線が重要な働きをします。

第4光線は全体の中間の位置を占める〝調和〟の光線であり、現在の混迷が納まるであろう二〇二五年頃から流されることになっています。この第4光線と第7光線（秩序をつくり、構造を与えます）の組み合わせは最高の芸術を生み出すとされています。この光線の流入とともに本当に素晴らしい時代が到来することでしょう。

——個人の光線構造

光線について具体的にお話ししましたので、少し親しみを覚えていただけたのではないかと思います。そこでもう一頑張りしていただいて、図表43の「人類との関係において考慮しなければならない光線」を調べてみましょう。

前章でお話しした図表32は、宇宙規模で流入してくるもっとスケールの大きな光線＝エネルギーの流れ（発生源や中継点）を示したもので、この図表43では1.・2.・5.がそれと関係します。[51]

その他、3.は第4光線と第5光線、[52] 4.はアーリアン人種の場合第3光線／アトランティス人種の場合第4光線（図表39）、6.は日本の場合第6光線と第4光線です。[53]

(50) 優しいだけが神の働きではありません。必要とあれば積極果敢に破壊を行うのも、神の重要な側面です。そうでなければ事態の解決が遅れ、より大きな悪を生むからです。例の教団のために悪いイメージで一般に有名になってしましたが、確かに〝シヴァ神〟は破壊のエネルギーの象徴なのです。

(51) 1.は第2光線、2.は第3光線、5.は今お話したように、現在は第4光線を除くすべての光線。

(52) 第七章、図表62。

(53) 『マイトレーヤの使命』二〇四頁参照。

図表 45　各光線の特徴
(B・クレーム『マイトレーヤの使命』シェア・ジャパン刊訳、を参考に作成
原典はA・ベイリー『秘教心理学Ⅰ』ルーシス・トラスト出版)

光線	美徳	欠陥	習得すべき美徳
第1＝意志又は力	強さ・勇気・着実性・全く恐れを知らないことからくる正直さ・意志の力・一つの目的に対してひたむきなこと・統治の力・ビジョン・善を行う力・リーダーシップ	誇り・野望・わがまま・無情さ・傲慢さ・他人をコントロールしたい欲望・強情・怒り・孤独・悪への力	優しさ・謙遜・同情心・寛容・忍耐
第2＝愛と英智	沈着・忍耐力と持久性力・真実の愛・忠実・直観・明晰な知性・落ちついた気質・聖愛・智恵・機知	研究への過度の没頭・冷たさ・他人への無関心・他者の知的限界への軽蔑・利己心・猜疑心	愛・同情心・非利己心・エネルギー
第3＝活動柔軟性或いは知性	抽象的問題に関する広い視野・誠実・明晰な知性・集中力・忍耐・慎重さ・些細なことを心配し過ぎる傾向の欠如・知的啓発・哲学的見解	知的誇り・冷たさ・孤立細部に関して不正確・うっかり屋・強情・利己主義・批判的・非実際向き・時間に不正確・怠惰	同情心・寛容・献身・常識・正確さ・エネルギー
第4＝調和美芸術和合	強い愛情・同情心・肉体的勇気・寛大さ・献身・頭の回転の速さと洞察力	自己中心・心配性・不正確さ・道徳的勇気の欠如強い情熱・怠惰・贅沢・直観を覆う	落着き・自信自己制御・純潔さ・均衡・正確さ・知的と道徳的
第5＝具体的知識又は科学	正確さ・（慈悲なき）正義・忍耐・常識・鋭い知性・独立・正直・実直	鋭い批判・狭さ・傲慢さ・執念深さ・同情心の欠如・偏見・知的分離・孤立化への傾向	敬意の念・献身・同情心・愛・広い心
第6＝抽象的理想主義或いは献身	献身・一心集中・愛・優しさ・直観・忠実さ・尊敬の心・包容力・理想主義・同情心	利己的で嫉妬心の強い愛・横柄な態度・自己欺瞞・えこひいき・派閥主義・迷信偏見・性急に結論を下すこと・狂信的態度・火の様な怒り暴力・	力強さ・自己犠牲・純粋さ・寛容の心・真実さ・常識・バランス・澄み切った心
第7＝儀式的秩序魔術儀式	強さ・耐久力・勇気・丁寧さ・小心・自力本願・創造性・完全主義・組織	形式主義・頑迷・誇り・偏狭さ・判断のまずさ・尊大さ・迷信・日常の過大誇張	統合の実現・広い心・寛容謙虚さ・優しさと愛

7.8.9.を合わせたものが、〝個人の光線構造〟と呼ばれるもので一人ずつ異なり、これと魂の進化段階によって、その個人の最も本質的な特徴がつくり出されます[54]。

人間の諸体は、それを支配する光線によってつくられますから、「人間は光線構造によって指し示される五つの光線によってできている」ということもできます[55]。

魂の光線は輪廻転生を経ても変わりませんが、その他の光線は、一つの転生ごとにその転生の目的（次章参照）を達成しやすいよう、魂が選択します。

図表44に、現実社会での各光線の具体的な働きがまとめられています。

図表45には、各光線の特徴が少し細かくまとめられており、各光線の美徳と欠陥が記されています。これは、光線自体に良し悪しがあるのではなく、それを受けとる側の状態によってどちらにもなり得るということを示しています。

魂が進化している人の場合は美徳がより多く、未発達の場合は欠陥がより多く、表れる可能性が高くなります。したがって〝魂の進化段階〟と光線構造を併せて考えることにより、その個人に関する本質的理解が得られるようになるわけです。

自分の魂の進化段階と光線構造を知るということは、魂が転生してきた目的を知り、したがって自分がこの人生において何をなすべきかを理解することにつながるため、次の時代の教育の根幹を成すものだといわれています[56]。

(54) 図表32の〝Ⅲ2　人間のエーテル体の七つの力の中心〟＝チャクラに関係します。第六章参照。

(55) このうち、魂の光線以外、つまりパーソナリティーとメンタル・アストラル・肉体の四つに関しては、〝主光線〟以外にそれをサポートするための〝副光線〟が存在するため、正確に記述すると計九つとなります。

(56) クレーム氏の『マイトレーヤの使命』のシリーズの巻末には、歴史上名を残した偉人・天才たちに関する進化段階と光線構造のデータをまとめた〝イニシエートのリスト〟が掲載されております。非常に貴重かつ興味深いものですので、ぜひご参照ください。

個人と人類の進化の交点に偉人・天才が誕生する

本章では〝人間個人の進化〟と〝人類全体の進化〟を述べてまいりましたが、まとめとして両者の関係を考えてみましょう。

どんな魂でも、その無数の転生の中でひときわ輝く二つの転生が存在するといわれます(57)。また時代が成熟し新しい段階に移行する時には、そのギャップを乗り越えるために偉人・天才の出現が必要とされます。したがって、偉人・天才というものは、ちょうど個人と人類の二つの進化が出会う交点に、半ば必然的に誕生するものである、ということができるでしょう。

ですから、華々しく活躍する天才に憧れる必要はありません。魂のレベルで見れば誰でも、機が熟せば輝く時が来て、それを越えて大師へと進んでいくのです。今肝腎《かんじん》なことは、この転生での目的を全《まっと》うすることです。たとえそれがどんなに地味な、辛い道であっても。

一人一人がそれをきちんと全うすることにより、個人の魂が大きな収穫を得ると同時に、総和としての人類も大きく前進することになるでしょう。

本章では、光線に関する解説も行いましたが、これは多くの読者の方々にとって、人類の歴史を見るまったく新たな視点の提供になったのではないかと思います。締め括りとして、ジュワル・クール大師がA・ベイリーを通じて語った『国家の運命(58)』に収められている言葉を引用させていただきます。

(57) 外的な意味で輝く転生と、内的な意味で輝く転生の二つです。

(58) 土方三羊訳私家版の序説。

「……結局のところ、歴史とはこれらのエネルギー即ち放射（換言すれば、光線）が進化的発達の多くの様々な段階において働きかける時に人類に及ぼす影響を記録したものである。これらの段階とは、原始時代の人類から現代文明に至るまでのすべてを網羅《もうら》するものである。これまでに起こったすべてが、自然を通して、そして私たちが人間王国と呼ぶ自然の一部を通して、周期的に流れるエネルギーの結果である。」

第五章◎人間の界層構造、生死・死後の世界と再生誕

前章まで、宇宙の生成から神の世界の構造、さらには人間から神に至る道のり、人類の歴史について述べてまいりました。

本章と次章は、一人の人間とはどういう構造を持った存在なのか、そして人間の転生の一つのサイクル、つまり誕生から死を迎えるまでの一生とそれに続く次の誕生までが、秘教においてはどのように説かれているのか、という問題を扱いたいと思います。

この問題のうち、生きて肉体をまとっている、つまり通常の意味での〝一生〟に関しては次章にまわし、本章は〝誕生と死〟および転生の外の状態である〝死後の世界と再生誕〟という現象を取り上げ、それを概説するために必要な範囲の「人間の構造」とともに説明することにいたします。

今日、厳密に科学的な立場から「人間の構造」を論じようとする場合には、デカルト以来の心身二元論、つまり目に見える肉体の部分（デカルト的表現では、「延長するものとして存在する物体的世界」）と、目に見えない精神（「物体とは無関係に存在する世界」）とに分けて考える立場から離れるわけにはいきません。

しかし〝あがり〟や心身症、さらには最近のホルモンの問題など、肉体と精神が切り離しがたく結びついていることを示す現象もたくさん見つかっており、東洋伝統の心身一元論的な見方も見直されてきています。

秘教は、この問題に関しても非常にクリアーな解答を与えてくれておりますので、まずはその問題から見ていきたいと思います。

人間の構造（1）

――秘教の説く身体の多重構造

現代の一般的な常識では、人間の体とはすなわち肉体です。しかし秘教ではこの問題に関してどのように説いているかというと、人間には肉体の他にエーテル体やアストラル体・メンタル体といった、通常の視力では捉えられない何重もの体が存在するというのです[1]（図表46）。

そして、それらの体がそれぞれ活力や感覚・感情、知性などを担っており、脳や内分泌腺、遺伝子などはそれらの体が肉体への対応を作り出すため、肉体に現れた媒介物だと考えられています。

エーテル体やアストラル体・メンタル体等については、これまで大した説明もしないまま使ってきましたが、ここではそれらがどのようなものであるのか、少し鮮明なイメージを持っていただけるように説明したいと思います[2]。

（1）一見、図表19とは逆に描かれているように見えますが、明示したいポイントが異なるためであり、矛盾はありません。図表36を参照。

（2）この辺の問題に関しては、『神智学の真髄』一五六頁、および『とんぱ』第2号一六九〜一八三頁によくまとめられています。

またアレックス・グレーという画家の『セークレッド・ミラーズ　聖なる鏡』（河出書房新社）には、それと対応した内容を視覚化した興味深い絵が載っていますので、参照して下さい。

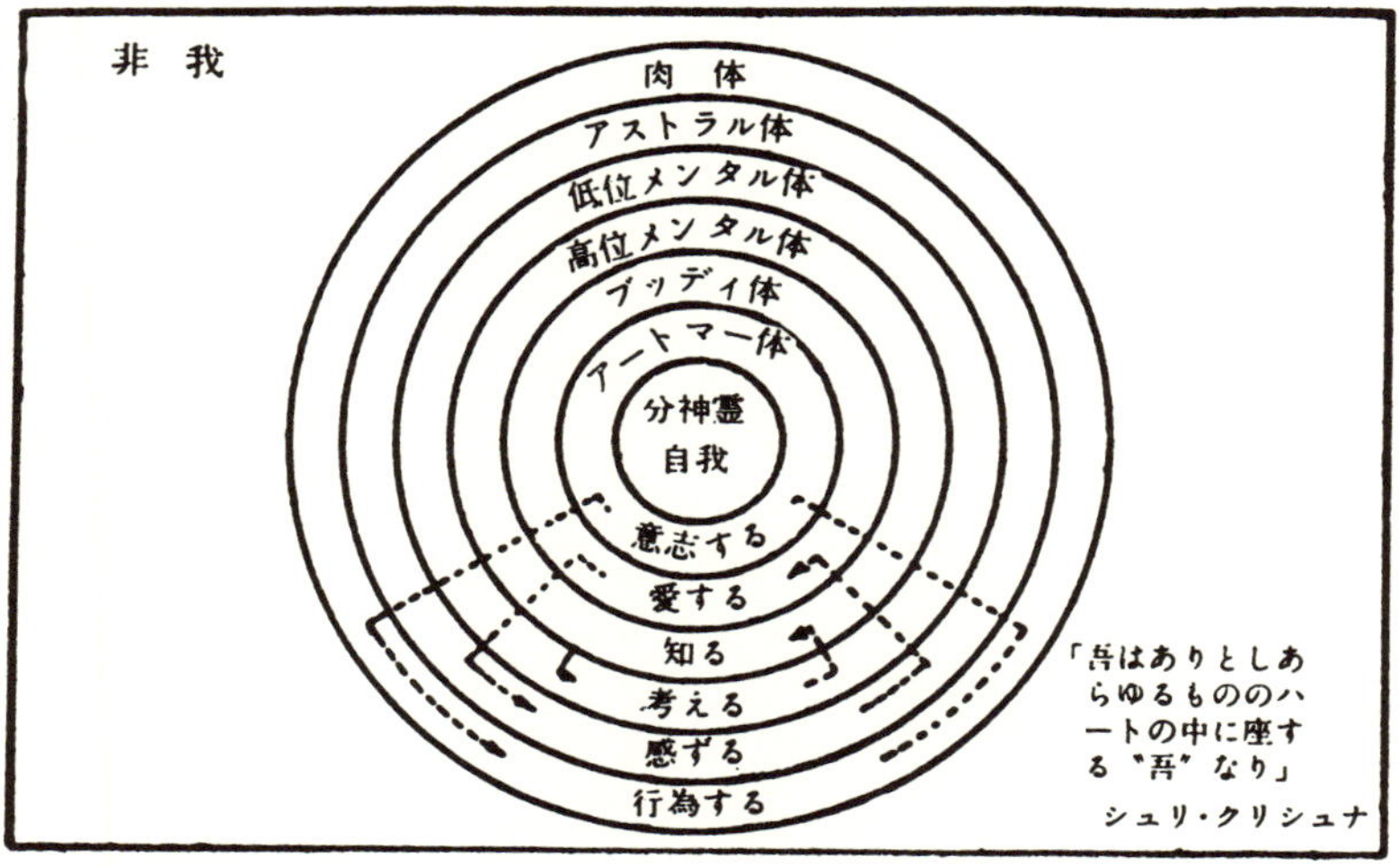

図表46 人間とその諸体（E・N・ピアースン『神智学の真髄』より）

複数の界層が同時に存在する

アストラル体やメンタル体と並んで、アストラル界層やメンタル界層という言葉が出てきました。まずはこの〝体と界層の関係〟を明確にしておきましょう。

界層というのは、文字通り〝世界〟の層という意味で、各界層はそれを構成する粒子のサイズが非常に異なるため、〝力学的衝突〟という意味においては、お互いに（ほとんど）干渉することなく存在しえます。

各界層では、第二章で述べたようにその界層の原子が出発点となり、その原子が複数個集まって七つの亜層の基本単位を作り、それらの基本単位がさらに複数個集まって各亜層を実際に構成する粒子を作っています。私たちが感知しうる物質界層の粒子は最も粗いものですが、それでさえ原子核や電子が見えるようなスケールで考えると、とてつもなくスカスカなのです。物質界層の粒子よりもはるかに精妙なアストラル界層の粒子たちが、物質界層の間隙で自由自在に活動する姿をイメージするのは、さほど困難なことではないでしょう。

同様の関係がアストラル界層の粒子とメンタル界層の粒子、メンタル界層の粒子とブッディ界層の粒子、……にも存在し、結局複数の界層が同一空間に同時に存在することが可能になるわけです。

エーテルという言葉は、アストラル・メンタルと並列的なイメージがあると思います。しかし〝エーテル層〟は、物質界層の七つの亜層のうち、私たちが通常の五感でハッキリと認知できる固体・液体・気体という三つの亜層より精妙な四つの亜層を意味する言葉であり、したがって〝界層〟という言葉を使うのは適切ではありません。各亜層は、電気や光、音やいわゆる〝プラーナ〟等、エネルギーを伝える媒体の役目を担っているとされています(3)。

同一の界層に属する亜層はすべて、同一次元に存在するということも重要です。つまりエーテルの四つの亜層は、他の物質界層と同じように〝三次元空間＋時間〟という世界に存在します。しかし、アストラル界層はそれよりも一つ高次元の時空間の広がりを持っており、メンタル界層、ブッディ界層、……と界層を上がるにつれて、さらに一つずつ次元も上がっていくといわれています。

したがって「複数の界層が同一空間に同時に存在する」といっても、それは低位の界層について見た場合、「高位の界層の（ごく）一部がその中にも浸透している」という意味だと考

(3) エーテルの四つの亜層における体は、『神智学大要』I、七六・七七頁によれば、以下のような媒体としての役割を持っています。
①原子体――生物の脳から脳へ思念を伝達する媒体
②亜原子体――特に精妙な電気の媒体
③超幽体――光の媒体
④幽体――通常の電気や音の媒体

えた方がよいと思います。

――各界層には何が存在するのか

物質界層の低位三亜層つまり固体・液体・気体の層には、私たちが目にするようなものが存在しており、それを認知できるのは私たちの視力がそれらの亜層のみを感知するようにつくられているからです。

一方、アストラル界層のみを感知するような視力を持ってこの世界を眺めると、アストラル界層の粒子によってつくられた存在たちによる異なった光景がそこに展開していることが分かります。

その存在の中に、私たちのアストラル体もあるのです。しかしアストラル界層に存在するのは、私たち生きた人間のアストラル体だけではありません。死んだ人のアストラル体や、大師・ニルマナカーヤ方のアストラル体、動物のアストラル体、それからさらにエレメンタル・自然霊・デーヴァ・人間によってつくられた想念形態といったものが、存在します。(4)

アストラル界層の七つの亜層の性質と各亜層にどのような〝霊〟たちがいるかという問題は、後ほど死後の世界のところで少し詳しく触れます。

メンタル界層とメンタル体に関しても、同様の関係があります。

(4) エレメンタル以下は第七章で説明します。

――エーテル体の構造と機能

物質界層の高位つまりエーテルの四亜層に焦点を当ててみると、肉体に対応する位置に肉体より数ミリ程度外まで拡がった体が存在します。それがエーテル体です。[5]

個人のエーテル体の構成は、人種・亜人種・個人の光線・過去のカルマ・魂の進化段階等によって変わってきます。（前章で見たように）魂が進化するにつれ肉体を構成している粒子が、粗雑な低位三界層のものから、より精妙なエーテル層のものに徐々に変化していきます。それに伴って肉体は光を帯びていき、大師になった段階ではすべてが光り輝く光子＝エーテル体で構成されるようになります。

低位三亜層よりなる肉体は、それだけでは活動することができません。肉体だけでは生命活動を行う必要条件が満たされておらず、網状組織であるエーテル体の中を太陽より放射される〝プラーナ〟が流れることにより、生命体としての活力が得られるのです。したがって、健康の維持・治療はすべてこのエーテル体に関係しています。[6]

中国医学の〝経絡[7]〟はいくら解剖してもその存在を確かめることはできませんが、それは経絡がエーテル体上の存在だからです。[8] エネルギーを伝えるという意味でさらに根本的な重要性をもつものが、ヨガでいう〝チャクラ〟です。[9]

エーテル体には、プラーナを吸収して肉体に配分することの他にも、肉体とアストラル体の仲介をして、肉体の五官によって生じた意識をエーテル体の脳を経てアストラル体に伝え

(5) 実はエーテル体は肉体の鋳型として肉体以前から存在しているのであって、その逆、つまり肉体のあるところにエーテル体が生じるのではありません。

(6) エーテル体と肉体は両方一緒に変化するため、エーテル体を浄化すれば肉体も同時に浄化されます。これはプラーナによって媒介されます。さらに、プラーナは物質界層だけでなくあらゆる界層に存在しますので、正しい感情・思考を持つことも肉体の健康と密接な関係にあります。

(7) 他に、チベット医学の脈管・ヨガのナディ等。

(8) 経絡に沿って刺激を加え、気（プラーナ）の流れをよくすることによって、対応する肉体上の器官の状態を改善することができる、というのが経絡治療の原理です。

(9) このエーテル体を流れるエネルギーやチャクラに関しては複雑な問題がありますので、次章で重点的に取り上げることにいたします。

たり、逆にアストラル体およびそれ以上の界層の意識を肉体脳と神経系統に伝える、という重要な働きがあります。

――アストラル体・メンタル体の構造と機能

肉体にエーテル体が加わることにより、身体は動くことができるようになったわけですが、しかしこれらだけでは感じることも考えることもできません。アストラル界層の体とメンタル界層の体、すなわちアストラル体とメンタル体が存在することによってはじめて、感じそして考えるという人間らしい営みができるようになります。

アストラル体は諸々の感情や欲望が表現され、また肉体の頭脳と精神とをつなぐ媒体となる器です。また（低位）メンタル体は、具体的な知恵を現わし、記憶力・想像力を初めとする諸々の精神力が展開するための媒体です[10]。

両者とも肉体の外側に通常は数十cm程度延びていますが、魂の進化に伴って著しく拡大し、色彩も素晴らしくなっていきます[11]。

アストラル体はアトランティス時代に非常に発達をとげ、現代人ではかなり発達していて最も強力な器ですが（アストラル偏極）、メンタル体はまだまだこれからといった状況です。

各諸体は、

①まず十分その界層の質料が集められ、

②未発達な塊であったものが組織された構造を持つようになって独自の生命となり非常に

(10) すべての存在が自由意志を持つことは宇宙の大法則ですが、人間――この場合はパーソナリティー――にとっては、低位メンタル体が自由意志の器官といえます。
　私たちは常に複数の可能性の中から一つを選択して行動していますが、低位メンタル体が低級な欲望を支配するにつれて、魂がパーソナリティーをコントロールするようになります。

(11) これらのことを〝オーラ〟と呼んでいる場合もあります。オーラに関しては次章参照。

大きな能力を発揮できるようになり、

③一方次第に質料が高い亜層のものと入れ替わり魂のコントロールのもとに働くようになる、という発達のプロセスをたどります(12)。

進化の最終段階では、すべての体が魂と共鳴する波動率で振動するようになります。

メンタル体とアストラル体およびエーテル体＋肉体によって、パーソナリティーが構成されているという話は、これまで何回もしてまいりました(13)。パーソナリティーがその本来の統一された活動を始めるのは、人間として進化の長い道のりを歩み、魂のエネルギーによってその活動が高められ、調整されてからです。その後のパーソナリティーの生活は、

①パーソナリティーの光線によって条件づけられた利己的・個人的な段階から、

②魂の光線とパーソナリティーの光線との闘争を経て、

③第3段階のイニシエーション以後魂に支配権を譲り渡し、

④やがて魂による完全なコントロールにより〝死〟を迎えます(14)。

――コーザル体の構造と機能

さて、これまでメンタル体と言っていたものは、メンタル界層の低位四亜層の質料のみからなる体でした。ではメンタル界層の高位三亜層の質料からなる体はないのかというと、それもちゃんと存在し、〝コーザル体（高位メンタル体）〟と呼ばれています。コーザル体もやはり思考を司りますが、メンタル体が具体的思考を行う器であるのに対し、コーザル体は複

(12) この問題に関しては、運動科学研究所の高岡英夫氏が〝身体意識〟〝ディレクト・システム〟という理論を発表し、体系化を進めています。

(13) 活力エネルギーの媒体であるエーテル体、感覚・感情のエネルギーの媒体であるアストラル体、知的エネルギーの媒体であるメンタル体の三つが、パーソナリティーのエネルギーを特徴づけ、肉体をコントロールしています。

(14) ④でいう死は、普通の肉体的死ではありません。『トランス・ヒマラヤ密教入門』Ⅰ　七六〜七七頁、原典は"Esoteric Healing" P506〜507を参照。

数の具体的事象を一般化した抽象的思考を行う器です。

さらにコーザル体がこれまで述べてきた体と違う点は、他の体が一つの転生ごとに作られ壊されるものであったのに対し、輪廻転生を通し永続しているということです。というのは、コーザル体がパーソナリティーに属するのではなく魂の器となるものだからです。(15)

コーザルというのは英語の because の cause と同じ語源で、〝因体〟あるいは〝原因体〟と訳されることがあります。それは人生における行動傾向の原因となるものは過去世における体験であって、その情報がコーザル体の中に蓄積されているからです。ただし、コーザル体の中に蓄積されているものは、高貴にして調和に満ち、永続する価値のあるものだけです。したがってまだ進化レベルの高くない魂では、そのような経験に乏しいため、コーザル体はわずかにしか活動しておりません。

(15) 前章までの話を思い出して下さい。図表5参照。

――魂とモナド

魂に反映されている三つの体のうちの、コーザル体の他の二つは、ブッディ界層にあるブッディ体とアートマ界層にあるアートマ体です。〝体〟という以上これらは単なる抽象的概念ではなく、その界層を感じ取ることができれば、あるいは見ることができれば、本当にそこに広がりを持って実在することが分かるようなかたちで存在するわけですが、残念ながら通常の人はそのような認知能力を持っていません。

ブッディ体は愛の、アートマ体は意志の器といわれています。パーソナリティーの三つの体やコーザル体くらいまでは多少は具体的なイメージがつくれたとしても、ブッディ体やアートマ体といわれてもなかなかピンときません。第1段階のイニシエーションを受ける直前になって初めてブッディ体が活動し始めるのですから、それも当然でしょう。

しかし人間は、それらよりさらに高い界層を基本的な構造として持っているのです。「神の閃光」「神の一片」「神性の一種子」等といわれる〝モナド〟(16)がそれです。この場合の神とは〝太陽ロゴス〟のことであり、このモナドの相において「すべての人間は（そしてすべての存在は）神である」といえるのです。

このモナドは、魂とパーソナリティーとともに大きな三重の構造を作り、その中に「意志―愛―活動（知性）」、キリスト教でいうところの「父と子と聖霊」の〝三位一体〟の構造を持っています。(17)

ここまで、私たちにとって身近な体である肉体から始めて、段々と高位の界層の体を見てきましたが、実際の「神の創造のプロセス」は今と逆の順番で行われます。

つまりまず「太陽ロゴスの一片」であるモナドが存在し、それが魂の界に自身を個性化された魂として反映させ、そして魂はそれ自身をパーソナリティーすなわち転生した男女として反映させるのです。

魂はモナドとパーソナリティーの仲介役です。魂は、自身がその反映であるところのモナドに意識を向けて瞑想し、時々周期的に注目を自身の反映であるパーソナリティーに向けて、チャンスがあれば刺激します。

(16)〝分神霊〟とも訳されています。

(17) パーソナリティーが初めてモナドとの接触を持つのは、第3段階のイニシエーションの時です。しかし、現在の人類のうち、第3イニシエーションを受けている人は、百万人に一人にも満たないという情報がありますので、99.9999%以上の人はモナドの実感を持っていないことになります。

大部分の人は、モナドはおろか魂の実感もないのが現状です。しかし何とかその世界の雰囲気を感じるために、ジュワル・クール大師は「楽しさ(happiness)」と「歓び (joy)」と「至福 (bliss)」について熟考するように、勧めています。

楽しさとは感情の中にその座を占めるパーソナリティーの反作用であり、歓びは魂の特質でパーソナリティーと魂との整列が起きた時にメンタル界で生じます。至福はモナドの特質であり、パーソナリティーがモナドとつながった時にのみ生じます。(『至聖《かみ》への道』出帆新社、一二二～一二七頁)。

恒久原子

魂よりも素晴らしい存在であるモナドがなぜそのような面倒くさいことをしてまで下の界層とつながりをつけるのかというと、それによってすべての界層をモナドと共鳴できるように〝霊化〟するためであり、それこそが「神の大計画」なのです。

この宇宙が創られた初期の段階においてさえ、モナドは神の一断片として、モナド自身の界層においては神聖で完全な存在だったのですが、その界層を一歩出るとまったく何もできない無能ともいえる状態でした。そのモナドが他の界層に影響を及ぼしていくためには、意識の媒体となるものが必要であり、その役割を演じるのが今まで述べてきたパーソナリティーおよび魂に反映された各界層の〝体〟だったのです。

しかしモナドはいきなりそれらの〝体〟をつくるのではなく、まず準備段階としてアートマ界層から物質界層まで各界層の原子(18)を一つずつ捉え、図表47(19)のようにモナドに付着させます。これが各界層の〝恒久原子〟と呼ばれるもので、輪廻転生が続く限り永続します。(20)今まで説明してきませんでしたが、図表5を見て〝三重の三重の構造〟と呼んでいた〝点〟も、実は恒久原子だったのです。

これらの恒久原子には、モナドとつながった魂やパーソナリティーがそれぞれの界層でそれまでに得た〝体験〟が、波動の形で蓄積されています。そして、その恒久原子の波動と共鳴する質料が引き寄せられることによって、各界層の体がつくられているのです。

(18) 最高亜層の粒子。第二章参照。

(19) 第七章、図表57参照。

(20) メンタル界層は高位と低位に分けられます。そこには低位の最高亜層の粒子も一つ捉えられていますが、それは〝原子〟ではないため〝メンタル単位＝メンタル・ユニット〟と呼ばれることもあります。

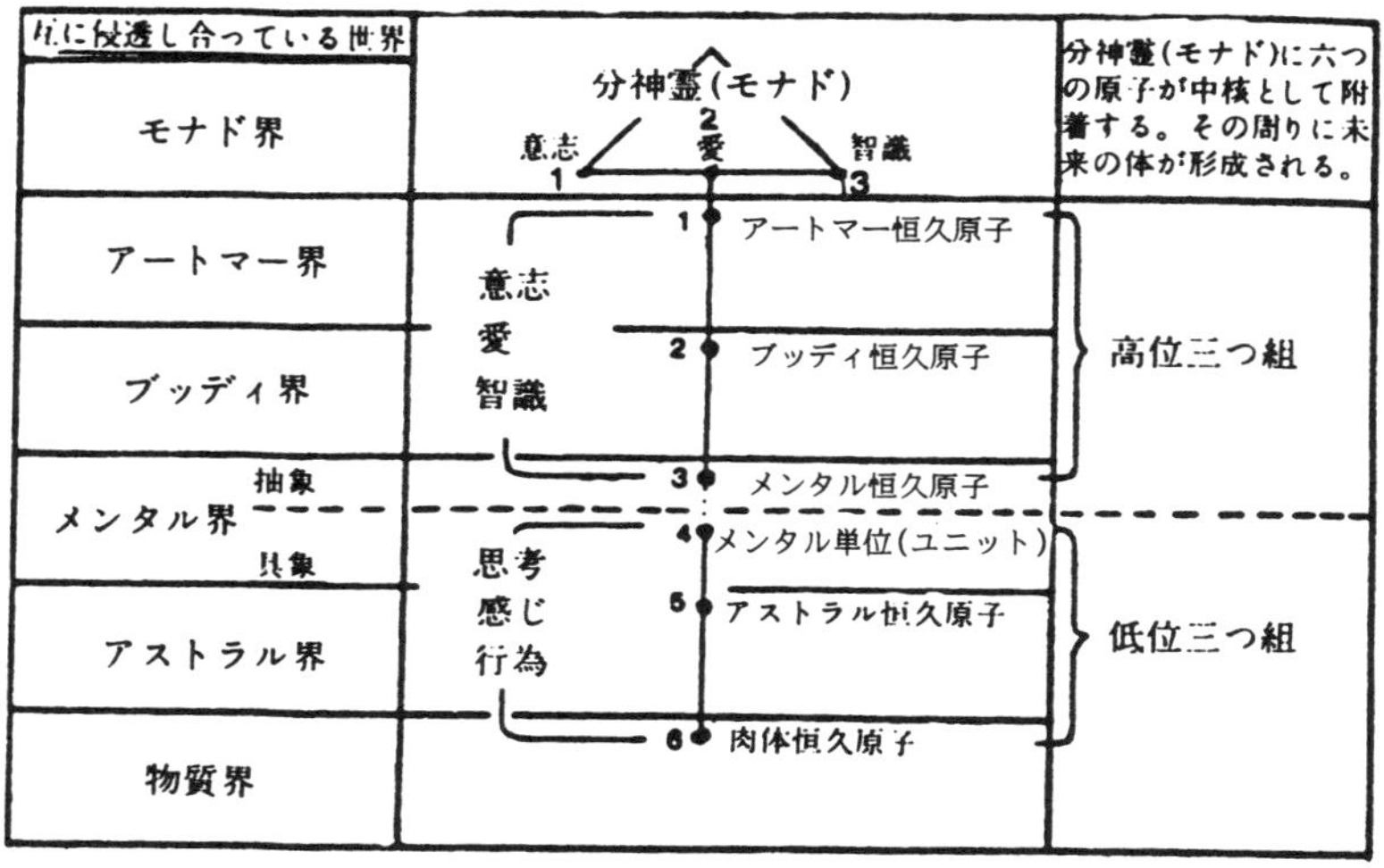

図表47　モナド（分神霊）と恒久原子（E・N・ピアースン『神智学の真髄』より）

このようにしてモナドは下の界層とのつながりをつけていくわけです。そして、今現在転生している私たちつまりパーソナリティーは、モナドから降ろされた〝ストラトマ〟と〝アンタカラーナ〟と呼ばれる二本の重要な〝糸〟によって、魂そしてモナドと結ばれています。

ストラトマは〝生命の糸〟であり、モナドから直接下って来て身体の右側の胸[21]に固定されています。

アンタカラーナは〝意識の糸〟と呼ばれ、頭頂（のチャクラ）に錨を降ろしています。

この二本の糸が、〝モナド……魂〟と〝魂……パーソナリティー〟の二つの切れ目をつなぐ橋渡しの役をし、これらすべてに生命を吹き込んでいるのです。

魂が進化するにつれ、やがて第三の糸が今度はパーソナリティーの側から魂そ

(21) ハート＝アナハタ・チャクラ。次章参照。

してモナドに向けて築かれていきます。これは〝創造の糸〟と呼ばれ、これら三つの糸が縒《よ》り合わさって、最終的には三者の間に堅固な橋を築きます。

かなりややこしい話になりましたが、これは〝アンタカラーナの科学〟と呼ばれ、魂およびパーソナリティーがモナドの持っている真の神性を獲得する〝帰還の道〟に関わる、最も重要な分野になるといわれています。[22]

(22)『マイトレーヤの使命』Ⅲ 四五二頁。アンタカラーナという言葉には、先に述べた狭義の使い方と、三本の糸すべてを指す広義の使い方があります。

生死・死後の世界と再生誕

人間の死

以上で、これから今回取り上げようと思っている〝生死・死後の世界と再生誕〟の概略をお話するために必要な〝人間の構造〟についての説明が、一応終わりました。次はいよいよ誕生と死、および転生の外の世界で、どのようなことが起きているのかを見ていきたいと思います。

秘教ではこれまでもお話してきたように、〝輪廻転生〟が存在すると説いています。したがって死から死後の世界、そして次の誕生までは連続した流れですので、まず〝死〟の問題から出発したいと思います。

私たちは誰でも「死によって私という存在が消えてしまう」ことへの恐怖を持っています。(23)

しかし〝輪廻転生〟の事実を知り、死の本当の意味つまり「死は消滅ではなく、大いなる自由への開放であり、それは新たな世界への誕生ともいえるものである」ことを理解すれば、死に対する恐怖の大部分は消え去り、それとともに〝生〟の意味も大きく変化するでしょう。(24)

(23) ジュワル・クール大師によれば、死の恐怖には――
①死それ自体の行為における最終的な引き裂かれる過程に対する恐怖。
②知らないもの、不明確なものに対する恐怖。
③不死性に対する疑い。
④愛する人々を後に残す、もしくは、これらの人々の後に残される不幸。
⑤潜在意識に深く横たわる過去における激しい死に対する過去からの反応。
⑥形態生命に対する執着。
⑦天国と地獄に関する古い間違った教え。
――があるということです。
【トランス・ヒマラヤ密教入門】Ⅲ七九頁、原典は〝A Treatise on White Magic〟P238。

(24) 間もなくそういう時代が来るといわれていますし、死を迎える人たちの医療〝ホスピス〟や〝臨死体験〟の最先端の研究者たちは、すでに同様の考えに至っています。

現在〝脳死〟の問題が大きく取り上げられていますが、この脳死は脳に接続している〝意識の糸〟であるアンタカラーナが切られるため起こります。一方心臓が停止するのは、胸に接続している〝生命の糸〟であるストラトマが切られることが原因です。

もはやこれ以上その肉体では魂自身にとって実りのある体験が望めないと判断した時、魂はそれらの糸を切断します。不治の病に陥ったり度重なる発作に見舞われるようなことが起きるのは、魂がこの過程を入ったことを意味するようです。

死後の最初のプロセスと死に方の技術

肉体が死ぬと、物質恒久原子は心臓から頭を通り[25]、そこから生命活動を終えた肉体を去ります。

またエーテル体以上の体は、その人の発達のレベルに応じて、普段から最も活発であったチャクラを通って抜け出ます。臨死体験をした人からよく報告される、数秒の間に自分の全生涯を再生した画像をパノラマのように見るというのは、エーテル体が肉体を離脱する間に起こる現象です。

同様に臨死体験者からの報告で確認されていることの一つに、「孤独な死は存在しない」という主観的事実があります。死者は彼に先立って亡くなっている例えば両親等に迎えられます。そのような身近な人が万一いない場合には、キリスト教徒であればイエスやマリア等、彼にとって最愛の人々に導かれ、素晴らしい光明の中、死後最初の旅路をスタートするとい

(25) 次章で述べる〝スシュムナ・ナディ〟を昇っていきます。

うのです。

しかしこの時点で、彼がまだ強く生き続けることを望んだり、やらねばならない使命が残っているような場合、再び〝生〟へと押し戻されることがあり、臨死体験をして戻って来る人はそういうケースであるようです。

葬儀の仕方は、すでに日本では一般的になっていますが、火葬が強く勧められています。死者の肉体を火にかけても、エーテル質料もアストラル質料も完全に離脱しているため、痛みを感じることはありませんので、御心配なく。

人生の諸問題の中で〝死〟を最初に扱ったもう一つの理由は、魂にとって「死の瞬間こそが人生で最大の山場—最大のチャンス」であるからです。幾つかの宗教がこれについて言及しており、死を迎える自覚のないまま不慮の死をとげることは、その重要な機会を逸するという意味で、恐れられてきました。

いかに死を迎えるか、そして死後の最初の段階で出会う事象にどのように対処していくかという、いわゆる「死に方の技術」に関する知識や教育は、人類にとって極めて重要なものであり、古代から例えばエジプトやチベットの『死者の書』のような形で伝えられてきました。

それは近年、科学技術の普及とともに忘れ去られてしまっていたのですが、これも近い将来復興されるといわれています。

チベット密教に伝わる『チベットの死者の書』は、かなり信頼できるものだといわれておりますので、極めて簡単に要約してみますと、

①死に臨む時は、周囲も協力し、[26]できるだけ高い界層へと意識を持ち上げる
②死後光に出会った時は、どんなに明るくても恐れることなく一番明るい光に向かって進む
③複数の仏（神）様の姿に出会った時は、自分が一番心をよせられる仏（神）様をひとり選び、その仏（神）様のみに意識を集中する

ということです。また生前から『チベットの死者の書』等をよく学び、死について考えておくことも大切です。[27]

――アストラル界での生活…地獄と煉獄

続けて、死後の生活の話に移っていきたいと思います。この問題に関しては、『神智学の真髄』に分かりやすく述べられておりますので、それに基づいて簡単にまとめたいと思います。肉体から抜け出た体のうちエーテル体は間もなく分解し、アストラル体が一番粗い体となって、その人の生前の感情生活に対応するアストラル界の七つの亜層のいずれかに入っていきます。キリスト教でいう地獄や煉獄とは、このアストラル界の亜層につけられた名前なのです。

まず最下層（＝図表48の〝激情界〟）は極端に不愉快でおぞましい恐怖に満ちた層で、これこそが地獄です。この層は最も重いアストラル質料からできているため、物質と同じように引力の影響により地殻の中にその場を占めています。それゆえ「地獄へ堕ちる」といわれる

(26) 身近な人の死に際しての簡単な注意事項として、できればあまり悲しむことなく、「一緒にこの世に生活できて楽しかった。ありがとう。お勤めご苦労さま」等といってあげることがよい、といわれています。

(27) 秘教ではありませんが、ホスピス問題の草分けで、『死ぬ瞬間――死にゆく人々との対話』川口正吉訳（読売新聞社）で有名なキューブラ・ロス女史の「死に到る過程の五段階説」や『死後の真実』伊藤ちぐさ訳・阿部秀雄解説（日本教文社）等の著作も非常に参考になりますので、御参照下さい。

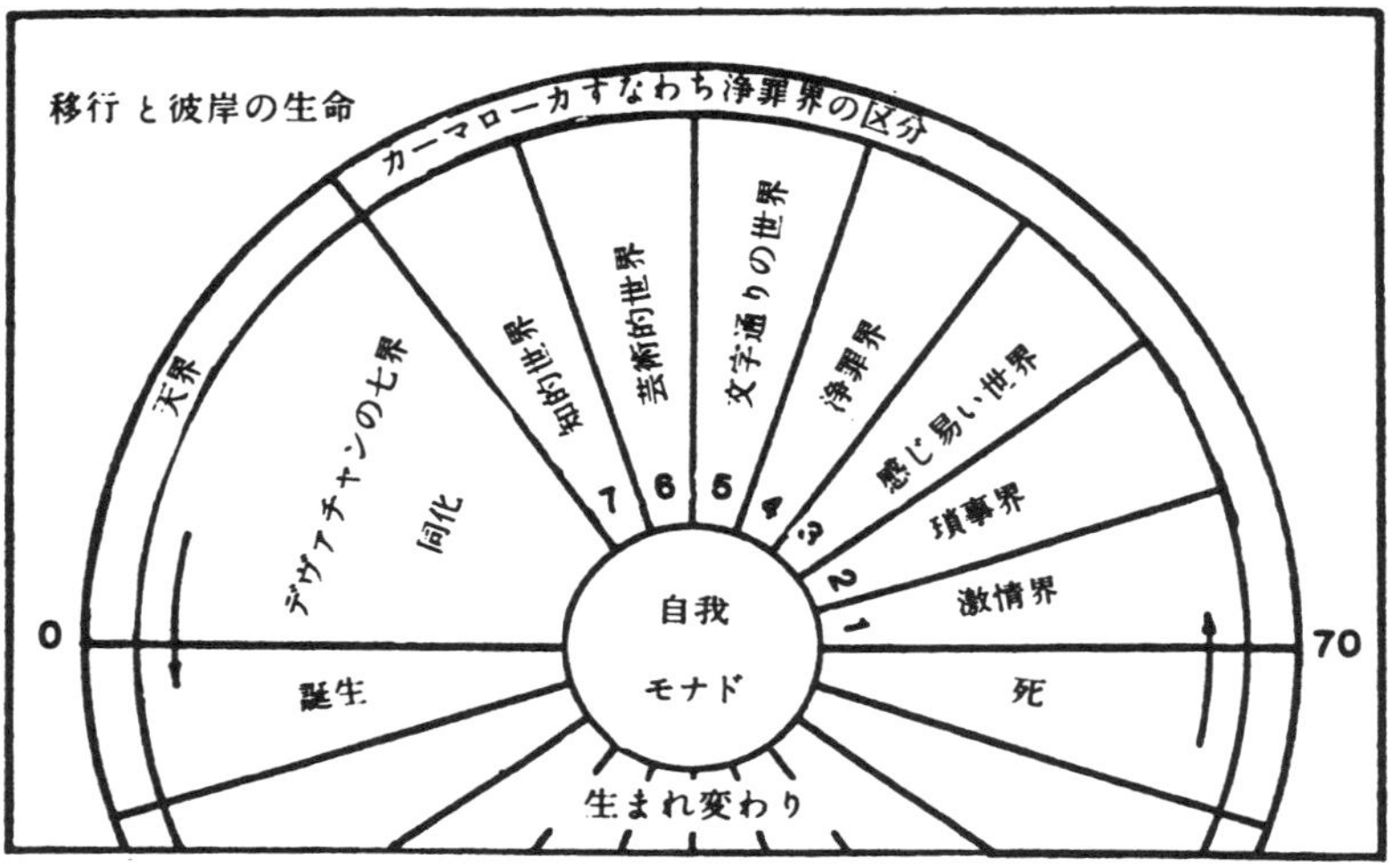

図表48　人間の生の周期（E・N・ピアースン「神智学の真髄」より）

のです。余程の極悪人でなければ、この層に入ることはありません(28)。

次に濃密な第2圏（＝〝瑣事《さじ》界〟）は、物質地球とそれにつながるあらゆる物体のアストラル体が存在する世界です。満たされぬ想いをもって死去し、生や物質界層への強い執着を持ち続けているいわゆる〝地縛霊(29)〟は、この界層にいる〝霊〟です。一般の人々は、ここかその次の第3圏で死後のアストラル生活を始めます。

第4圏（＝〝浄罪界〟）は、七つの亜層の中間に位置し、低級な欲望に引きずられるか高尚な感情に同化するか決断を迫られる界層です。キリスト教の〝煉獄〟に、最も典型的に相当するところです。

第5圏以上は、次第に〝天国〟の様相を帯びてきて、そこに滞在する〝霊〟たちもそれなりの気品を備えています。新

(28) 魂の観点からは、〝悪〟というものは存在せず、ただ未熟である、或いは不完全であるだけです。「地獄へ堕とされる」のは、生前の悪行に対する罰だ、というわけではありません。地獄で出会うおぞましい光景は、実は自分自身がアストラル界に創り上げた妄想なのであって、業火に焼かれるというような極度の体験によって低級な欲望を捨て去り、アストラル体から濃密なアストラル質料を取り除くためです。

(29) イタコ等によって交信できる〝霊〟。

興宗教の教祖たちが伝える〝神〟やチャネラーたちが交信する〝宇宙の偉大なる霊存在〟のほとんどは、この第5圏か第6圏の〝霊〟ですが、それでも一般の人たちよりはかなり霊的に進んでいるため、「教え」として有意義な部分がかなりあるのです。

しかし、〝グラマー〟[30]が知らず知らずのうちに入り込んでくるため、すべてを鵜《う》呑みにしないよう注意することが肝心です。

先ほども述べたように、死者はこれらの亜層のうち自分にふさわしいところに送り込まれるわけですが、『チベットの死者の書』にその選択のプロセスが描かれていると思われる箇所があります。

死後21日から49日目に体験するといわれる、三番目の〝バルド〟がそれです[31]。

ここでは転生する世界として、天上界・阿修羅界・人間界・畜生界・餓鬼界・地獄界の六つの世界があるとされ、これは一般的な仏教の輪廻転生観でもあります。したがって仏教では「悪いことをすると動物に生まれ変わる」というようなことがよくいわれるわけですが、これは秘教の説く魂の進化の考え方からはあり得ないことです[32]。

では、この矛盾をどう考えればよいのでしょうか。

ここで六つあるとされる世界は、〝ローカ〟という原語で表わされており、これはアストラル界層の最高亜層を除いた六つの亜層(〝カーマ・ローカ〟)を指す言葉と考えることができます。ということは、仏教で語っている「生まれ変わり」とは、次の肉体での転生のことではなく、死後のアストラル界での新しい生活のことをいっている、とも考えられるのです。

「動物等への生まれ変わり」は、経典でよく使われる象徴的な教えと解釈すべきではないで

(30) 幻惑された状態での、身勝手な解釈。

(31) 悟りに到る中間の存在状態という意味で〝中有〟等と訳されます。生あるうちもバルドの一つを体験していますが、死後は①チエカ、②チョエニと状態を変え、それまでに悟りに到らなければ、③シパ＝転生のバルドに送り込まれる、とされます。

(32) 第七章参照。

しょうか。

――アストラル界からメンタル界へ

アストラル界層の一つの亜層に入った後、その亜層の欲望を克服しより高い波動と共鳴できるようになった時には、この亜層を卒業して一つ上の亜層に進みます。したがってもし万一「地獄へ堕ちた」としても、そこから二度と這い上がれないということはありません(33)。アストラル界での経験の結果はアストラル恒久原子に波動として蓄えられ、もはやこれ以上アストラル界での経験が無意味になった時、恒久原子はメンタル界へと引き上げられアストラル体が分解して、メンタル界へと移行します(34)。

アストラル界及びその後のメンタル界の生活は、生前に獲得した経験を消化吸収するためのものです。後の再生誕のところで触れますが、その期間はケースバイケースでかなり幅があります。もっともアストラル界以上の界層では、私たちが経験しているのと同じ時間は存在しないので、物質界層で起きる転生等の現象から計算したものですが。

アストラル界では、想念によって思いのままに創造ができますが、アストラル界層の質料を用いるために多少不自由なところがあります。ところがメンタル界層では、より精妙なメンタル質料が用いられるため、思い描いたことが直ちに形となって現れます。さらにアストラル界層のように低級な欲望が存在しないため、自分が憧れていた最善にして最美のものに囲まれて生活できるわけで、この世界こそが諸宗教で描かれている〝天国(35)〟であり、彼の理

(33) 一般に死後の世界、特に下位の亜層が実際以上に悲惨に描かれているのは、生前に間違った欲望の世界に陥らないための教育的配慮だったのでしょう。

(34) 未熟な魂の場合、メンタル界への移行がなく、すぐ再生誕へと送り込まれることがあります。

(35) 〝デヴァチャン〟とも呼ばれます。

解力の限界のみがその世界の制約となります。

具体的には、生前に親しかった人たちと共に生活しますが、その人たちについて生前感じていた欠点はなくなり、長所のみが残り、さらにこうあって欲しいと思うことがそのまま実現します。

メンタル界層の七つの亜層は、先にお話したように低位と高位の二つに大きく分かれます。まず自分のレベルに合う低位のメンタル界の亜層に入り、そこを終えると恒久原子がコーザル体の中に引き上げられ、今度はメンタル体が分解されて、ついにパーソナリティーの器はすべて姿を消します。

恒久原子はコーザル体に移った後、休眠状態となります。これを〝プララヤ〟と呼び、完全なる平安に満たされる一方、学習もなく生への衝動も停止しています。再び魂が再生誕の時期を告げるまで、恒久原子は完全な休息を続けます。[36]

――死後の生活のまとめ

以上、人間は肉体が死んだ後もなお、これほど多くの世界に移り住むわけです。私たちは肉体を持っている間のみ「生きている」と信じてきましたが、実は私たちの生活の大部分が超物質世界の中で営まれているのです。[37]

このようなことから、「死というものは存在せず、ただ生命の状態の変化があるのみである」と考えた方が真実に近いと言えるわけで、そこから『チベットの死者の書』での〝バル

(36) プララヤに対して、低位の器を持って顕現している時期を〝マンヴァンタラ〟と呼びます。
この顕現と休眠が交互に訪れるのは、第二章でも見たように、生きとし生けるあらゆる生命体に存在する普遍的な時間的構造です。

(37) これも第二章で述べた、太陽系には見える惑星より見えない惑星の方がはるかに多かったことと対応します。
このように、人間と宇宙はいろいろなところで対応関係が見られます。

ド〃というような表現が生まれるのです。

また魂は死後、器＝体を一つ一つ脱ぎ捨てるにつれて、器とその界層の束縛から開放され、より大いなる自由を獲得するわけです。したがって、「死は本人にとって恐れる必要はなく、周りの人にとっても（必要以上に）悲しむべきものではまったくない」のです。

ただし、死後の生活とそれ以降の転生をよりよいものにするのは、そして魂の進化を決定するのは、今肉体を持って転生している期間中に私たちが何をなしたかによる、ということも、ハッキリと心にとどめておいて下さい(38)。

死そして死後の世界に関する研究は、すでに述べたホスピスや臨死体験の他にも、幽体離脱の研究(39)等によっても進められており、その内容がまた、様々な宗教の経典や『死者の書』の記述と符合していることが話題となっていることを付け加えておきます。

――再生誕を支配する法則

死の問題を一通り終え、次は新たな転生へ向けての再生誕の問題に話を進めたいと思います。「いつ、どこに生まれるか」という問題に影響を与える因子には次のようなものがあります。

▼進化の力――魂の進化のために可能な限りよい条件のところが選ばれる
▼カルマの力――前世までのカルマで許される範囲のところが選ばれる
▼魂が前世において作った愛または憎しみの絆の力――特別に強いつながりのあるところ

(38) 次章、〃カルマの法則〃。
(39) アメリカのモンロー研究所が有名です。日本では、不思議研究所の森田健氏等によって紹介されています。『不思議の科学』（角川書店）参照。

に引かれることもある。

▼時代の要求――その時の問題に対処することのできる魂が選ばれる

これらの因子が組み合わされて決定されるわけですが、魂の進化レベルに応じて最も強く影響を与える要因を三通りの法則に分類できます。すなわち、(40)

①魂が未熟な段階では〝進化の法則〟
②ある程度進化した段階では〝グループの法則〟
③進化した弟子たちでは〝奉仕の法則〟

これらの法則を簡単に説明しましょう。

①〝進化の法則〟――まず未熟な魂に関しては、メンタル界での滞在はほとんどなく、アストラル界での生活が終わると、トコロテン式に次々と転生に押し出されていきます。彼らには再生誕の場に関する選択の余地はほとんどありません。というのはどのような人生であっても、彼らの進化にとっては有意義な経験となるからです。(41)

②〝グループの法則〟――魂が成長するにつれ、転生を経て縁のある仲間とグループを形成するようになります。グループは多少の流動性がありますが、千人位の規模でいろいろな光線の魂によって構成されており、グループごとに特徴があります。この頃になるとメンタル界での滞在が増え、コーザル体の中に入った後はプララヤの状態でグループごとに休んでいます。惑星のロゴスは進化の大計画に基づき、その時代の問題に対処することのできる能力と知識とを備えたグループを選び、転生に入るよう指示を出します。それによってグループに属する魂は目覚め、転生への準備に移ります。(42)

(40)『マイトレーヤの使命』二五一～二五五頁。

(41) 彼らにとっての人生はやはり苦難の多いものですが、その中で少しずつ対処法を学び、魂が成長していくことによって、再生誕に関する選択の幅が増えてきます。

(42) 図表42に示された顕現している光線との関係で、現在転生している魂の大多数は第2・3・5・6光線ですが、第6光線は急速に後退しつつあり、代わって第7光線が流入してきていますから、それに伴い第6光線に代わって第7光線の魂が増えてきています。

特に密接な関係のある魂同士は例えば、ある転生では親子、次の転生では親友、その次は兄弟、その次は夫婦というように、いわば近親相姦的に生まれ変わります。この頃には〝親を選んで生まれてくる〟ようになりますが、その時の基準はまず自分と親の進化段階の関係、次に光線構造や社会における位置で、両親の生活様式等はあまり考慮されません。

③〝奉仕の法則〟――進化の最終段階に近くなると、プララヤに浸ることなく非常に速やかに転生に舞い戻ってきます。彼らはすぐに社会に奉仕でき、またそれによって自らの魂をさらに進化させる機会を見出すことができるので、自由意志で意識的に転生を選択します。その時、最適な機会が選べるよう、大師方の協力を仰ぐこともあります。

――受肉へのプロセス

次に、プララヤの状態で休んでいる魂に転生への召集がかかった時、魂のとる行動を順を追って説明していきますが、その前に「魂にとって物質界に降りてきて転生することは、魂自身の奉仕への意志のもとに行われる大きな自己犠牲である」ことを頭に入れておいて下さい(43)。

図表49に示されているように、

①まず、メンタル単位が活気をおびて働き出し、その周りに磁力によって低位メンタル質料よりなる〝鞘〟を引き寄せます。

②次に、アストラル恒久原子が同様に働き出し、周りにアストラル質料よりなる鞘を引き

(43) これは〝アダムとイブの楽園からの追放〟にあたります。第七章参照。

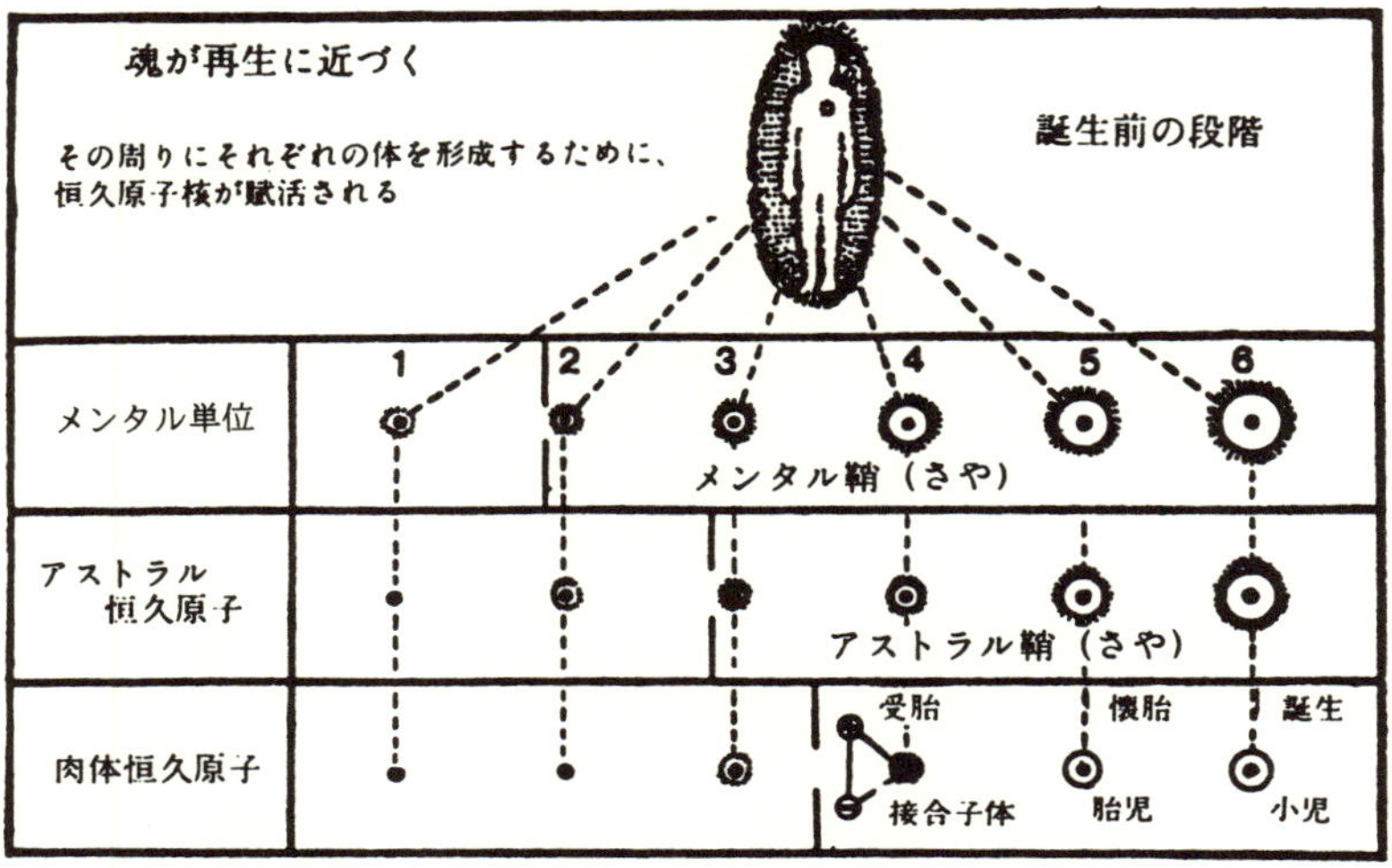

図表49　再生が近づいている魂（E・N・ピアースン『神智学の真髄』より）

寄せます。

③その後、物質恒久原子が働き出し、エーテル体の素材となるエーテル質料を引きつけ始めます。

④以上で肉体が登場する準備が整い、ここで〝選ばれた両親〟が登場して、その生殖細胞同士の結合によって新しい遺伝子がつくられます。

⑤それから懐妊・出産へと続きます。

このようにして、人は恒久原子の働きによって、その前の生で死んだ時に達成した正確な到達点から次の転生を始めます。それゆえ、魂の観点からみて人生で為すことに一つとして無駄なことはなく、すべての魂が平等に扱われるわけです。

④のところで、遺伝子が登場しますが、これと恒久原子との関係に疑問を持たれた方がいらっしゃると思います。実は肉

体の場合その特殊な性質上、恒久原子は肉体には直接影響を与えることができず、その代わり遺伝子を通して肉体に影響を与えるのです。

遺伝子の研究も近年非常な勢いで進んでおり[44]、ガンをはじめとする様々な病気の原因や個人のルーツ等が遺伝子から解明されてきておりますが、ではなぜ、両親の遺伝子からその人の遺伝子の組み合わせが選択されたのかに関しては、謎に包まれたままです。

この点に関して秘教では、遺伝子＝ＤＮＡにおける選択を決定するのは、〝偶然〟ではなく、物質・アストラル恒久原子そしてメンタル単位およびその背後にある魂だと伝えているのです。これらによって、前世の最終地点での〝波動率〟が伝えられることになります。

しかし肉体において、その人が前世と同じ容姿で現れるということではありません。似ている場合もありますが、一般に認められているように、両親の肉体的特徴を強く受け継ぎます。それは選択が、両親の遺伝子の持っている可能性の範囲内に限られるからです[45]。

魂はカルマ全体の中からその転生において解消すべきカルマを選びだし[46]、三つ[47]の目的・目標をその人生に定め、それを考慮に入れて諸体がつくられます。第四章で触れた諸体の光線を選ぶのも、魂です。

また、これらの目的にしたがって、性別や寿命も決められます。

――妊娠から出産・誕生へ

〝死〟からはじめた本章後半の死後の世界の話も、ようやく終着点近くまできました。残さ

(44) 〝人ゲノム計画〟等

(45) 両親が選ばれる時に、もし生まれてくる魂の恒久原子の条件に合わせて、その両親の持つすべての遺伝子の条件が決まっているというメカニズムであったとすると、そのような両親を捜し出すのは不可能になってしまします。
　したがって、恒久原子と両親の遺伝子には、緩い対応関係があるのでしょう。それゆえ肉体は、個人の恒久原子・魂と両親との合作になると考えられます。

(46) 〝熟したカルマ〟といいます。

(47) 弟子たちの場合は四つの時もあります。

れたのは誕生の直前の時期、母親の立場からいうと妊娠から出産までの時期です。
先の話からも分かるように、卵子が受精する場合、普通は背後に恒久原子が存在します。子宮内にまずエーテル体が宿り、そのエーテル体が鋳型のような働きをして肉体の胎児が育っていきます。

流産の原因には、もちろん事故等もありますが、その背後に恒久原子―魂がいないことが多いようです。たとえ受精して胎児が育ってきたことが確認されたとしても、その受精卵は母親の想念によって支えられているもので[48]、魂との結びつきがないため、その肉体は本当には生きていないのです。

両親に望まれて生まれることは、その子の魂にとって非常に重要なことです[49]。

魂は受精後四週間目ごろに〝生命の糸〟を降ろし、四か月ごろにはつながりを一層強めて胎児を活性化させます。胎動が初めて感じられるのは、この時です。

胎児のエーテル体および肉体の質料は母親から摂取されるため、母親の食物には充分な注意が必要です。また胎児のアストラル体やメンタル体に最も影響を与えるのは母親の感情および思考生活ですので、できるだけ清らかで落ちついた日々を過ごすことが望まれます[50]。

誕生に関する調査研究は、死の研究と並んで重要かつ興味深い分野ですが、その実体験をしてくるのが赤ちゃんであるためすぐに話を聞くことができず、また言葉がしゃべれるようになるころには記憶が消えてしまうため、信頼できるデータが取りにくいという難点があります。

しかし中には誕生やお母さんのお腹の中にいた時の記憶がある、という人がいます。また

(48) 受精のない想像妊娠とは別です。

(49) 堕胎は決して勧められることではありませんが、望まれずに生まれるよりよい選択肢である可能性はあります。

(50) 母親の心掛けによっては、胎児の恒久原子に蓄えられた好ましからざる因子も発芽しない可能性があります。
それゆえ胎教には大きな価値がありますが、愛情が基本であり、頭で考えてあまり神経質になるとかえって害があります。

催眠術をかけ、過去に逆上っていくことにより、その頃の記憶を語らせることもできます[51]。

それらの話の中には、産道を通る時の苦しみ等、出生時に大きな苦しみを味わったことが、トラウマ[52]となって後々の問題を生じる原因となる、という主張をする人たちもいます。もちろんそのような苦しみはない方がよいわけで、できるだけ自然な分娩が勧められるのは当然でしょう[53]。

前世は知らなくてよい

退行催眠をさらに続けると、今度は前世を語るようになるといいます[54]。

この世で起きたすべての出来事を記録している〝アカーシック・レコード〟と呼ばれるものが、確かに存在します[55]。

しかし、本当のアカーシック・レコードに触れることができるのは、節制した生活を送って心身を浄化し、資格を得たごく僅かな人に限られます。それ以外の人の語る情報は、下位の界層に映った影を見ているのであり、グラマー＝危険な誤解に満ち満ちています。

一般に出回っているチャネリングやリーディングによって得られた情報は、すべてと言ってよいくらい、この誤解に満ちた情報ですので、正しい識別力がつくまでは遠ざけておいた方が賢明でしょう。

人は誕生する時、新しい人生の目的のために新鮮なスタートが切れるように、過去生の記憶が消されて生まれてくるのです。またそれは、本当に知るべき段階がくれば自然と知らさ

(51) 〝退行催眠〟。

(52) 心の底に残る傷。

(53) 自殺者や犯罪者の出産時の状況を調査した研究によると、両者の間に明らかに有意な関係があるようです。天外伺朗著『宇宙の神秘　誕生の科学』一〇四～一一八頁。

(54) 病気の原因が解明できない時、その原因を前世に求めて治療する〝前世療法〟は一時話題になりましたが、現在その研究者たちの多くは「退行催眠で出てくる過去世と本人との関係は明らかでない」という立場をとっています。

(55) それは非常に高位の界層に存在し、その影がメンタル界やアストラル界に映っています。

れることなので、過去世の情報はあえて求めるべきものではありません。

個人的な情報は特に魅力に満ちたものに感じられがちですが、体系的な知識を身につけて、節度ある接し方を学ぶべきだと思います。

死から再生誕への全プロセス

以上、「死から再生誕へのプロセス」を概観してまいりましたが、本章の最後にもう一度、全体を通して振り返っておくことにいたします。

図表50をご覧下さい。左下が生前の状態です。(56) 肉体の死に際して、直ぐ右にあるように、〝エーテル殻と物質殻〟が脱ぎ捨てられ、肉体恒久原子は休眠状態に入って、一つ上の状態になります。

同様のことが二回繰り返され、コーザル体内ですべての恒久原子が休んでいる状態が、プララヤ（天国）です。

再生誕への召集がかかると、今上ってきたのと逆のプロセスが始まります。まずメンタル恒久原子が働き出し、メンタル質料が集められます。同様に二回繰り返され、肉体をまとう準備ができて、誕生となります。

図表51には、「肉体の遺伝子による遺伝」と「魂～恒久原子による遺伝」の二重構造が示されています。

上のAの段には、B→Cという親子間での、肉体の遺伝が描かれています。

(56) 肉体が一番外側に描かれています。

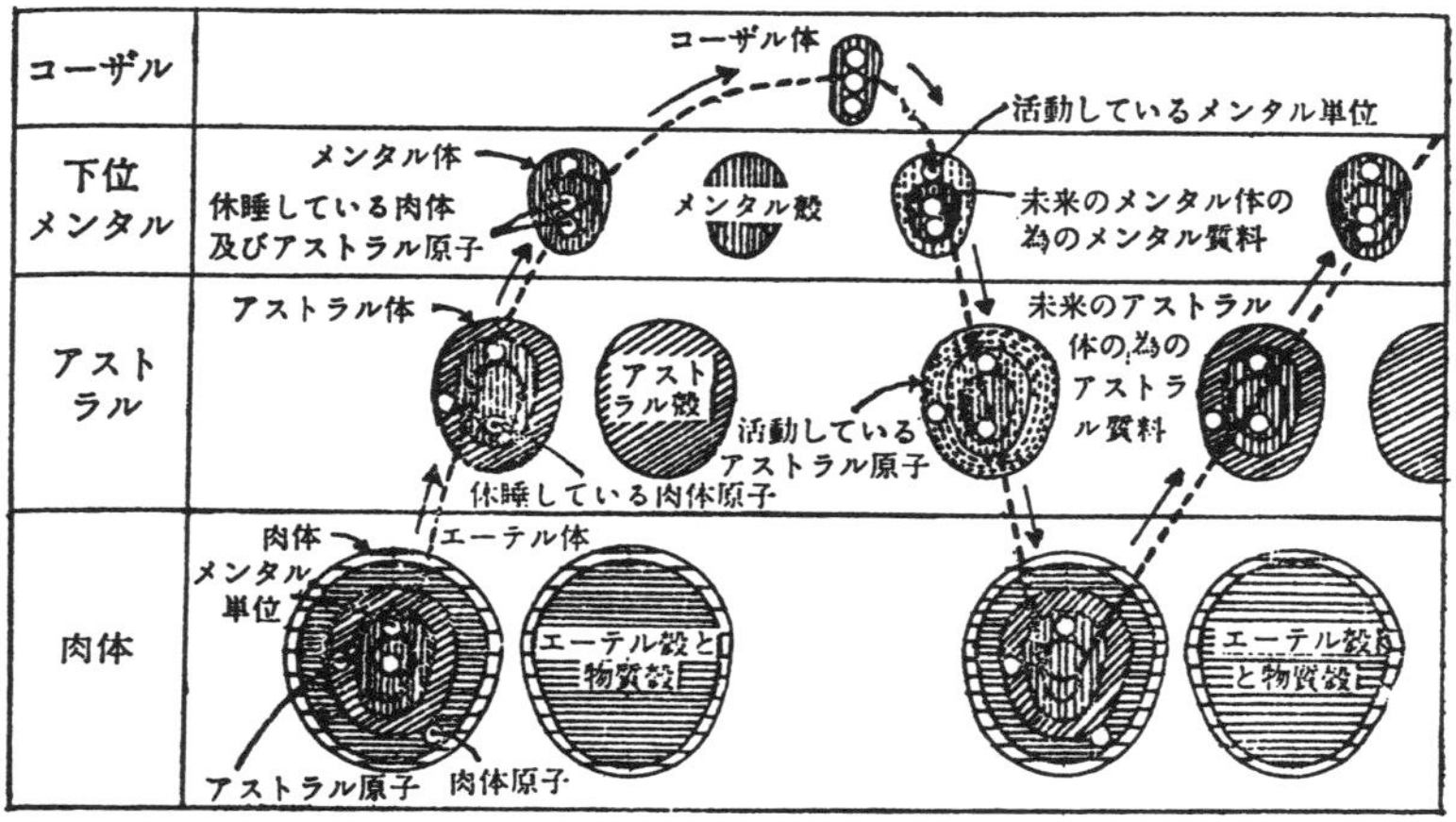

図表50　生まれ変わりのサイクル（A・E・パウエル『神智学大要』第4巻、たま出版刊、より）

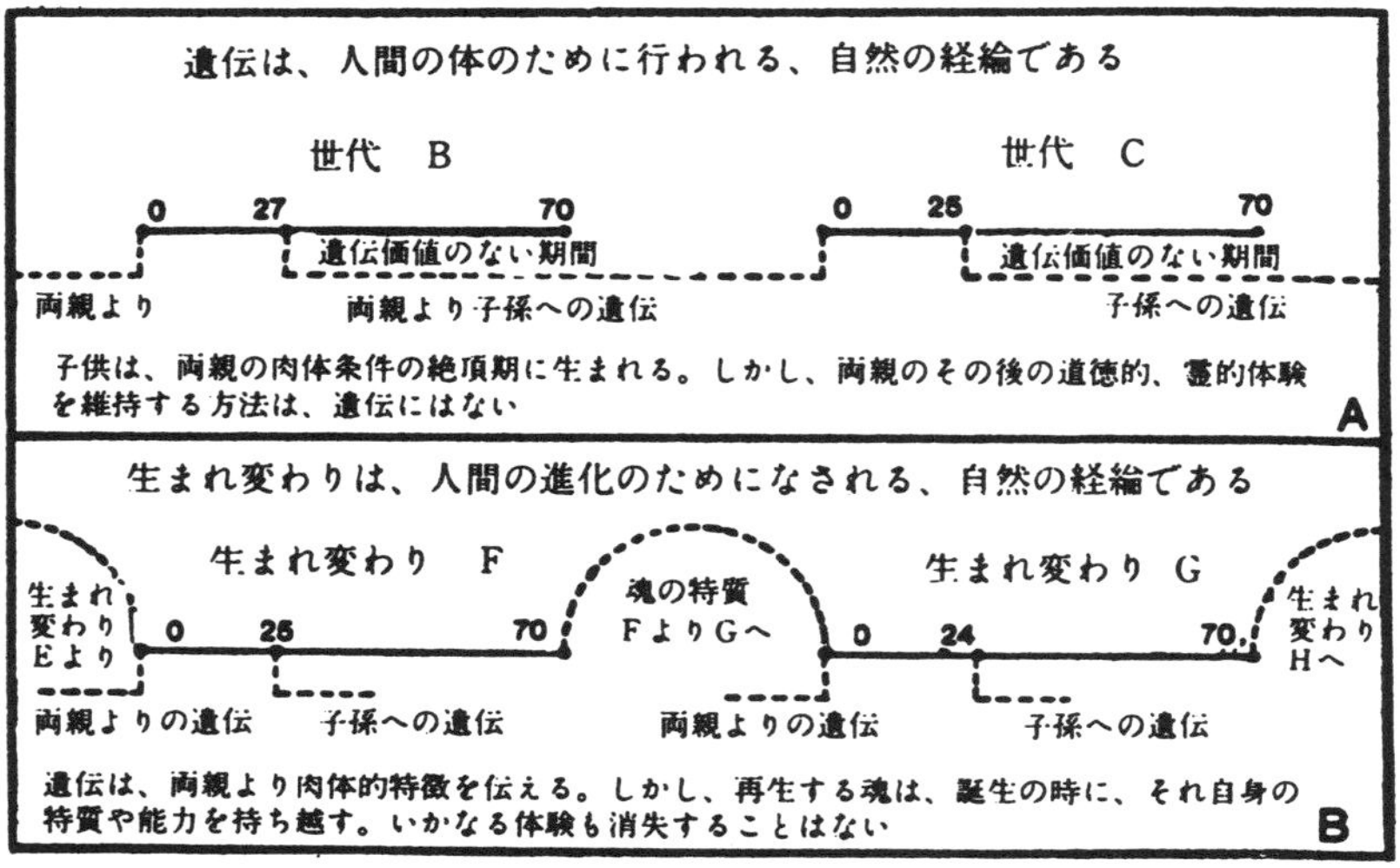

図表51　遺伝と生まれ変わり（E・N・ピアースン『神智学の真髄』より）

下のBの段には、F↓Gという同一の魂の隣接する二つの転生間での、波動（情報）の遺伝が描かれています。

この時、進化も二重に進行していることに注意して下さい。すなわち、魂は魂で進化すると同時に、肉体は肉体で進化していっているのです。

以上が、秘教の説く「死から再生誕へのプロセス」です。これも第二章の〝宇宙論〟と同様、最新の情報まで含めて、今までの宗教～科学にわたる知見をすべて整合的に説明できる美しいモデルであることを、論理的に納得していただけたことと、期待しております。

第六章◎エネルギー・システムとしての人間、そして人生

前章では、人間の構造のうち通常では目に見えない界層に存在する高次の体について説明し、その観点から〝誕生と死〟を検討することにより、人間にとって最大の問題に新しい光を当てることができる、というお話をいたしました。

本章では、それらの見えない界層の体の内部をもう少し深く探っていって、そこに存在する〝エネルギー・システム〟を調べ、その観点から、〝人生〟すなわち肉体が生をもってこの世で活動している期間の活動がどのように捉えられるかを、考えてまいります。

人生のすべての活動が、ことごとくエネルギーによって説明できるということを感じとっていただければ、と思います。

人間の構造（2）

——宇宙から流入するエネルギーと占星学

本書のテーマの一つとして、「宇宙全体を統一的なエネルギー・システムとして捉える」という課題を設定いたしましたが、前章ではその話には触れませんでしたので、第四章までにお話したエネルギー・システムに関する話の復習から、入っていきましょう。

第三章でお話した図表32の「太陽系に流れ入るエネルギーの主要なセンター」を、もう一度ご覧下さい。この中のⅠの1〜3やⅣのような、はるか遠くの宇宙の星々から発せられたエネルギーが、私たちの太陽系に向かい、惑星を経て地球に到達し、個人や人類全体の活動に非常に大きな影響力を与えている、というお話をいたしました。

その際、私たち人間の側のエネルギーの出入口になっているのが、この図表のⅢの2に書かれております「人間のエーテル体にある七つの〝力の中心〟（Force Centre）」、古来インドで〝チャクラ〟と呼ばれてきたものです。

宇宙からの光線＝エネルギーは、このエーテル体にある七つの力の中心を通して人間の肉体内に取り込まれ、それが活力となって行動がおこされ、その総和が人類の歴史を作っていくのです。非常に大きな時空間の視点から見ると、この時の人間の活動は一種の化学反応、あるいは遠隔制御されたロボットのように見えることでしょう。(1)

その活動を制御・支配しているものが〝太陽ロゴスの大計画〟でした。太陽系外から来るエネルギーは、この太陽ロゴスの大計画に基づく惑星ロゴスたちの活動によってコントロールされ、地球、そして人類に流入してきます。第四章でお話した図表43「人類との関係において考慮しなければならない光線」は、その具体的内容を表すものと考えられます。

しかし、視点を人類に近づけて細かく観察してみると、その活動は百％完全にコントロールされているわけではなく、許された範囲での〝ゆらぎ〟(2)があることが分かります。それを生み出しているのが人類に与えられた〝自由意志〟であり、そこにまた、苦悩し成長していく人間の姿があるのです。(3)

以上のことから、占星術の存在する根拠が理解できると思います。秘教では、現在は非科学的な迷信であると一般に考えられている占星術が、実は〝占星学〟と呼ぶべき厳密な科学であり、来るべき時代においては非常に重要な位置を占めるようになるといわれています。(4)

ただし、そのような厳密な占星学はまだ存在しないことも、また事実です。その最も大きな要因は、現在行われているホロスコープはパーソナリティーの占星学に相当するものであり、その他にまだ人類に知られていない〝魂の占星学＝秘教占星学〟(5)と呼ばれるものが存在して、その両方を考慮しなければ正確な計算ができないからです。

人間が生まれた時の特定の星座（宮）や惑星のエネルギーは、その人のパーソナリティー

(1) 例えば、ある人が怒りを覚え行動する時、それはアストラル・エネルギーに反応しているのです。

(2) 自然界の物質界層レベルで普遍的に観察される〝1／fゆらぎ〟に対応するものでしょう。

(3) この人間の姿と同じものを、私たちは自分の身体を構成している細胞にみることができます。私たちの意志・意識とは無関係に行われているように見える細胞の活動も、それを取り巻き流れ込んでいく体液の性質を考えると、その人が摂取した食物や呼吸、その人の感情等に影響を受け、大きくは私たちの意志・意識に支配されているといえるわけです。

細胞にとっては私たち人間が神、ロゴスであるわけです。(『マイトレーヤの使命』Ⅲ、三五六頁)

細胞にも自由意志があり、〝アポトーシス〟と呼ばれる自殺を行うこともあります。またガン細胞化することもあります。一つの細胞の力は僅かなものですが、しかしその状態の如

の特質、生活、抱えている問題と関係を持っています。その関係は、魂が進化していない段階では非常に強く、〝支配されている〟といってもよいほどのものです。したがって、レベルの高い占星術師に見てもらうと、多くの人は驚くほど的中していると感じるわけです。

しかし、進化するにつれてパーソナリティーと魂の結びつきが強くなり、魂からのエネルギーによりパーソナリティーに入ってくるエネルギーを相対化することができるため、自由意志を発揮して人生のシナリオを自分の力で変えていくことができるようになります。

エネルギーを伝える網状組織

次に、外部からのエネルギーは実際にどのようにして私たちの肉体に運ばれるかを、具体的にもう少し突っ込んで述べて見たいと思います。

宇宙には、エネルギーを伝えるための網状組織が張り巡らされています。物質界層においては、実はエーテル体がそのための組織なのです。個人のエーテル体は、孤立し分離したものではなく、〝人類全体のエーテル体〟の不可分な一部を構成しており、その全体が〝惑星エーテル体〟の不可分な一部を構成しています。同様の関係が順に繰り返され、〝太陽エーテル体〟、さらに、より大きな宇宙存在のエーテル体へとつながっているのです。(6)

このような大きなエーテル体のつながりを感じられた人が、「宇宙即我」(7)というような言葉を発するのでしょう。

今個人から宇宙へと視野を拡大＝ズーム・ダウンしていったものを、再びズーム・アップ

何によって、全体としてのロゴスの計画＝人間の人生に重大な影響を与えることもありえます。同様に私たちも、自由意志を決して粗末に扱ってはいけないのです。

(4) 占星術に限らず、易等の占い、また最近一般にも知られるようになったOリングテストをはじめとするキネシオロジー等は、エネルギー的な観点からみてある程度正当な存在理由――共鳴現象等――を持っていると考えられます。

(5) ジュワル・クール大師がA・ベイリーを通してその概要を同名の著書で紹介しています。

(6) 『トランス・ヒマラヤ密教入門』Ⅲ二一九～二二〇頁。原典は "Esoteric Astrology" P9～14。これは、アストラル以上の界層でも同様と考えられます。

(7) 合気道創始者・植芝盛平氏の言葉。同様の言葉は、歴史上様々な分野の人々が語ってきました。

して、個人のエーテル体を観察してみましょう。

エーテル体は先ほども申したように網状組織ですから、線と線が互いに交差する点が多数あります。その中には、多くの線が流れ込んでいる中継の〝センター〟と呼べるようなものが存在します。(8) センターの中にも、主要なものから副次的なものまで多数あり、そのうち特に重要なものが、頭部内から脊柱上に並んだ七つの主要なセンター＝チャクラなのです。(9)

エーテル体をズーム・アップ&ダウンした時、第二章図表17で示したフラクタル幾何学のマンデルブロー図形等のように、より大きな空間にもより小さな空間にも、相似の構造として無限につながっていくと考えられます。宇宙を〝マクロ・コスモス〟というのに対し、人間を〝ミクロ・コスモス〟と呼ぶことも、(10) ここから出てくるわけです。

また第三章および第七章で述べておりますが、秘教ではチャクラも例の〝7〟でつながれた普遍的な構造であると語られていることと併せて、イメージしてみて下さい。(11)

チャクラの構造と機能

ではチャクラについて、まずその形から見てみましょう。

チャクラとは「光の輪」という意味です。仏像でよく、頭頂部が大きなコブのように盛り上がっているものがありますが、これは頭頂の〝サハスラーラ・チャクラ〟が完全に開花している状態を表しています。(12)

チャクラはまた、よく〝ハスの花〟に喩えられます。光が出ているのは、この花の部分か

(8) 中国医学の経絡は網状組織の一部、ツボ＝経穴はセンターに当たります。

(9) ここでは七つの主要なセンターのみを、他のセンターと混乱しないよう〝チャクラ〟と呼ぶことにします。

(10) ギリシャ初期のデモクリトスにみられ、プラトン派の人たちも好んで使っていました。

(11) 同様の相似構造は肉体にも反映していると考えられ、中国医学やリフレクソロジーで〝耳〟や〝足の裏〟等に焦点を当てた治療に用いられているのも、興味深いことです。

前章で述べたように、エーテル体と肉体の関係でいうと、エーテル体の方が肉体に先立って存在します。つまり、まずエネルギーの場ができ、次にエネルギーのより凝縮した形態である肉体が生まれます。

これは、あらゆる存在において、またあらゆる界層において普遍的なメカニズムであると推測されます。

(12) 各宗教の絵や彫刻で頭のま

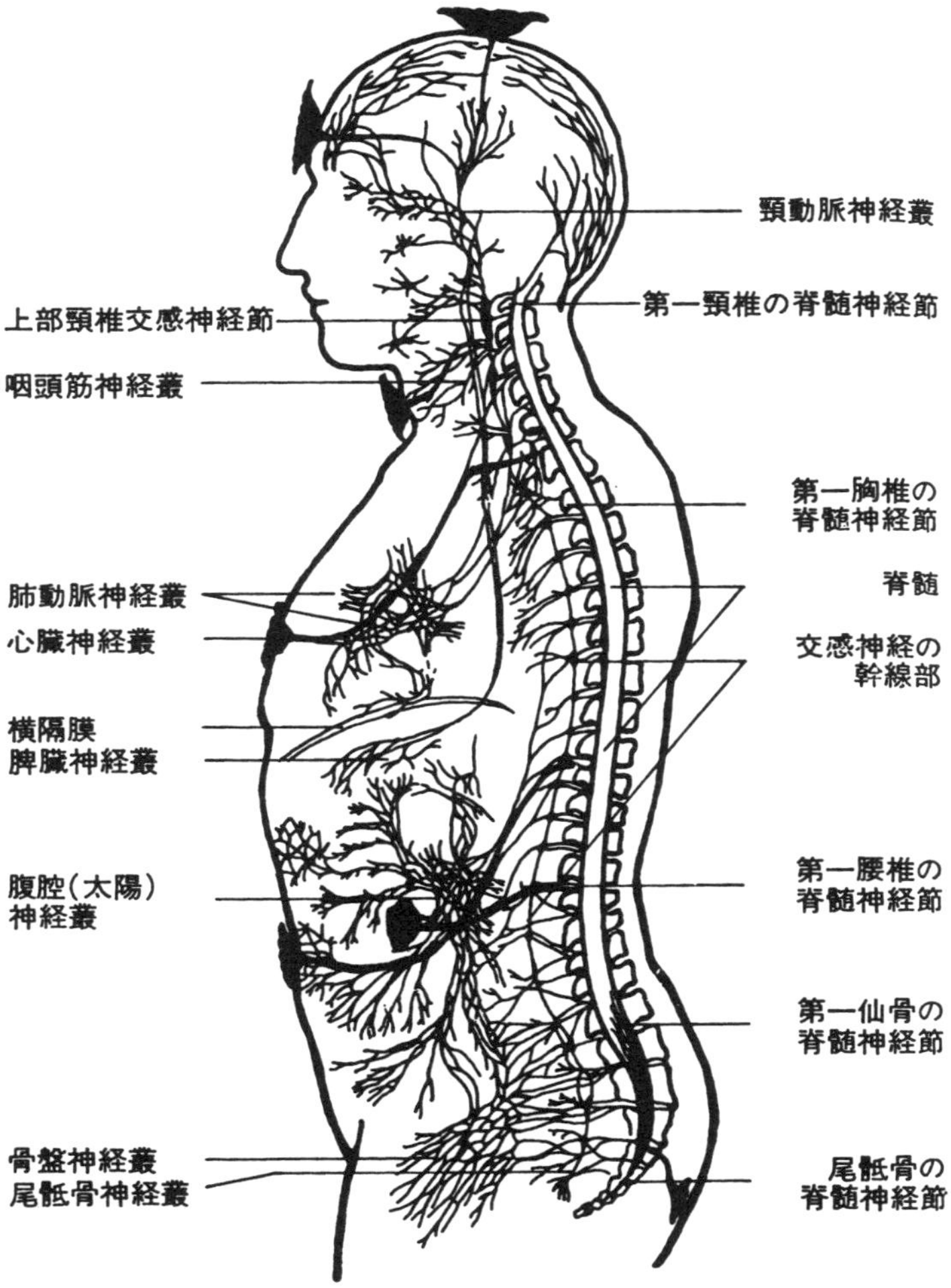

図表52　チャクラと神経系（C・W・リードビーター『チャクラ』平河出版社刊、より）

わりに描かれている輪や光の線は、霊的に進化した人の頭頂のチャクラから輝き出ている光の様子を表しています。その他、眉間や胸等のチャクラから光が出ているように、描かれた絵もあります。

らです。そしてこの花の花弁の枚数が各チャクラで異なっています。またチャクラには花の他に、根と両者をつなぐ茎の部分があります。根は、脳から脊柱上に位置しています(13)（図表52）。

次に、チャクラの機能についてみてみましょう。

すでに述べたように、チャクラにはエーテル体の多数の網状組織が集まっています。エーテル体内でエネルギーが流入し流出していく主要なポイントになっているわけですが、さらにチャクラが他のエーテル・センターと異なる重要な点は、アストラル以上の界層とのエネルギーの交流を行うセンターにもなっている、ということです。

界層が異なると、そこで流れているエネルギーのレベルが異なります。より高位の精妙な界層には、より高いレベルのエネルギーが流れています。

アストラル界層およびメンタル界層を調べてみると、エーテル体のチャクラと重なる位置に、アストラル体およびメンタル体のチャクラが存在します。それによって、チャクラがちょうど〝発電所の変圧器〟のような役割を演じ、高位の界層の高度なエネルギーを低位の界層の低いエネルギー・レベルに下げることが、可能となります。実際そのようにして、隣り合った界層間のエネルギー伝達が行われているのです(14)。

花と根は、それぞれ後に述べる違った種類のエネルギーに関与しています。花は太陽より飛来する〝プラーナ(15)〟を吸収します。一方根は、地球の中心から来る〝クンダリニー(16)〟を吸収します。そのエネルギーは茎を通って花に送られ、プラーナと混ぜ合わされて(17)〝人体磁気〟とも呼べるものに変成するとともに、その時に発生する圧力にしたがって放出されます。

(13) リードビーターの絵では〝脾臓のセンター〟が描かれておりますが、A・ベイリーをはじめ多くの文献では、それに代わって仙骨1〜3番に根を持つスワディスターナ・チャクラがあげられています。リードビーターは、仙骨のチャクラは性的エネルギーと関係があり危険性があるため、故意に外したようです。

しかしA・ベイリーは、脾臓のセンターはプラーナを吸収・分配する役割を持っているが、現在の人類では完全に機能しており、進化のための主要なセンターとしての役割は終わったと述べています〈『パタンジャリのヨガ・スートラ』29節〉。センターもこのように、人類の進化（根人種）とともに変化していくのでしょう。第七章参照。

(14) 高圧電流をいきなり家庭に流したら大火事になってしまいます。途中何段階かの変圧器を経て百ボルト程度に下げて使用するのと同じです。その際、家庭用器具に当たる諸体が、チャクラの開花に見合って調整されていないと、やはり問題が生じることになります。

――個人のエーテル体へのエネルギー流入の経路

ここでこれまでお話した、私たち人間が活動を行うためのエネルギー伝達の経路を、もう一度整理しておきましょう。

人間の活動というのは、最終的には肉体を通して行われるわけです。(18) その肉体の活動のエネルギーは、エーテル体から供給されます。したがってすべての活動のエネルギーは、エーテル体を必ず通ります。

私たち個人のエーテル体に至るエネルギーの経路は、主に次の二つに分けられると考えられます。

①より大きな存在のエーテル体から、個人のパーソナリティーの占める固有な領域である〝個人のエーテル体〟に流れ込んでくるルート

②個人のアストラル界層のチャクラから、エーテル界層のチャクラにレベルを引き下ろされて流れ込んでくるルート

②のアストラル界層のチャクラに流れ込んでくるエネルギーのルートも、界層を一つ上にズラしただけで同じく二種が考えられ、これはさらに上の界層まで同様に続くと考えられます。(19)

そこで今度は向きを変えて、宇宙から私たち人間の肉体への、②のルートでのエネルギーの流入を考えてみましょう。

(15) 男性的エネルギー。

(16) より広い概念としては〝シャクティー〟ともいう女性的エネルギー。それゆえ、〝母なる大地〟という言葉があるのでしょう。

(17) 気功でいう、〝天の気〟と〝地の気〟の混合。

(18) 精神的な活動も、科学者が考えているように、確かに肉体脳で行われています。

(19) 第四章図表37に描かれているアストラル界層とメンタル界層の間の横の連絡口に当たるメインのものは、チャクラだと考えられます。

宇宙には、第二章図表13に示したように、太陽系内には存在しないような高次の界層が存在します。したがってそこには当然、私たちが扱うことのまったく不可能な、高度なエネルギーが流れているわけです。

そのような宇宙からの高度なエネルギーが、ロゴスやハイアラーキーによって人類が何とか扱えるところまでレベルが下げられた時、私たちの有するチャクラの出番が到来します(20)。

パーソナリティーでは、高位メンタル界層に達したエネルギーがメンタル体のチャクラによって、低位メンタル界層に下ろされます。さらに同様にアストラル体・エーテル体のチャクラによっても、一つずつ下の界層にエネルギーが伝えられます。

その時に、上の界層から下の界層にどれだけエネルギーを伝えられるかに係わっているのが、〝チャクラの開花の度合い〟なのです。

現在の人類の進化の状況では、大半の人が宇宙からの高度なエネルギーをほとんど使えず、そのままはね返してしまっており、ごく少数の〝チャクラの開かれた人〟のみが、この高度なエネルギーを活用し、それによって人類に大きな影響力のある仕事を行っているのです(21)。

イニシエーションとチャクラ

ここから、イニシエーションとチャクラの間には関係があることが推測されます。しかしその話をする前に、個々のチャクラの性質をある程度知っておかなければ、具体的なことがお伝えできませんので、表に簡単にまとめることにいたします（図表53）。本書では詳しく説

(20) その時のルールが、図表32および図表43でした。

(21) 偉人・天才と呼ばれてきた人たちは、当然その中に含まれるはずであり、第四章で述べたように、彼らは同時にイニシエーションを受けた人たちであったわけです。

図表53　チャクラとその位置／機能／界層／光線／イニシエーション等との関係

名称*	サハスラーラ	アジュナ	ヴィシュッダ	アナハタ	マニピュラ	スワディスターナ	ムーラダーラ
位置	頭頂	眉間	咽喉	胸部	鳩尾**	仙骨	脊椎基底
花弁数	972	96***	16	12	10	6	4
機能	意志 霊性	知性 統御	浄化 創造	愛情 奉仕	情 意欲	精力 生命	支持 意志
界層	モナド	高位メンタル	低位メンタル	ブッディ	アストラル	物質	アートマ
内分泌腺	松果腺	脳下垂体	甲状腺	胸腺	膵臓	性腺	副腎
光線	1	5	3	2	6	7	4
イニシエーション	3～4	3で完全	1～	2～	1まで	1まで	3～4
王国	太陽	惑星	ハイアラーキー	植物	動物	人間	鉱物
感覚		視覚	聴覚	触覚	味覚		嗅覚
霊能力	継続意識	霊視力	霊聴	読心			クンダリニー

注)*：サンスクリット名　　**：太陽神経叢　　***：２翼

明している余裕はありませんし、またいきなりお話ししても頭に入るものではありませんので、まずはよく表を眺めて下さい。

七つのチャクラのうち下の二つは主に肉体に関係して活力を与え、次の二つはアストラル体に関係して感情エネルギーを伝え、続く二つはメンタル体に関係して知的エネルギーを伝え、そして一番上のチャクラが魂→モナドに関係して高位のエネルギーの伝達に係わっています[22]。

では、イニシエーションとチャクラの関係の話に入りましょう。チャクラは魂の進化とともに次のような順で覚醒していきます[23]。

①まず最初の段階においては、太陽神経叢以下の三つのチャクラしかほとんど機能しておらず、それらの働きによって単純な行動へと活気づけられます。

②今日の平均的な人々は、太陽神経叢のチャクラが主要な働きをし、上位のチャクラへのエネルギーの伝達を始めています。

(22) アートマは物質に、ブッディはアストラルに、コーザルはメンタルに対応します。

(23) 『トランス・ヒマラヤ密教入門』Ⅰ、一〇〇～一〇一頁。原典は"Esoteric Psychology Ⅱ" P521～522。

③第1段階のイニシエーションにおいて仙骨のチャクラの性エネルギーが喉のチャクラへと持ち上がり始めます。また胸のチャクラも活性化し、それらに魂のエネルギーも流れるようになって、創造的活動が盛んになります。

④喉と胸のチャクラが支配的になると、それらから眉間のチャクラにエネルギーが流され、人は〝統合されたパーソナリティー〟となります。魂は眉間のチャクラをも刺激し始めます。

⑤さらに進むと、人は二重のエネルギーの流れによって活気づけられるようになります。すべてのチャクラから頭へ上昇してくるエネルギーと、魂から頭頂のチャクラを経由して下降するエネルギーです。

⑥第3段階のイニシエーションで眉間のチャクラが、そして第4段階で頭頂のチャクラが完全に開花するようになります。

七つのチャクラの存在する位置を肉体上で調べてみると、七つの主要な内分泌腺が存在しています。内分泌腺は、その状態が生理的・心理的状態と非常に密接に関係することが次第に明確になり、近年その重要性が医学界でも再認識されてきている組織です。これに関しては、後ほどまた触れることにします。(24)

これらの内分泌腺は、実はチャクラの肉体上の対応物であり、相当するチャクラから肉体に〝プラーナ〟＝生命エネルギーを供給する窓口になっているのです。

チャクラの状態はイニシエーションに関係していますから、内分泌腺の状態を調べることにより、その人の進化段階の目安をつけることが可能となります。(25)

(24) アドレナリンやノルアドレナリン、エンドルフィン・ドーパミン等の働きは、『脳内革命』（春山茂雄著、サンマーク出版）等で、一般にもよく知られるようになりました。
内分泌腺の活動とその分泌物は、まず第一に心理的な面に作用し、二次的に肉体的に影響を与えます。

(25) 平均的現代人は、松果腺と胸腺はまだほとんど機能していないことが、解剖学的にも確認されているようです。

ナディ

チャクラに関連する、目に見えない次元の構造をもう少しお話しましょう。

脊椎の真ん中には脊髄液が流れております。これが毎分十二拍くらいのゆっくりしたリズムを刻んでいることが最近確認され、生体を維持する最も基本的なリズムなのではないかという説が出されました(26)。

その脊髄液の流れにあたる位置のエーテル界層には、〝スシュムナ〟といわれる〝ナディ(=脈管)〟が存在し、その中にさらにアストラル/メンタルに対応する〝チトリニ/ブラフマ〟と呼ばれるナディが流れています。

またチャクラとスシュムナの周りには、〝イダー〟と〝ピンガラ〟という二つのラセン状のナディが交差するように取り巻いています。イダーは女性的な相で、これが活性化すると感情のコントールが容易となり、ピンガラは男性的な相で、これが活性化すると精神のコントールが容易となって、低次元の欲求を抑えられるようになります。

その両者が開かれた後でスシュムナが活性化し、それによって純粋に霊的エネルギーを上の界から受ける道が開けます。図表54の(a)(b)(c)はその過程を示しています。

第3段階のイニシエーションを受けると、すべてのナディが魂の界からのエネルギーのための純粋な回路として開きます。

頭頂のチャクラが充分に活動を始め魂からのエネルギーを受けるようになると、眉間のチ

(26) 心身の状態に異常を来すとこのリズムが崩れるといわれ、それを調整する〝頭蓋仙骨療法〟と呼ばれる治療法が存在します。
地球でもちょうどそれに対応するように、南極と北極の間を結ぶ約二千年周期の〝深層海流〟が見つかりました。そしてこの深層海流は、地球の温暖化によって数十年先にはそれが途絶えてしまうのではないかと心配されており、そうなると予測もつかない異常気象が起きる可能性があると指摘されています。

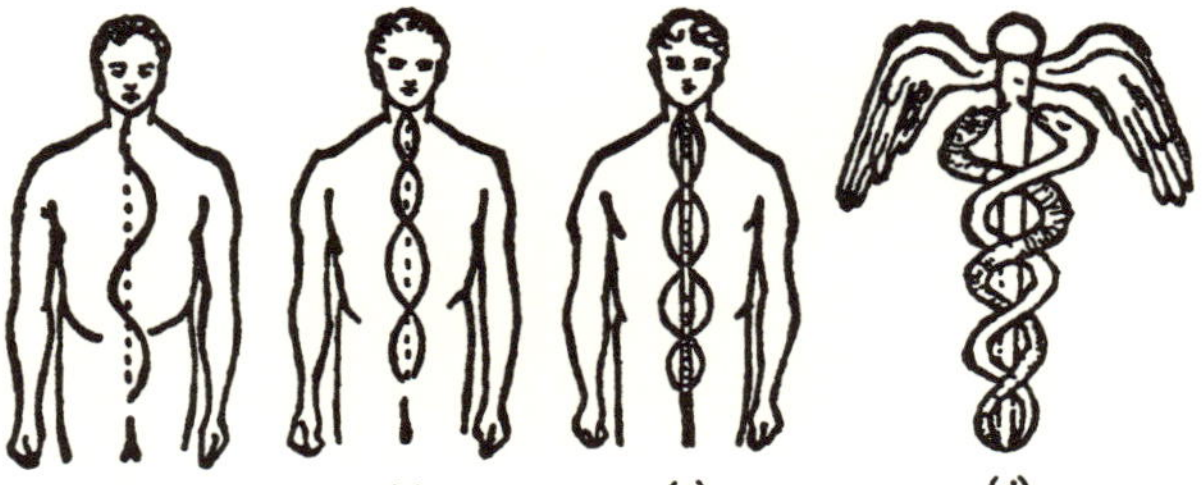

図表54　脊柱の３つのナディ（気道）
（C・W・リードビーター『チャクラ』平河出版社刊、より）

ャクラと頭頂のチャクラの間に、そしてその対応である脳下垂体と松果腺の間に磁力的な輝きが確立されます。その磁力的な反応から、〝第三の眼〟と呼ばれている〝霊眼〟が生じます。

――クンダリニー

ここで、先ほどチャクラの〝根〟に流入するエネルギーとして述べた〝クンダリニー〟について、お話ししましょう。

よく語られるように、このクンダリニーがチャクラの開花に非常に重要な働きをします。

私たち一人一人の脊柱基底の〝ムーラダーラ・チャクラ〟には、クンダリニーの座があります。[27]背骨が緩んで歪みがなくなり、またすべてのチャクラが開かれると、脊柱基底核に眠っていたクンダリニーがスシュムナーの中を自然と上昇し、上に突き抜けます。これがチャクラの完全な開花を促すのです。

ただし、十分な準備ができていない（諸体が十分浄化

(27) 地球の中心には、地球のクンダリニーの座があります。

されていない）人がクンダリニーを上げるようなことをすると、過剰なエネルギーで発狂したり、さらには焼け死んだりするとまでいわれています。

「クンダリニーは賢者には解脱を、愚者には束縛を与える」のです。

チャクラの覚醒やクンダリニーの上昇には非常に危険を伴うので、類稀な本当に力を持った〝導師＝グル〟の指導のもとでなければ、絶対に行うべきではありません。(28)

そうはいっても、チャクラの覚醒やクンダリニーの上昇が大きな能力を生み、さらには魂の進化にもつながることを知れば、是が非でもその方法を知りたいと思うのが人情でしょう。

その質問に対して秘教では、

①肉体・アストラル体・メンタル体を清め、浄化すること

②自分自身を知って、適切な思考・行動を行うこと

③人を愛し、個人的欲望をすてて人類に奉仕すること

に努力すべきだと、教えられています。それらにより、魂の進化に並行して規則に基づいた順序で、自然とチャクラは開花（発達・活用・移行）していきます。

またチャクラの開花が、魂の進化の必要条件ではあっても十分条件でない――チャクラが開花しても魂が進化するとは限らない――ことも、頭に入れておいた方がよいでしょう。(29)

――生命エネルギー＝プラーナ

次に、チャクラの〝花〟を通して流入してくるエネルギーである〝プラーナ〟について、

(28) これを専門に行うヨガを〝クンダリニー・ヨガ〟（或いは〝ラヤ・ヨガ〟）といいます。

(29) ほとんどの人の場合、よりゆっくりとした歩みの方が安全で、結局はより速い開花・進化につながる、といわれています。

述べましょう。

プラーナもクンダリニーも元を正せば、同じように太陽ロゴスに由来するエネルギーです。(30)ただし、クンダリニーは神の三つの働きのうち最初に働きだす第Ⅲロゴスに由来するものであるのに対し、プラーナはその次に働き出し万物に生命を付与する第Ⅱロゴスに由来します。プラーナは〝神の生命〟です。

プラーナはあらゆる界層に存在し、それゆえ生命はあらゆる界層に存在します。

物質界層におけるプラーナは、細胞や物質の原子・分子等を調和して働かせ、その全体を一定の有機体としてまとめ、維持するエネルギーです。ですからもしプラーナがなければ、肉体は個々独立した細胞群の単なる集合体にしか過ぎません。

生きている有機体は、すべて例外なくプラーナを吸収しており、またプラーナを十分に補給することが、有機体の生存にとって必須条件の一つです。『ヨガ・スートラ』を根本教典とする〝ラジャ・ヨガ〟の八段階のうち、四番目は〝プラーナヤーマ〟と呼ばれ、呼吸や食事によって外界から体内にプラーナを正しく取り入れる方法が、教えられています。

プラーナは太陽光線が豊富な時には多く、したがって夜よりは昼、雨の日よりは晴れた日、冬よりは夏が多く、太陽プラーナの放射は、主にチャクラを経由してエーテル体に吸収されます。そこから下降し、脾臓のセンター(31)に向けられ、そこから全身に配分されます。

肉体がより純化され、よりエーテル化して精妙になるにしたがって、プラーナのよりよい器となり(32)、クンダリニーの上昇に対する抵抗が少なくなり、準備が整って、やがてクンダリニーの上昇とそれに続く全チャクラの開花が訪れることになります。

(30) 太陽ロゴスから私たちの進化を促進するために、無数の不可視な力が放射されていますが、今のところ分かっているものは、
①フォーハット（電気・磁気・光・熱・音・化学・運動すべてを含み相互転換しうる）
②プラーナ
③クンダリニー
の三種類で、このうち一般の科学で認められているのは〝フォーハット〟だけです。この三種の力は太陽ロゴスの生命の結果、その特質が自然に現れたものです。

(31) リードビーターが仙骨のチャクラの代わりに取り上げたセンター。

(32) 進化とともに、環境から直接吸収できるプラーナの量が増え、食事をほとんど摂らなくてもすむようになります。

――オーラ

オーラに関しては、古くから多くの霊能（霊眼）者たちによって語られており、以来今日まで様々な方法でオーラを客観的に捉えようとする試みがなされてきました。(33)

オーラはエーテル体の放射により構成されており、次の三種類のエネルギーからなります。

①健康オーラ（＝肉体的な要素）

②アストラル・オーラ（＝平均的現代人においては最も強力な要素）

③メンタル・オーラ（＝魂の進化とともに発達）

オーラは私たちの身体を取り巻いていますが、諸体から四方に放射されているものであり、各界層の質料よりなる諸体そのものとは別のものです。

大師方が見ておられるのはこのオーラの輝きです。人類全体を見守る大師方の眼からは、私たち一人一人は夜空に輝く星のように見えており、その輝きが一段と強まった時に大師方の注目が増します。そして大計画に召集されて世界奉仕者新団体の仲間入りをし、やがて弟子となります。

オーラの機能について、興味深い問題を二点だけ述べておきましょう。

①の健康オーラとは、体内に吸収されたものの使用されなかった余剰のエーテル・プラーナが再び体外に放出されたもので、健康な人ほど強く、そのような人の側にいくと元気になります。逆に不健康な人では弱く、そばにいくとプラーナを吸い取られるため疲労します。

(33) オーラに関する先駆的な研究として、一九一一年にJ・キルナー博士が『人間の雰囲気（オーラ）』という本を出版しました。この本が注目に値するのは、著者は研究に着手した時点では霊眼・霊視の類を否定しており、オーラに関する説明文など読んだこともなく、まったく物質的な、誰にでも追試できる方法を用いたにもかかわらず、その結果が霊能者の霊視による結果と著しく一致していたからだといわれています。

病院にお見舞いに行くと疲れるのは、そのためです。しかしこれは、その分病人が元気になるわけですから、まさにお見舞いとして意味ある行為といえます。

別のもう一点、すべてに係わる問題ですが、オーラはまた、私たちの主観やそれに基づく幻影(34)をつくりだす源にもなっているのです。

私たちが何かを見・聞きしている時、私たちは必然的に自身のオーラを通して見・聞きしているため、同一の対象を見・聞きしていても、眼や耳に届く以前でその情報は他人とはわずかながら違ったものになっています。味覚や嗅覚、触覚に関してもオーラを通さず私たちに触れるものはありません。それゆえすべての感覚は、この時点ですでに必然的に〝主観〟なのです。

(34)〝グラマー〟と〝イリュージョン〟。

肉体を持った期間の生活

――肉体生活の意味と原因の世界

人間について普通の人は、目に見える肉体がすべてであると考えていますが、秘教ではこれまで見てきたように、目に見えない複雑な多重構造を持ち、様々なエネルギーによって導かれている存在であると説かれているわけです。

さらに、肉体およびその活動はそれらの結果であるともいえ、ある程度魂が進化した段階においては、肉体はむしろ存在しないかのように生活することが求められています。(35) あらゆる現象の原因となる目に見えない世界とエネルギーの流れに焦点を当て、そこから物事を捉えるようにしなければ、根本的な問題の解決や目覚ましい進歩は得られないからです。

そこで次に、私たちの日常生活の中で、肉体の活動の原因となる世界がどのように働いているのかを、見ていきましょう。まず、その対応関係が最も分かりやすい「病気と治療」について、少し詳しく述べてみたいと思います。

病気（怪我を含む）について、その原因から調べていきましょう。(36)

(35) 肉体に意識を向けるような活動を避け、肉体的欲求に屈せず、病気等の肉体的障害にも囚われすぎない。

(36) 『トランス・ヒマラヤ密教入門』Ⅲ一八四～一八七頁。

秘教では、それを次の五つの主要な範疇に分けています。
①肉体的遺伝による病気――(a)惑星↓土や水↓　(b)過去の人類　(c)家族＋カルマ
②それまでの転生に源をもつ病気――占星学的な宮（太陽宮・上昇宮）に統治される
③グループに源をもつ病気――グループのカルマによる伝染性・風土的伝染病
④無思慮な活動・賢明でない生活習慣からの病気と事故――将来のカルマを生む
⑤神秘家の病気――魂の進化に伴い使われるチャクラが移行することによる
また界層の観点から見た時、病気とは濃密な肉体に起きる異常な状態をいうわけですが、肉体そのものにその起源があるのは、伝染病や事故等によるもののみで、割合としては非常に少ないようです。現在の段階では、

エーテル体　25％
アストラル体　50％
メンタル体　25％

と伝えられ、アストラル体起源のものが圧倒的に多いようです。

高次の諸体の不健康は、放っておけばやがて肉体の病気として跳ね返ってきますし、それらを健全な状態に導けば、肉体にも次第によい影響が出てきます。また逆に、肉体の健康を増進する働きを持つものは、同時にそれ以上の諸体の健康をも増進するということが、一般的にいえます。

現在の医学では、エーテル／アストラル／メンタル体等はもちろん認められておりませんが、内分泌腺が今まで考えられていた以上に重要な働きをしていることには、注目が集まっ

てきているようです(37)。

先ほど述べたように、この内分泌腺はチャクラの肉体上における対応物です。内分泌腺の研究は重要な分野で今後さらに進むでしょうが、やがて医学がエーテル体の存在を認めた時、焦点は内分泌腺からチャクラに移ることになるといわれています。

チャクラが肉体をコントロールしているプロセスを細かく述べると、各チャクラの状態がナディの活性を決め、これが神経系に影響を与えて次に内分泌系をコントロールし、それがさらに血液・体液の流れによって肉体のあらゆる部分へと伝えられるのです。これによって肉体の健康だけでなく、感情や思考も影響を受けることになります(38)。

病気は悪か…将来の病気治療

ここで「病気とは悪いものか」、さらに一般化して「悪とは何か」ということについて、少し考えてみたいと思います。

ヨガや東洋の伝統医学では、「病気は間違った生活態度に気づかせてくれるもの、それを修正するプロセスである」という考えがあります。

エネルギー自体はすべて本来神の表現であり、その同一のエネルギーが時には健康で力強い活動を生み出し、またある時には苦悩や苦痛、さらには死さえも導きます。病気もまた、神の表現の一つの形である、といえるわけです。

それを私たちの小さな価値体系で判断するから、善か悪かというような問題が生じるので

(37) 今は目に見える物質レベルのみで研究が展開されているため、脳や遺伝子が脚光を浴び、内分泌腺のホルモンを担当している脳や遺伝子の箇所を調べること等に、しのぎが削られています。

(38) これに対応するようなプロセスが肉体以外の器でも行われている、と考えられます。

一つの界層の人間の体に、宇宙からのエネルギーの影響が浸透していく具体的プロセスとして、一般化することもできるでしょう。

す。価値体系は相対的なものですから、善悪の判断はいくらでも変わり得ます(39)。

病気について否定的に考え、絶えずそれに注意を向けることは、かえって病気にエネルギーを与え、その力を増すことになります。それゆえ、「肉体は病んでも、気は病むな」といわれるのです(40)。

したがって、魂が意図してパーソナリティーを病気に導くことさえあります(41)。

病気が悪いものではないといっても、速やかに克服できるにこしたことはありません。将来の医療がどのようなものになるかを、考えてみましょう。

現在治療の世界には、西洋医学・東洋医学やその他の伝承医学、民間療法・宗教的治療に加え、新しいヒーリング——音・色・香・自然を用いたもの——等の代替医療の流れが加わり、様々な方法・組織ができています(42)。

また予防医学にも注目が集まり、日光・食事・衣服・住居等の環境や運動・行動様式を改善すること(43)により、病気を未然に防ぐことにも、力が入れ始められています(44)。

そして〝ホリスティック医学〟等の名のもとに、それらを融合する動きも起きており、これらはもちろん好ましい動きであるといえます。

そうした流れの中で、チャクラをはじめとする諸センターの理解に基づく診断と治療も、徐々に重要な位置を占めつつあります(45)。

チャクラをコントロールするためには、意識を対象となるチャクラに集中することが必要です。ただし、これは、先ほど来述べているように危険性をはらんでおりますので、まず正確な知識と判断力を身につけるようにして下さい(46)。

(39) 第三章参照。

(40) 実際に病気で苦しまれている方には酷な言い方かもしれませんが、病気で長期に苦しみ、それが一生続いたとしても、魂の観点からすれば僅かな期間に起きたささやかな問題に過ぎません。それを（時には死によってでも）乗り越えることによって間違ったアストラル的・メンタル的状態が一掃できれば、そちらの方が非常に価値のあることなのです。例えば、病気が正しく扱われた結果、分離・孤立感が消え、気質が穏やかになって同情心が増す、ということがしばしば起こります。

(41) 生まれつきの障害の場合は、その可能性がかなりあります。

(42) 〝スリー・イン・ワン・コンセプツ〟や〝サウンド・エナジー・システム〟といった欧米で生まれた新しい流れに属するものの中には、アストラル・メンタル等の秘教的概念が、当たり前のように使われています。

(43) ＝日常生活の段階でプラーナの正常な流れを生み出す。

今盛んになっている〝気功法〟や〝手当て治療〟等にもレベルは様々ですが、その要素が含まれていますが、それらの中でも最高のものは、魂の積極的な活動を呼び起こす治療です。

これまではパーソナリティーの範囲で病気の原因や治療を考えてきましたが、魂のレベルから考えた時、あらゆる病気は「魂のエネルギーのパーソナリティーへの流れが阻害されること」によって起こるともいえます。魂のエネルギーが妨げられることなくパーソナリティーに流れ込むようになった時、真の治療は成し遂げられます。

魂のエネルギーは、胸以上のチャクラを活性化し活用することによって、自分自身でもあるいは他人を介しても、伝えることができます(47)。

その方法とは極めて簡単な言葉に言い換えれば、〝心身の統一状態〟を作り出すことであり、秘教ではそれを〝整列〟と呼んでいます。

七つのチャクラを整列させ、それを魂、さらにはモナドへと整列させます。賢明な読者の皆さんはそれが、瞑想とそれを通しての〝アンタカラーナ〟の建設に結びつくことに気づかれたでしょう(48)。

――言葉の持つ力

あらゆる存在・現象はエネルギーの現れですから、〝エネルギーの問題〟とは結局〝すべての問題〟ということになります。

今まで健康・病気・治療に関して見てきましたが、もう一例、〝言語〟という人間の代表的

(44) これにはもちろん一方で、保険医療の経済的破綻という社会的な問題も関与しています。

(45) 日本では、宗教心理学研究所の本山博氏等のグループにより長年地道な研究が続けられています。

(46) この方法をさらに一般化した問題について、後に「イメージ能力と想念形態の創造」で触れます。

(47) この時、すべてのエネルギーがそうであるように、三つのセンター＝トリアッドの組み合わせによって大きなエネルギーを扱うことができます。詳しくはA・ベイリーの【秘教治療】（抄訳【輝く神智】三浦関造訳、竜王文庫）を参照して下さい。

(48) アンタカラーナの科学は、進化のみでなく、このようにエネルギーの問題全体に関係する諸センターの科学の基礎であるがゆえに、前章でも述べたように最重要の分野になるのです。

な活動について、エネルギーの観点から調べてみましょう。

言葉がエネルギーを持っているということは、世界中の民族に〝言霊《ことだま》〟思想が存在することから、広く一般的に気づかれてきたことだと思われます。

第二章で見たように、〝オーム〟(49)は世界を創造した言葉だといわれていますし、それ以外にもたくさんの〝マントラム＝聖語〟が伝えられています。

マントラムはすべて第2光線にその起源を持ち、神の第2様相である魂が使用するように意図され、その意図と意味を理解し集中した意識をもって発せられた時にのみ、効果があります。

その際には、次章に述べる微小な生命体である〝エレメンタル～デーヴァ王国〟が介入します。彼らの協力によって、音による建築等の創造・テレポーテーション・治療等が可能になる時代がまもなく来る、といわれています。

マントラムに限らず、すべての言葉は力を持っています。「ありがとう」「愛している」等、よい想念を持った言葉はよい結果を生み出し、反対に「バカやろう」「殺してやる」等悪い想念を持った言葉は有害な結果を導きます。(50)

ほとんどの人がこのことに気づかずに、間違った言葉の使用によって自分や社会に望ましくない結果を生み出していますが、正しい言葉の使い方をこころがけることにより意図的に望ましい結果を導く方法を学ぶ人も、次第に増えてきているように思います。

(49) オームは、太陽ロゴスが第Ⅰ～Ⅲロゴス、即ち〝意志の側面である父〟と〝愛の側面である子〟と〝活動（知性）の側面である聖霊〟に託した三音＝a・u・mからなります。aは基底部チャクラで、uは胸部チャクラで、mは頭部チャクラでそれぞれ響き、声に出すと脊柱基底から頭までの波動が一致し、これによって力が生み出されます。『イニシエーション』および『伝導瞑想』ベンジャミン・クレーム著、石川道子編訳、（シェア・ジャパン出版）五四頁。

(50) 言葉の持つそのような力は、スコットランド北辺の〝フィンドホーン〟をはじめとする農業等の実践から確かめられてきました。
また、江本勝氏等の行っている氷の結晶の実験では、言葉や思いの力等が、見事に映像として客観的に捉えられています。『水からの伝言』（波動教育社）。

――イメージと超能力

ただし、そのような力を発揮するために、必ずしも言葉を声にして発する必要はありません。〝イメージ・トレーニング〟や〝プラス・イメージ〟等が話題になり、最近では多くの人に知られるようになった〝イメージ〟を活用する方法も、それに当たります。

しかし、イメージで実際に目覚ましい成果をあげるためには、意識を高いレベルで集中することが必要です。それによって、〝想念形態[51]〟が創造されるからです。集中が充分でない時には、望んでいる成果は得られません。

これは、イメージ・トレーニングの研究からも確認されています。どれぐらいリアルなイメージ――視覚だけではなくその場の匂いや音も浮かんできて、〝予知夢〟のような現象も起きる場合があります――を描けるかが、その人の能力アップや希望の実現に大きく関与するといわれています。

このようなイメージを描くことは、最初は意識をなかなか集中できず困難です。一度成功して感じを覚え、慣れてきて能力として身につくと、非常に効率のよい方法になります[52]。その想念形態も、元をただせばやはりエネルギーの結果なのです。

日常的な活動がすべてエネルギーと関係していることは何となく理解できたけれど、奇跡や超能力といった現象もそのような観点から説明できるのか、という疑問をお持ちの方も多いと思います。その答えは、御期待通り〝Ｙｅｓ〟です。

(51) 想念によってアストラルやメンタルの質料が集められ、それらの界層にできる塊。

(52) A・ベイリーは、想念形態という観点から見た時、「人間のあらゆる活動は、自分もしくは他の存在が起こした、あるいは内的衝動によって起きてくる想念形態の結果である」(『トランス・ヒマラヤ密教入門』Ⅱ四三頁、原典は"A Treatise on White Magic" P977)と伝えています。

奇跡や超能力とは、今日の私たちの科学技術を土台とした認識力では解釈不能な現象のことであって、宇宙的なエネルギーの観点から考えた時には、すべてがその法則に従って現れたものなのです(53)。

ただし、先ほどチャクラのところでも触れた通り、このような能力は低位の諸体を浄化し、魂との結びつきを深めていった結果、ある意味ではそのご褒美や〝おまけ〟として得られるものであって、その能力自体を直接求めるようなことは避けるべきでしょう。

たまたまそのような能力が身についてしまった場合は、「成長の証であると同時に〝テスト〟でもある」と考えるべきです。人はそのような能力に誘惑され、努力の方向を「人類全体への奉仕」から「自己主張のためのその力の使用」へと、変えてしまうことが多いからです。本当に魂として働けるようになるまで、その能力は注意深く扱うことが必要です(54)。

脳・神経系はアストラル・メンタル体の出先機関

ここで、脳・神経系とは何か、それに続けて人類の永遠の問いの一つである〝心とは何か〟という問題を考えてみたいと思います。

現代科学では肉体がすべてですから、脳・神経系が非常に重要視されています(55)。

秘教でも、先ほどチャクラと内分泌腺の間のプロセスに神経系が介在することに触れましたように、肉体次元では神経系が最も根本的な組織であることに異論はないのですが、一方で「神経は肉体の中にありはするが、肉体ではない」とも語られています。

(53) パタンジャリの『ヨガ・ストラ』にはヨガの〝シッディ〟(成就)としてたくさんの超能力が示されております(A・ベイリーが同名の著書で、それについてエネルギー・システムの観点から解説しております。)

(54) 第2段階のイニシエーションから第3段階のイニシエーションが、特にその試練の時期で、聖書の中の「イエスが山上で悪魔に誘惑された場面」(『マタイによる福音書』4)は、その象徴です。

(55) 思考や感情をはじめ、感覚や運動等、人間の活動はすべて元を正せば脳・神経系によって支えられており、脳・神経系の秘密を解明することが人間の神秘を解明する究極の鍵を握っている、と考えている人も多いと思います。

どういうことかと言いますと——

アストラル体内のプラーナの活動が盛んになると、波動が生じてエーテル体に影響を及ぼし、その際のエーテル質料の波動が刺激となって、自律神経（交感・副交感神経）系が形成されます。まず細胞がつくられ、さらに発達して神経繊維となります。そして想念が起きるたびに、これらの繊維の中でプラーナが脈動するのです。

また逆に、物質界からの刺激を神経系が受け取ってそれをアストラル体に送り返し、様々な感覚を生じるようになります。(56)

このようにして、肉体とアストラル体とは互いに作用し合いながら、次第に両者ともより複雑な構造を形成し、より効果的な機能を発揮するものとなっていくのです。

その後、メンタル界層より生じる衝撃がメンタル体からアストラル体に伝わり、さらに前と同様に肉体まで伝わって、脳脊椎神経系が形成されます。

私たちがものを思うと、その都度私たちは周囲のメンタル質料を動かし、それが波動となってアストラル体に伝わり、それがさらにエーテル体を経て肉体の脳に伝わる……これが通常いわれる〝心〟の正体の大きな部分です。

普通の人の場合、メンタル体とアストラル体が絡み合っており、(57)このことが思考が低級感情に引きずられて煩悩を生じる原因となっています。進化が進むと、メンタル体は魂との結びつきを強め、(58)思考は鋭利かつ浄化されていきます。

各界層の間の情報伝達の仕組みまで考えると、このように複雑になってしまいますので、それを省略して次のように捉えると、〝心〟の働きの概略が理解しやすくなります。

(56) 私たちが感覚として認識しているものは、それがさらにメンタル体に覚知された段階のものです。

(57) これを〝カーマ・マナス〟といいます。

(58) これを〝ブッディ・マナス〟といいます。

メンタル体・アストラル体・肉体はそれぞれ独自の意識を持っています。(59)

①対象に気づく。知恵の側面でメンタル界層の特徴。

②対象を得ようとする望み。欲望の側面で、アストラル界層の特徴。

③対象を得ようとする努力。行為の側面で、物質界層の特徴。

これらの意識はすべて、常に同時に存在していますが、ある時にはある側面が、他の時には他の側面がパーソナリティーに支配的に現れ、それが〝心〟として意識されるのです。(60)

幽体離脱

秘教の説く肉体脳＝脳・神経系と心とのこのような関係は、日常生活の現象をよく説明してくれるだけでなく、臨死体験者等の報告ともよく合致します。

本人は瀕死の重症を負ってまったく意識のない状態（時には脳死状態）で、親族が駆けつけ泣き叫んでおり、医者や看護婦が最後の努力を必死で行っている――そのすべてを本人が部屋の上方から眺めていたことを覚えている、というような報告が、かなりの割合で行われているといわれます。

この時本人は、アストラル体以上の体が肉体から抜け出し幽体離脱(61)した状態で、部屋の上空にいてその状況を感知しているのです。そうした状態では、肉体がまったく機能しないためにその情報を脳に伝え肉体の活動として表現することはできませんが、感じ取る面に関しては視覚・聴覚のみでなく相手の心の中まで分かってしまいますので、御用心。(62)

(59) それがどのような内容になるかは、第七章で扱う〝エレメンタル〟と魂の力関係によって決まります。

(60) これが、第四章で述べた〝意識状態の変動〟を生み出します。

(61) 幽体という言葉はアストラル体を意味していることが多いようです。

(62) そのような場で医者や看護婦が過去の知見から「どうせダメだから」といっていい加減な対応をしたり、親族が遺産相続など不埒なことを考えていたりすると、後で本人に意識が戻った時にはそれが記憶されています。

このような幽体離脱を経験するのは、死に直面した時のみではありません。決死の思いで臨んだ大舞台で、一流のパフォーマーやスポーツ選手が同様な経験をすることは、よく知られています。(63)

一般の人でも、第四章で述べたように睡眠中にはそのような世界に行くわけですが、その際は肉体脳との連結も切れてしまうために、起きた時にはほとんどの記憶は失われてしまうのです。魂が進化するにつれてその連結ができ、昼夜を通しての意識の連続性、さらに進むと、転生間での意識の連続性が確立されます。

脳障害者の事例も、示唆に富むものです。先天的に脳の構造的障害を抱える人たちに、ある面において通常では考えられないような優れた能力を示す例が、数多く報告されているのです。(64)

これらも、脳以前に高次の諸体が〝心〟の働きを行っていると考えなければ、説明がつかない現象でしょう。(65)

人の一生

本章のしめくくりとして、生ある肉体をもって送る人生全体を、各界層の身体やチャクラとの関係から俯瞰《ふかん》してみましょう。

人生は大きく前半と後半に分けられます。人間の諸体は、誕生時から肉体と完全な関係を持っているのではなく、年齢を重ねるにつれ低位の体から徐々に結びつきを深めていきます。

(63) アメリカのモンロー研究所では、環境を整備することにより、幽体離脱を高い確率で起こさせる方法を開発しています。

(64) 〝サバン症候群〟と呼ばれる人たちは、記憶や芸術的な領域に関して天才的能力を発揮します。

(65) フロイトやユングの意識〜無意識論や、マズローの欲求段階説、最近のトランスパーソナル心理学等を、これまで述べた観点から考察していくことも、興味深い問題を提供してくれるでしょう。

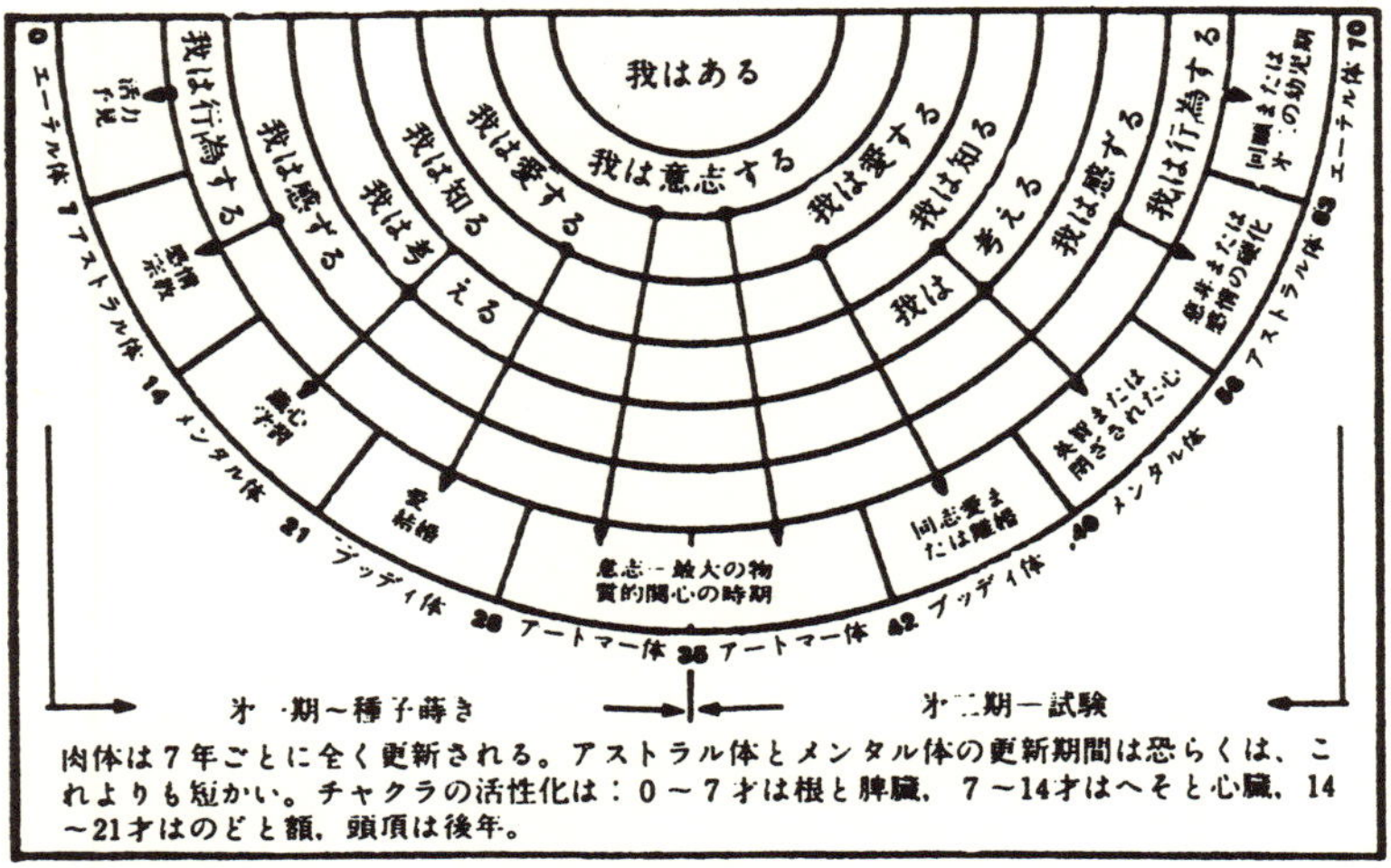

図表55　一回の化身（肉生）——人間の年齢別変化（E・N・ピアースン『神智学の真髄』より）

前半は諸体が肉体とのつながりをつけ、物質世界のことを学習していく時期です。

後半は魂が物質世界の支配を超えていけるか否かを試される、試練の時期ともいえます。意識を高位の界層に集中していけるかどうか、それまでの生活のあり方が問われます。

図表55は、人の一生と各界層の体との関係を表したものです。円の一番外側に記された数字を含め、全体の構造を大まかに捉えたものだと思って下さい(66)。

最初は肉体とエーテル体のつながりができるところから始まり、大体七年ごとにより高次の体とのつながりが完成されていきます。各体は隣り合った体以外とはほとんど直接的な交渉は持たないため、諸体間の連係は順を追って次第に完成に近づくというプロセスに、ならざる

(66) ここでは『神智学の真髄』二二九〜二四一頁をまとめてお話しします。
神智学協会から別れて、人智学協会を設立したルドルフ・シュタイナーは、人間に関する深い洞察を残しております。彼の説はこれとは若干異なるようですが、興味深い内容を含んでいます。

を得ないからです。

誕生から最初の七年間は、肉体生命の維持に必要なエーテル体とのつながりを発達させ、脊椎基底部のチャクラと脾臓のセンターが活気づきます（もちろん完全な開花ではありません）。それに伴い、クンダリニーとプラーナとが吸収されて肉体に生命とエネルギーとを与えます。この時期は、屋外での遊びや運動等、肉体とエーテル体に刺激を与える活動を一番大切にすべきです。

7～14歳までは、アストラル体とエーテル体～肉体のつながりが強まり、太陽神経叢のチャクラと胸のチャクラが活性化します。この時期は感情の成長に重点を置くべきで、(67) 聖書・神話や童話、聖人や偉人伝、冒険物語等に感動したり、絵画・舞踊・音楽・演劇等の芸術活動に積極的に参加したりすべきです。また愛情豊かな家庭生活が、望まれます。

14～21歳までの七年間は、メンタル体とそれ以下の体のつながりが強まり、喉のチャクラと眉間のチャクラが刺激される時期です。メンタル能力が急速に発達するこの時期には学習、特に分析的思考力と推理力を発達させることが重要です。成人が20歳頃とされているのは、この時期に魂との最初の接触がなされることと関係があります。

21～28歳までの七年間は、ブッディがパーソナリティーに反映されうる時期であり、合一の象徴ともいえる結婚にとって最も自然な時期です。

28～35歳までの七年間に、アートマの特質である〝意志〟が、自信として現れ出なければなりません。育児と家庭生活を支えていくためには、強い意志力を発揮することが必要です。

大体35歳位が人生の折り返し地点となり、往路が終わって帰還の道に移ります。各界層と

(67) 早期・英才教育等で、脳の開発を中心に置いた方法がかなり見受けられます。しかし先ほど述べたように脳は高次の諸体の反映であり、また人間はさらにそれ以上に高次元の構造を持つ存在ですので、そちらとの関係を見失うと危険な方向に行ってしまいます。

能力は高まっても、人間としての真の歓びや幸福が得られない、というように。

の関係がこれまでと逆の順序で展開し、良かれ悪しかれ往路での成果を収穫することになります。

35～42歳頃までは、アートマの意志が続く期間です。それまでに培った自信に加えて自制心を身につけ、自己の利益追求のみでなく、他人や社会全体の利益をも併せて考えるようになっていかなければなりません。

42～49歳頃までは、ブッディの時期で、結婚の試練がやってきます。肉体的魅力は後退するため、より高い意識での合一が築かれていなければ、破局を迎えることになります。不偏にして普く万人への愛が現れ始め、何の報酬も求めない真の奉仕を目指すべき時期です。

49～56歳頃までは、メンタルの時期、知識が英智へと昇華されるべき期間です。精神は広く、深く、平静で、あらゆることに賢明なる判断が下せるようになっていなければなりません。それに失敗すると、新しい見方・考え方に対して心を閉ざすようになってしまいます。

56～63歳頃までには、アストラルの時期で、低次元の欲望は捨て去られすべての存在を憐れみ慈しむ心が育たなければなりません。この時期に失敗すれば、不機嫌・思いやりの欠如・不快な表情などが増えます。美しく老いられるか否かの瀬戸際の時期です。

63～70歳頃までは、エーテル～肉体の時期、社会的責任のある仕事から引退して、内省的な生活を行うべき時期です。近づく死を前に今生を振り返り、次のアストラル界での生活の準備をするため、前章で触れたように『死者の書』等を学び、瞑想を深めていくことが望まれます。

以上、人生の大まかな流れをみてきましたが、七年という期間に疑問を持たれた方も多いと思います。今日のように平均寿命が80歳を超える時代に、では70歳以降の人生は何なのか、ということになってしまいます。ここで示したものは発達の段階を構造的に捉えるモデルであり、年齢はおよその目安と考えて下さった方がよいと思います。(68)

カルマの法則

人生に不運はつきものですが、「なぜ私だけ！」と、世の中の不幸をすべて背負いこんでしまっているように思い込まれている方のために、最後に〝カルマの法則〟について少しだけお話ししておきましょう。

〝カルマの法則〟という言葉を聞くと、恐ろしげなイメージを持たれている方が多いかもしれませんが、それは間違ったイメージです。この法則は私たちの太陽系を支配する神聖な法則であり、非常にクールで平等なものです。(69)

「人はその為したところのものを刈り取る」のです。よい種を蒔《ま》けばよい収穫を得、悪い種を蒔けば悪い収穫を得ます。それは〝ご褒美《ほうび》〟とか〝罰〟とかいうものではなく、物理学の法則と同様に自動的に働くのです。

一つの生涯のみを見たときには不平等のようであっても、輪廻転生の観点から見れば厳密に平等です。

それゆえどんなに苦しくて、絶望的な状況に陥っても、自暴自棄にならず少しでも前向きに生きるべきで、そうすればその報酬をいつかは必ず得られるといわれています。

(68) 個人の一生と、第四章図表38の天球図や第二章および次章で述べる惑星や生命の進化とのパラレルな関係にも、注目して下さい。

(69) 第二章で触れましたが、この法則が物質次元で働いたものが、物理学の〝作用反作用の法則〟です。

第七章◎地球上の進化とエネルギー・システム

いよいよ最後の章を迎えることになりました。秘教の枠組みを概観して、まだ語り残している部分――この地球（惑星の一具体例と考えて下さい）に人類とともに共存しており、その存在によって私たちも大きな恩恵を受け、それらなしでは生存することのできない鉱・植・動物など自然界の存在と、その進化の問題。さらに人間が集まった時にできる組織、都市や国家とは秘教的な観点から見た時にどのようなものなのか、といった問題――をお話しします。

そして最後に、これまで学んできた全体を振り返り、本書のテーマとして設定した「進化とエネルギーに関する普遍的なシステム」という観点から、まとめを行いたいと思います。

自然界の存在と人間集団

鉱・植・動物と人間の構造

まずは、進化に関係する問題から入りたいと思います。動植物の進化に関しては、ダーウィンに始まる進化論以降、様々な学説が生物学者によって唱えられてきましたが、秘教の伝える進化論はそれらを包含しつつ、またしても予想だにしない新たな面をつけ加えるものです。

最初に図表56および図表57をご覧下さい。

両図を比較して見ると、鉱・植・動物と人間の最も本質的な構造の違いが分かります。図表57の右の図が人間を表したもので、第五章でお話した恒久原子によってモナドの反映となる霊的＝高位三つ組と低位三つ組＝パーソナリティーの核が形成され、その周りに各体が作られている様子が描かれています。

この高位三つ組と低位三つ組の間は、人間ではつながっていますが、図表56に描かれているように鉱・植・動物では離れています。そして低位三つ組の周りには、それら全部を取り

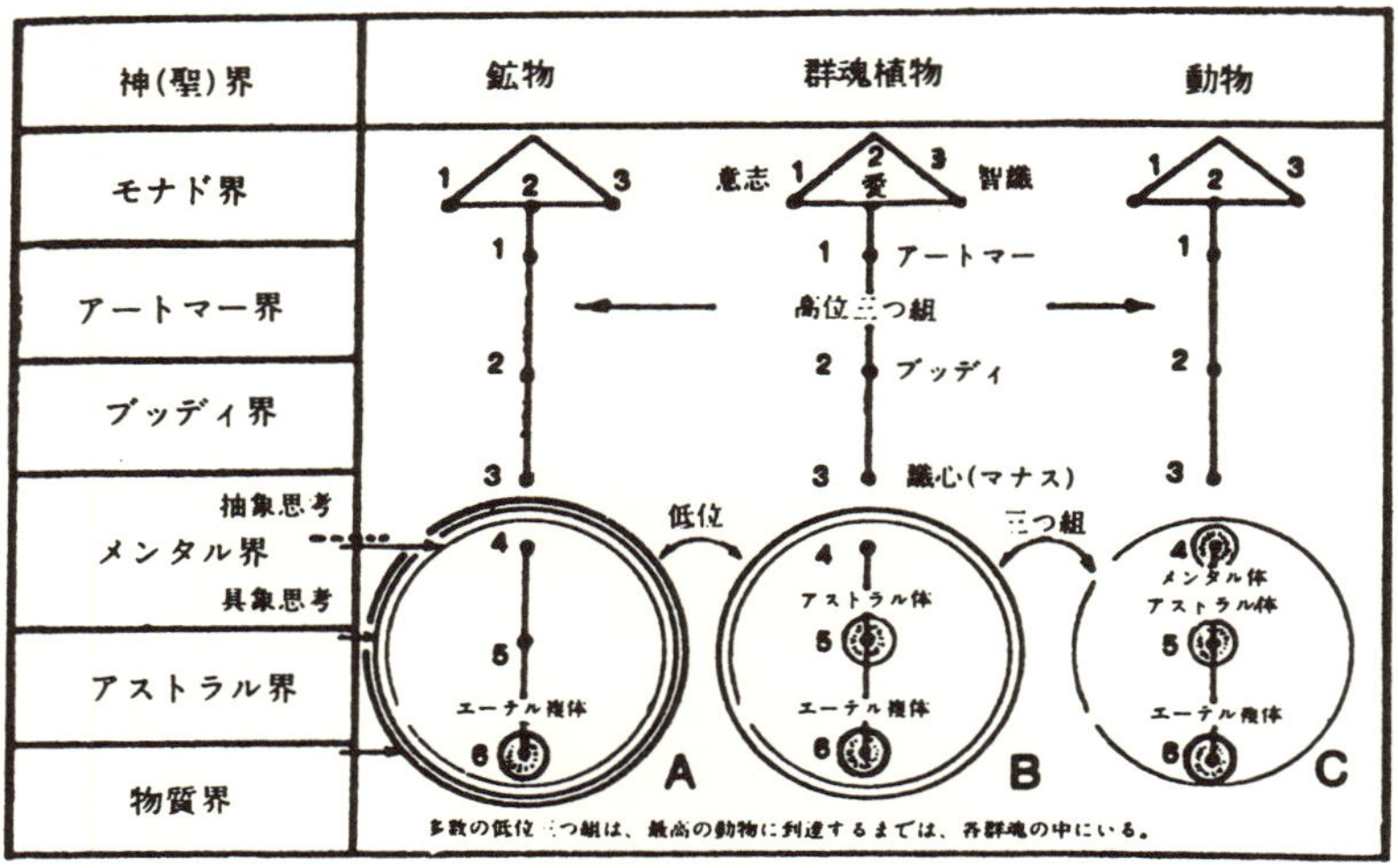

図表56　三つ組と群魂（E・N・ピアースン『神智学の真髄』より）

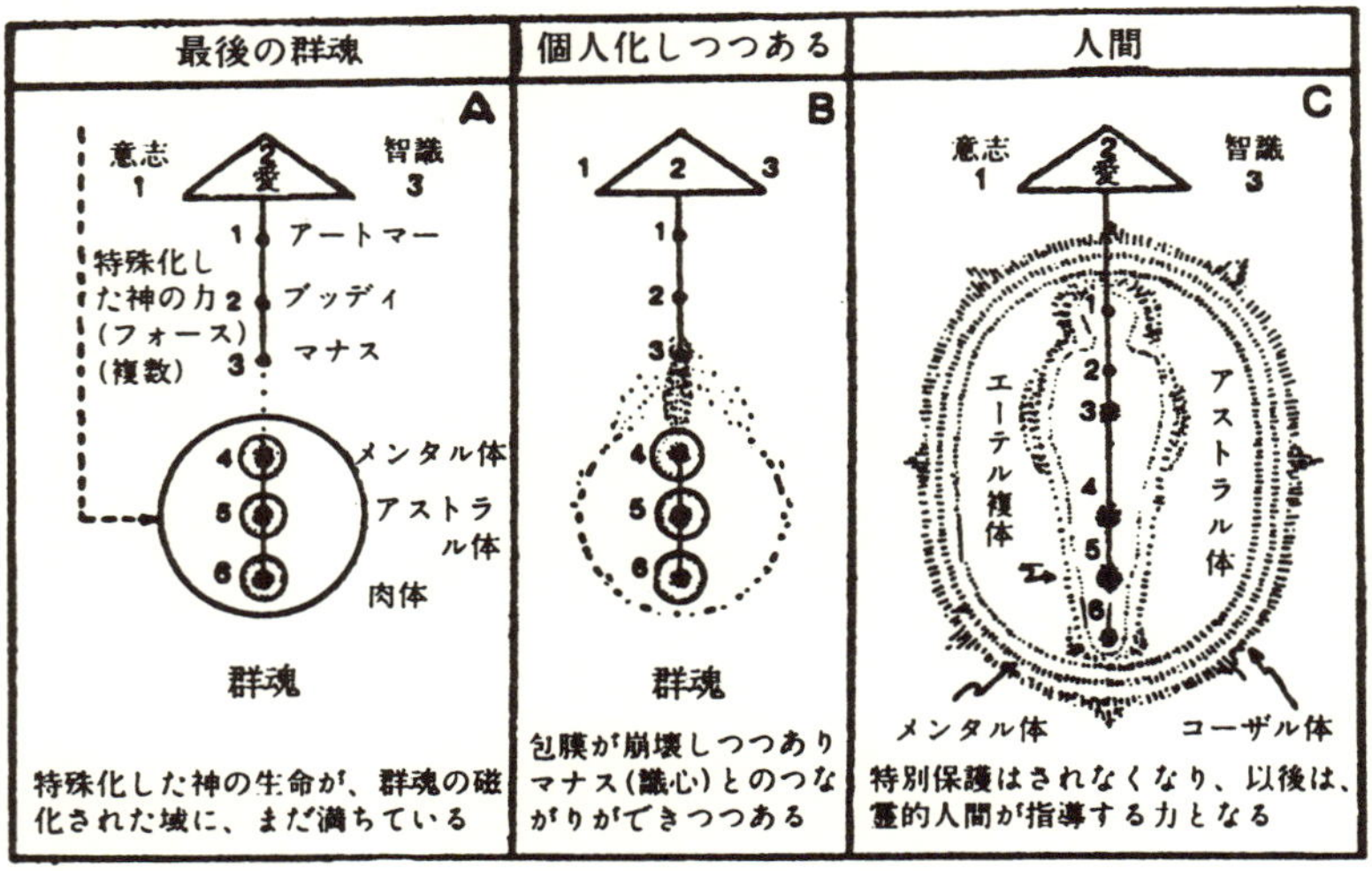

図表57　個人化（E・N・ピアースン『神智学の真髄』より）

囲むように円が描かれています。この円は一体何かというと、ちょうど哺乳動物で赤ちゃんが誕生する前、胎児をお母さんのお腹の中で守るように、まだ一個では活動できない未熟な魂を集団で守るための〝皮膜〟の役割をするものなのです。

これが人間と他の鉱・植・動物の決定的な違いで、この円は〝群魂〟の皮膜と名づけられています。この群魂の性質を理解することによってそれらの存在の様々な活動、それを支える〝本能〟と呼ばれているものの正体が明確になります。

鉱物の群魂

図表58は、鉱物の発生以前に最初の群魂ができる時の模式図です。七つの部屋に区切られているのは、魂の七つの光線のタイプごとにグループになっていることを表します。各グループはモナドや高位三つ組のところでは一つずつバラバラですが、低位三つ組ではマユのように描かれたものの中にまとめられています。

先ほどの図は、人間の構造と簡単に比較するために描かれたものであり、本当の状態を把握するにはこのように複数のセットを描かなければ分かりません(1)。

群魂の話は理解しにくいと思いますので、もう少し説明を続けます。

一人の人間(この場合パーソナリティー)は一つの〝魂―モナド〟を専有していますが、鉱・植・動物ではどの個体、どの一群も一つの魂を占有してはいません。その代わりに一塊の生命(複数の高位三つ組)が、巨大なる量の鉱物、多数の植物や動物全体の魂となってお

(1) ただし図表58も数量的には簡略化されたものだと思われます。

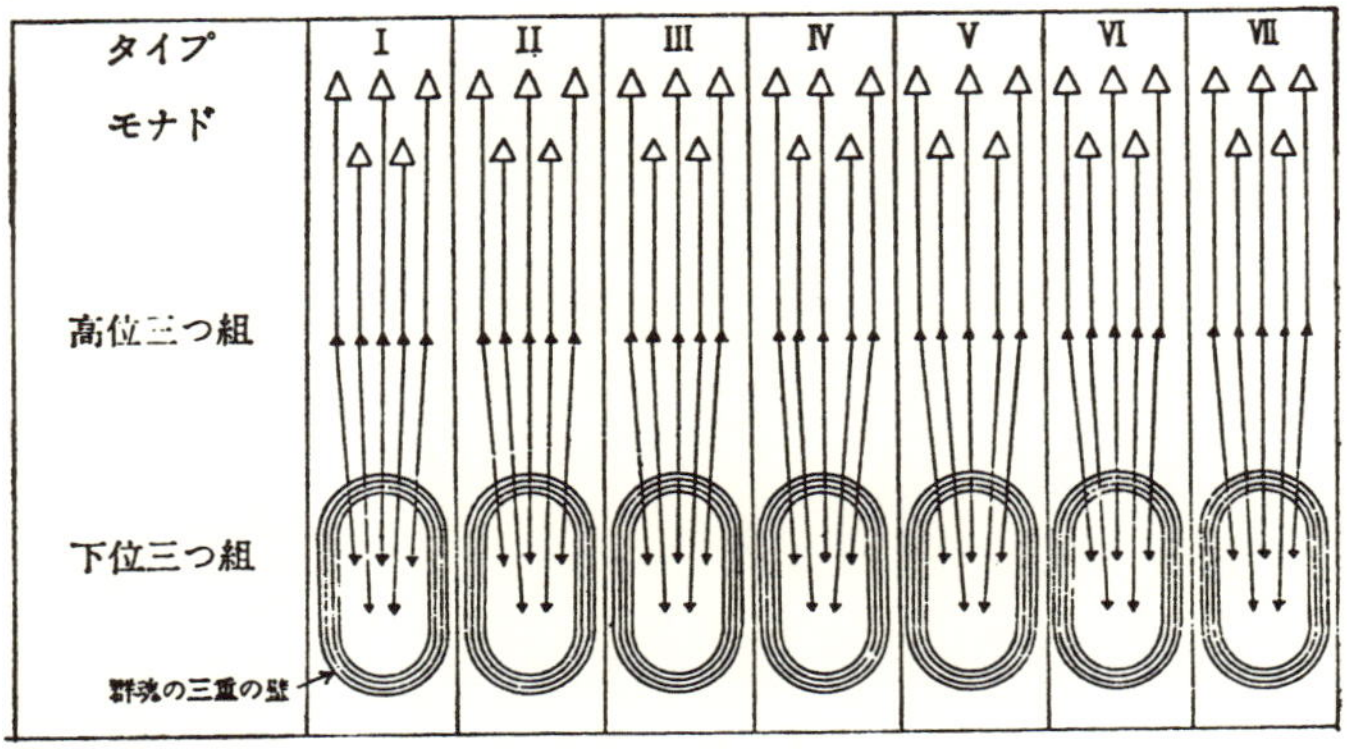

図表58　7つの第1次群魂たち（A・E・パウエル『神智学大要』第4巻、たま出版刊、より）

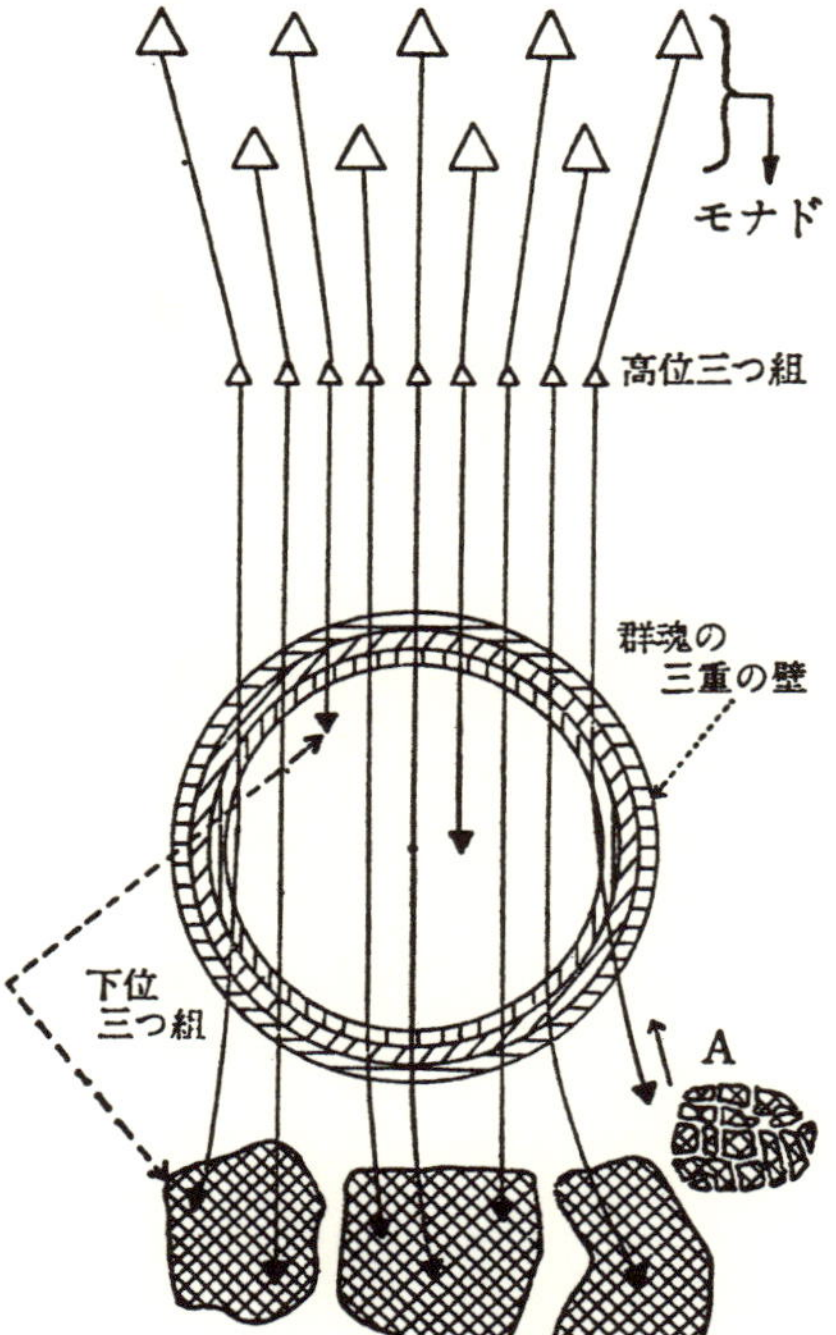

図表59　鉱物の群魂（A・E・パウエル『神智学大要』第4巻、たま出版刊、より）

り、これを群魂と呼んでいるのです。

図表59は、鉱物での様子の概略を示した模式図です。この図では九つの高位三つ組で構成された一つの群魂の様子が描かれています。一番下に網線で描かれた三つのブロックは鉱物の塊を表しており、その中に計六個の低位三つ組が入っています。[2]

右下のAは、鉱物が砕けて破片になったところで、その中に入っていた低位三つ組は群魂の皮膜の中に戻ろうとしています。その皮膜の中には二つの低位三つ組が休んでいます。[3]

しかしこの図表にも、まだ誤解を生じる恐れのあるところがあります。[4]

東洋では群魂を理解するために〝バケツの中の水〟――複数のセットからなる群魂の貯蔵庫に当たります――の譬《たと》えを使ってきました。バケツの中からコップで一杯の水を取り出すと――この水が一塊の鉱物や一本の植物、一体の動物に入っているセットまたはその一部に当たります――当面コップの水はバケツの水からは離れており、水はコップの形をとります。ちょうどそのように、群魂の一部が鉱・植・動物の体を占めそれを賦活しているのです。

しかしそれらの一生が終わると、その群魂の一部は別の体の中にそのまま転生する（人間の場合そうであるように）のではなく、群魂という貯蔵庫の中に一度戻り混合されます。したがって次に汲み出される時には、バケツに戻された水がそうであるように、まったく同一部分が汲み出され＝転生するということは有り得ないのです。こうして群魂の一部が獲得した経験は全体によって薄められながら共有され、それによって群魂全体が進化していきます。

(2) 実際には、この図に描かれているようにすべての鉱物の塊が低位三つ組を常に持っている、というわけではありません。

(3) 鉱物の場合、正確にいうとメンタル単位およびアストラル恒久原子は皮膜の中に休んでおり、物質恒久原子だけが鉱物体の中に散在します。
　それらは空間的にお互いに離れていますが磁力的には群魂全体につながっていて、あらゆる経験を共有する、とされています。図表60。

(4) 図表58や図表59を見ると、高位三つ組と低位三つ組はすべて一本の線で結ばれて対をなしているように受け取られると思いますが、鉱物や植・動物の場合この線は固定的なつながりを意味しているのではないと、理解しておいて下さい。

動物の群魂

動物の特異な行動の中には、群魂の存在を示唆すると思われる具体例がかなりあります。映画やテレビで鳥や魚の群れがあたかも一つの心を共有しているかのように、一羽あるいは一匹が危険を感じるなどして向きを変えると、他の全部も瞬時にそれにしたがって向きを変える姿を、ご覧になったことがあると思います。

蜜蜂や蟻が非常に組織だった分業的行動をとることは、よく知られています。

また「ハメルンの笛吹き」に出てくるネズミの一種レミング(5)の例は、大きな視点で考えると種全体を存続させるために必要な行動だといわれています。

このような巨視的観点からの犠牲的な集団行動がなぜ取られるのかという問題は、これまでの科学では説明不可能だと思いますが、〝群魂による導き〟によるのだとすれば、納得できるのではないでしょうか。

動物の一つの群魂に付着している個体数を調べてみると、蚊やハエの場合10の24乗匹、ウサギやスズメでは数十万羽、ライオン・トラ・ヒョウ・シカ・オオカミ・イノシシのような動物では数千匹、家畜ではさらに少なくなるといわれています。

数が少なくなっていった結果どうなるのか？

人間では一人が一つの魂を持っているということでした。ここに、動物から人間への進化という問題が出てくるわけです。

(5) 繁殖しすぎると彼らは一列の行進を続けて低地へ下り、野を越え山を越え、時には数年を要して海に達します。それでもなおかつ、ただ一つの心を共有しているかのように行進し続け、海中に諸共に入り全部が溺死してしまいます。

群魂の最後の段階では、一つの群魂に属する三つ組は、一つとなります（図表60の右から二番目）。そうなる段階の初期には、その一つの低位三つ組に数体の動物が付着していますが、その数が減り最後に一体のみが付着するようになった時、動物から人間への進化＝〝個別化〟の準備がすべて整ったことになります。

それから先のプロセスが、図表57に記されています。

Aは個別化が起きる直前の状態です。この次に、今まで沈黙を守っていた高位三つ組の動きが活発化して高位メンタル界に渦巻きができ、群魂を守っていた皮膜がそれによって崩壊し＝B、第3メンタル亜層（高位メンタル界の最下亜層）の中に吸収されて魂の器であるコーザル体ができ、高位三つ組と低位三つ組がつながります＝C。これによって個別化が達成され、人間としての進化が始まるのです。

それは、生命の長い進化の歴史の中でも最も偉大な瞬間なのです。というのは、この時モナドが初めて動き出し、高位三つ組および低位三つ組を占有して影響を与え始めるからです(6)。ロゴスの三つの働きのうちで最後に残された第Ⅰロゴス＝父・意志の相の働きの始まりです。

個別化の実際

ここまでの過程を全体として観れば「進化とは、神の生命の大いなる流れが次第に分化し特殊化し、分裂を繰り返してついには完全に個別化して一個の人間となること」といえます。そしてその後は再分裂が不可能となります。なぜならば一個の人間という存在は分割不能の

(6) 図表57のCで、モナドから低位三つ組までが一本に連結されます。

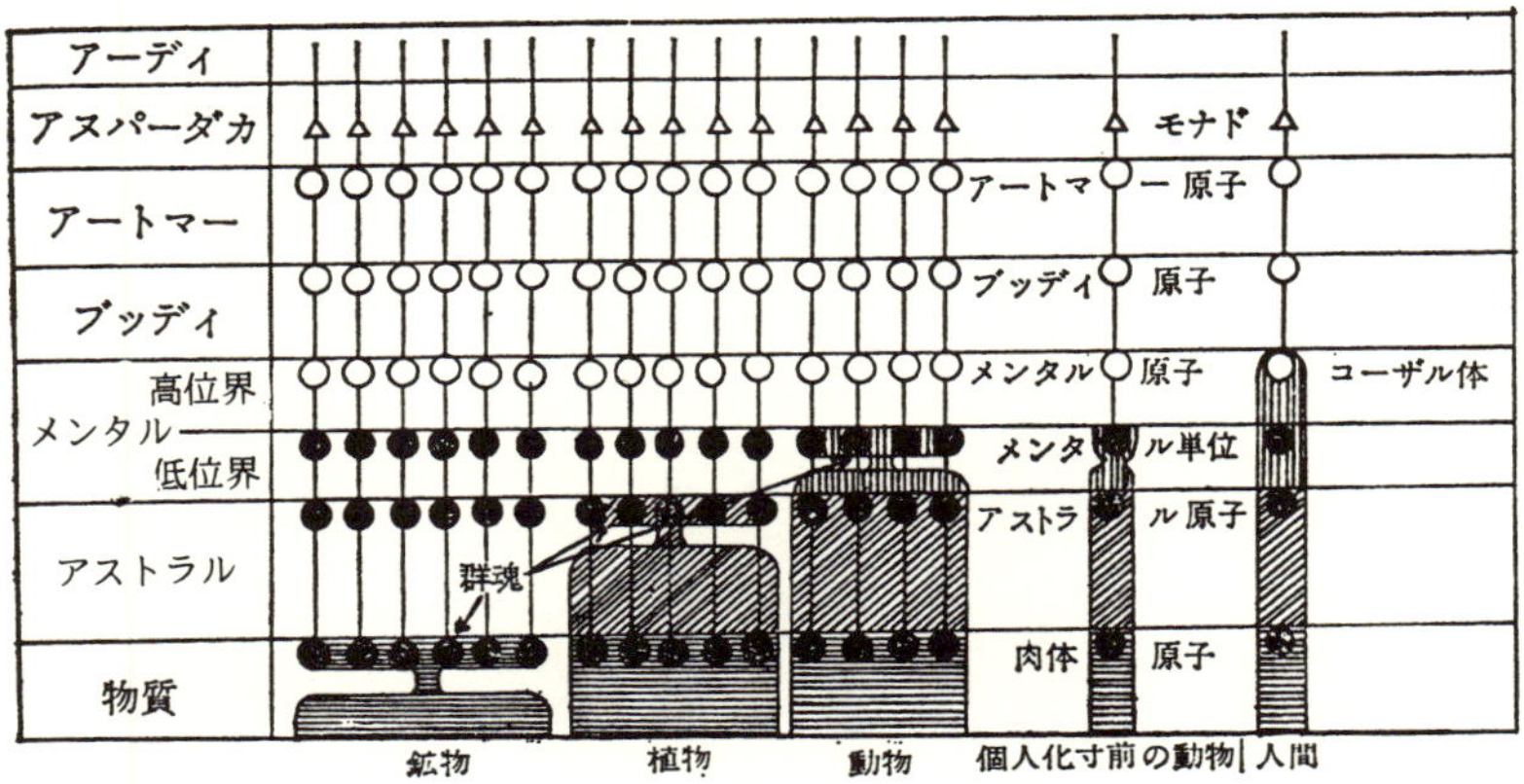

図表60　鉱物より人間に至るまで（A・E・パウエル『神智学大要』第4巻、たま出版刊、より）

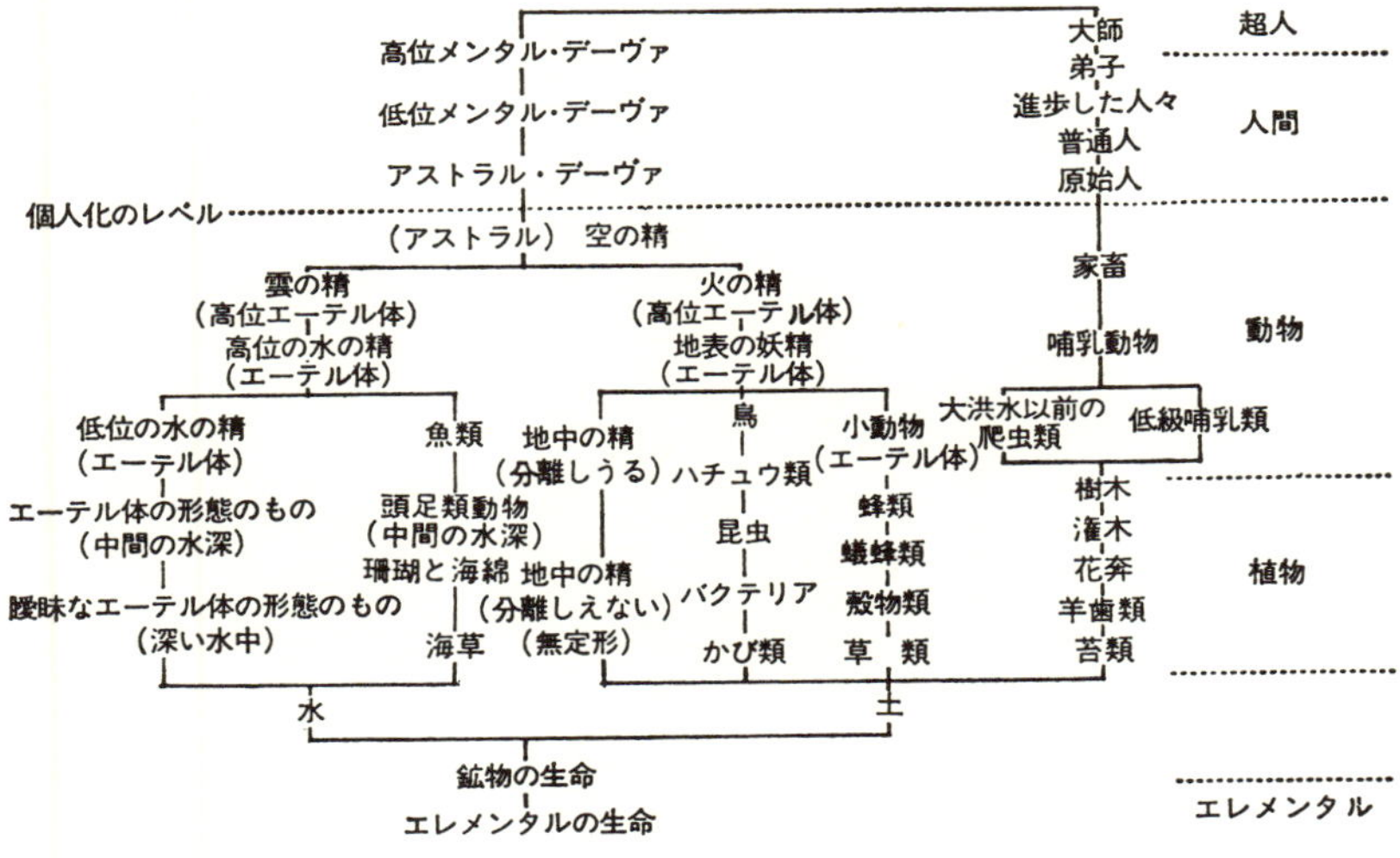

図表61　生命の進化（A・E・パウエル『神智学大要』第5巻、たま出版刊、より）

一個の単位すなわち「魂」だからです。(『神智学大要』Ⅳ、六七頁)

では、人間に進化する直前の動物は、どんな種類なのでしょうか。ダーウィン以降築かれてきた進化論では、皆さんご存知のように原始的な猿から類人猿を経て人間にたどり着いたということが、主張されてきました。

しかし秘教の主張は、それとは異なるものなのです。猿もその中に含まれてはいますが、犬や猫、馬、牛、象、ラクダなどがあげられています。気づかれたと思いますが、それらは家畜、或いはペットです。なぜそうなのかは、個別化という現象をもう少し深く考察してみることにより、ご理解いただけると思います。

個別化では高位三つ組と低位三つ組がつながりましたが、その相互のつながり方は、

①アートマ――(意志)――肉体
②ブッディ――(愛情)――アストラル
③高位メンタル――(知性)――低位メンタル

の三組で、個別化のきっかけも意志・愛情・知性の三種類があるわけです。[7] そしてそれらはいずれも、その動物が彼らにとっての主人である人間と接触することを通してのみ得られるものだからです。

ここまでくると、第五章の人間の輪廻転生での、「各体の経験は恒久原子により輪廻転生を経て伝えられていくが、肉体は親からの遺伝により伝えられていく」という話を思い出された方がいらっしゃると思います(図表51)。

そうです。動物から人間へという大きな進化の流れにおいても、〝生命(魂あるいは意識)

(7) ただしクレーム氏は、個別化は常に人間のメンタル的な刺激によってなされ、愛情とは関係ないと語っています。『マイトレーヤの使命Ⅱ』四六四頁。

の進化〟と〝形態の進化〟という二重の構造が存在しており、ダーウィンの発見した進化論は、そのうちの後者であったということなのです。(8)

では、生命の進化はどのような道筋で進んでいくのでしょうか。

狼や狐・ジャッカル等は最後には犬に、ライオンやトラ・ヒョウ等は猫に進化するとされています。さらにその前はというと、動物にも植物にも鉱物にも光線があり、図表58で群魂ができた光線ごとのグループに分けられて以来、同一の光線の流れで進化していくわけです。

図表61には、生命の進化の概要が示されています。この図には、またまた一般常識からするとでもないこと——秘教をここまで学ばれてくるともう慣れてきたと思いますが——が記されておりますが、徐々に解説していきましょう。

鉱→植→動物から人間へ

一番右端に人間に至る系列が示されており、ここを見ると〝エレメンタル〟(これについては後で説明します)から鉱→植→動物と〝王国〟を一段ずつ進化し、人間さらに超人=大師へと進んでいます。

この鉱→植→動物の進化を、まず前の図表56に戻って検討してみましょう。

鉱・植・動物の間にはどのような違いがあるのでしょうか。まず先ほど話題にした群魂の皮膜をよく見ていただくと、鉱物では三重、植物では二重、動物では一重になっています。これらは、鉱物では外側からそれぞれ物質原子(最高=第1)亜層・アストラル原子亜層・

(8) ローマ法王が先年認めたのは、このことだったのです。その時の会見で法王は、「新しい知識により、我々は進化論が仮説以上のものであるという認識に達した」と述べられました。ではこの〝新しい知識〟とは何かというと、ひょっとするとバチカンの奥に一番古くから眠っていた知識かもしれません。したがって問題はむしろ、なぜこの時点でこの〝新しい知識〟を持ち出さなければならなかったか、です。

第三章で述べたイエス大師の影響が感じられます。

低位メンタル最高（＝メンタル第４）亜層の質料でできている膜で、植物では物質質料の膜がなくなり、動物ではさらにアストラル質料の膜もなくなります。

鉱物界では、物質界層で主に経験を積むので、それを共有し蓄積するために、物質の皮膜が必要でした。しかし物質恒久原子がある点まで発達し、その振動率が鉱物という形態の制約の中では、もうそれ以上の発達が不可能になると、同物質恒久原子は群魂の中に引き戻され、物質の皮膜が消えて植物の構造に移行します(9)。

次には植物界でアストラル界層の経験を積み、それを卒業する時期になるとアストラルの皮膜が消えて動物の構造に移行します。さらに同様にして動物界でメンタル界層の経験を積み、それを卒業する時期になるとメンタルの皮膜も消えて、先ほど述べた個別化の過程に入っていくわけです。

図表56の鉱・植・動物と低位三つ組の周りを見ると、そこにも違いがあることが分かります。鉱物では物質恒久原子の周りにだけ体ができあがっていますが、植物ではアストラル恒久原子の周りにもでき、動物ではさらにメンタル単位の周りにもできてきています。

この点を質料の変化の観点から分かりやすく表したのが、第一章で示した図表6です。

鉱物は、エーテル体を含め物質界層の質料でほとんど占められています。しかしほんの僅かにアストラル質料があります。これによって親和力や反発力が生まれ、結合や分解が起こります。化学的反応も、人間の持つ愛情や憎悪という感情的反応と同種のものだったのです。

まず最初に目覚めるのは、〝物質意識(10)〟です。鉱物は長期にわたって数々の衝撃による快楽や苦痛を経験することを通して、自分の外側に触れるものを「自分自身ではないもの」とみ

(9) 各王国から一段上の王国への進化は、放射性を獲得することによって成し遂げられます。鉱物の場合、天然の放射能を持つウラニウムやラジウム――現在、間違った使い方が問題になっていますが、元来貴重かつ有益なものです――等が、それに当たるようです（『とんぱ』第一号。二二頁）。

鉱物界にもイニシエーションがあり、「卑金属（第１段階）→貴金属（第２段階）→準宝石（第３段階）→宝石（第４段階）」と進んでいきます。（"Esoteric Psychology" P230）

(10) 第六章「心とは何か」参照。

なし始めます。このようにして「自—他」の最初の大まかな区別が形成されるのです。(11)

植物では物質次元の質料の高位の方も充実し、アストラル質料も少し増えています。

動物ではさらにアストラル質料が増え、メンタル質料も一部現れます。そのため家畜等、高等な動物では思考の萌芽が見られるわけです。

さらに人間では高位メンタル質料まで現れます。

ついでに超人間を見てみますと、高位に向かってブッディ／アートマ質料が出てくるのと同時に、低位の方の質料はなくなります。その結果物質界を克服し、肉体をとる必要がなくなってくるわけです。

図表60は、鉱→植→動物から人間への進化の過程における群魂と各界層の変化についてまとめたものです。斜線で引かれている部分が群魂を表しています。鉱→植→動物と進化するにしたがって、一つの群魂内の三つ組の数は減っていきます。(12) 個別化直前から人間にいたる進化は、先ほど述べた通りです。

このように、人間と動物以下の存在では決定的にその構造が異なります。人間の魂は前章までにお話したように輪廻転生を繰り返す間も永続し、成長を続けていくわけですから、「一度人間になった魂が死んで動物に生まれ変わることは、あり得ない」ということになります。(13)

——進化とエネルギーの関係

では次に、人類と鉱・植・動物界とのあるべき関係を考えてみましょう。

(11) インド人科学者のJ・C・ボウズ教授が発見した金属や植物の疲弊反応等の興味深い例が『神智学の真髄』一二〇頁、およびヨガナンダ著『あるヨギの自叙伝』六七～七五頁に載っています。

(12) 実際は、この図より個数に関してははるかに大きな変化があります。

(13) 自然を愛する方々が、鉱・植・動物の純粋性を強調され、人間を悪者として扱う場合がありますが、それも行き過ぎると問題があります。その理由は、
①万物が神であるという視点に立てば、皆平等です。
②進化の観点に立てば、構造が複雑になった生命を、単純な構造の時と同じレベルまで全体を完成させるのは容易ではなく、後述するように一連鎖という膨大な時間が必要だからです。

まず物質的な面において、植物は大地によって養われ、動物は植物を食し、人間はさらに動植物を食して生活しています。進化という観点において上位のものは、より下位のものの犠牲によって育まれているわけです。

下位のものにとって、これは上位のものに〝奉仕〟することであり、〝進化のための推進力〟として働く、非常に意義ある行為といえます。[14]

では上位のものは、下位のものに一方的に仕えられるだけでよいのでしょうか。

動物から人間への進化のところで見たように、上位のものは下位のものの進化を促すために、積極的に働くことが必要です。

人類の真の役割は、前章のチャクラのところで見たように、エネルギーの変圧機・分配室として働き、動・植・鉱物界にエネルギーを科学的に伝導することです。[15] つまり、ハイアラーキーより伝えられた高度なエネルギーを受け取って、動物界が利用できるレベルにまで下げて放出することです。

動物界は人類と同様に働いてエネルギー・レベルをさらに下げ、植物界が利用できるようにして放出し、植物界はさらに鉱物界が利用できるようにして放出します。このようにして、進化の観点では上位のものは、下位のものが利用できるようにエネルギー・レベルを下げて伝える、という働きをしています。その時主要な働きをする器官が、各界＝王国[16]の〝チャクラ〟なのです。すなわちチャクラは、各王国に存在する普遍的構造です。

非常に重要な話なのでもう一度まとめますと、

「種においても個の生存においても、形態を作るための質料は下の王国が上の王国のために

(14) この方向の奉仕は、質料の提供だけではありません。例えば、鉱・植・動物が病んだ人間に低位のレベルの癒しを与えることが知られており、ストレスの多い現代社会の中で、それを積極的に利用しようとする動きが急増しています。鉱・植・動物の方が構造が単純なので、ある部分に限れば質の高い波動を放出することが可能なのでしょう。

(15) 人類は本来、動・植・鉱物界を教育する役目を担っているのですが、今のところその自覚を持って行動しておりません。近い将来、人類はその本来の立場を理解し、自覚的に取り組むことが期待されています。

(16) 界層と区別がつきやすいように、王国と呼びます。

用意し、進化や生命を支えるより高位のエネルギーは上の王国が下の王国のために用意する。」という仕組みになっています。生命はこのようにしてお互いに助け合いながら、ロゴスの計画を推進しているわけです。

――第Ⅱロゴスの働き

さて、鉱物から植物→動物→人間→という進化を見てきましたが、では鉱物の前はどうなっているのか、という疑問を持たれた方もいらっしゃると思います。

第二章で述べたように、宇宙の始まりは、秘教でも現代宇宙論でも、極々小さな一点だと考えられています。そこから突然鉱物が生まれたというのでは、物事には必ずそれに先立つ深遠な構造が存在するという、これまでの秘教の首尾一貫した論理が崩れてしまいます。

ご安心下さい。秘教には、ちゃんとその前にも連続した流れがあると説かれているのです。図表6に戻って鉱物の前を見て下さい。第Ⅱロゴスの流れが上から下ってきて鉱物に流れ入るようになっていますが、そこに至る手前を見ると、アートマ・ブッディの層を通って高位メンタル界層で〝第1エレメンタル王国〟、低位メンタル界層で第2、アストラル界層で第3の各エレメンタル王国と、書かれています。

これらは一体何なのか？

本書に残された最後の難関とも言えるところですから、もうひと頑張りして下さい。

第Ⅱロゴスの働きは、形態に生命を吹き込むことでした。ですからこれらの王国は、皆生命の世界を形作っています。ただし、それぞれの王国の生命はその界層のみの質料からできており、メンタル体やアストラル体がそうであったように普通の人の目には見えないため、一般には知られていないのです。

では、これら三つのエレメンタル王国と私たちのメンタル体やアストラル体との関係はどうなっているのでしょう。ちょっと込み入った話になるのですが、実は私たちの諸体やさらにそれが生み出す想念は、これらのエレメンタル王国の生き物たちによって形成されているのです。

私たちの物質的身体を構成する何十兆もの細胞は一つ一つが個別の意識を持つ生命であり、私たちの物質的身体では二重の生命活動が営まれている(17)といえます。ちょうどそれと同じように(18)、私たちのアストラル体やメンタル体・コーザル体も、それらを構成するエレメンタル(19)とともに、二重の生命活動を営んでいるわけです。

しかも細胞が新陳代謝によって入れ代わるように、各体を形成するエレメンタルもどんどん入れ代わっていきます(20)。

そんな細かい話はどうでもいいじゃないか、と思われるかもしれませんが、実はこれが重大な問題を含んでいるのです。私たちの人生を困難にする根本的原因が、ここにあるからです。

人間にとっての進化とは、より高い波動の方へ移行することでしたが、同居者であるエレメンタルにとっての進化は、逆により低い波動の方へ移行することであり、これを〝逆進化〟と呼んでいます。つまり、私たちの中にはまったく逆のゴール・価値観を持つ二つの生命が

(17) 実際にはさらに多重の生命活動が並行して存在しています。

(18) エレメンタルの比喩としては、細胞というより、細胞を構成している原形質といった方がより正確です。
原形質は〝第4エレメンタル〟といってもよいものです(『神智学の真髄』一二六頁)。

(19) 正確には〝エレメンタル・エッセンス〟ですが、複雑になるので説明を省略します。『とんぱ』第二号一六六〜一六七頁参照。

(20) エレメンタルは一時的な存在で、個としての持続性はありません。

同居しているわけです。私たちが良心と欲望の狭間で悩む時、各諸体は魂の導きとエレメンタルの誘惑の戦場になっているのです。

人間の進化の初期段階では、この戦いはエレメンタルの側の一方的勝利に終わります[21]。しかし転生を重ね経験を積むにつれ、時には魂が勝利することが起こります。そのうち次第に魂が優位に立つようになり、最終的にあらゆる場合に魂がエレメンタルを完全にコントロールできるようになった時点で、人間を卒業する条件が整ったことになります。

(21) いわゆるキレルという現象は、この結果起きる行動です。

ロゴスの大計画と〝悪〟

本書ではこれまで「悪」について何度か考えてきましたが、ここでエレメンタルの観点からこの問題を考えてみましょう。

私たちが悪の誘惑に負けるのは、エレメンタルの存在が原因ですから、〝悪〟とはエレメンタルのことだ、ということになります。

しかしエレメンタルも元をただせばロゴスより出ているわけですから、そうなると神が悪の源ということになってしまいます。この問題を正しく理解するためには、そもそもなぜ神はその高い界層から降りてこなければならなかったのか、ということから考える必要があるでしょう。

図表6・7および第二章の宇宙生成論の話を思い出して下さい。

太陽ロゴスは銀河宇宙の中で自分専用の場所を作り、そこで活動を開始します。まず〝質料―エネルギー〟を創造する第Ⅲロゴスの働きにより、各界層の原子および各亜層の基本的質料が用意されます。

〝生命―形態〟を創造する第Ⅱロゴスは、この後活動を開始するわけです。

ロゴス(の断片)は、それ自身の本来の界層である高位の界層においては超有能なのですが、低位の界層では最初はボーッとしていて何もできず、無能ともいえる状態なのです。

そこから始まって低位の界層でも高位と同様に有能に機能できるようになること、別の言い方をすれば、霊が物質まで下り、すべての資料を霊化してロゴスの支配を完成させながらもう一度上昇して還るということが、ロゴスの進化の計画なのです。そのために人間の感覚からすれば膨大な時間をかけて、わざわざ一段ずつ界層を降りていくわけです。

各界層のエレメンタルにとっては、その界層の高低あらゆる波動を経験することが、仕事です。したがって必ずしも低位に向かうことだけがエレメンタルにとって望ましいわけではありませんが、放っておくと本能的に低位の粗雑な波動に向かってしまうため、私たち人間の場合は魂のコントロールにより、エレメンタルが多様な経験を充分積めるようにしてやらなければならないのです。

ということで、〝悪〟とは何か、ということこれも本当に神の一つの側面であったわけです。第三章でもお話ししましたが、善とか悪というのは相対的な概念であり、一つ前の段階では最高の善であったものが、次の段階では克服すべき悪となるのです。そのようにして大いなる進化が成されるのであり、ロゴスの壮大な観点からは悪などというものは存在しないのです。(22)

(22) 悪というのは人間が考え出したチッポケな観念に過ぎないのですが、しかしそのチッポケなものが積み重なって、ロゴスの壮大な進化を生み出したり邪魔したりしていることもまた確かです。

「本当は悪などないのだ」といって私たちがいい加減な生き方をしてよい、ということではないことも、もう一度しっかり押さえておいて下さい。

――人間は宇宙に普遍的に存在する

進化の流れを振り返るのが途中になっていましたので、その続きに戻りましょう。

逆進化において一つの界層を降りるのに要する時間は、一連鎖期という途方もない期間(23)です。引き続き起こる鉱↓植↓動↓人間の進化の各ステップもそれぞれ一連鎖期かかります。

したがって今私たち人間に入魂している生命は、この太陽系のできた時つまり四連鎖前は鉱物の中に生命を宿していた、ということです。

私たちを含んだ生命の流れは、太陽系誕生から四つの連鎖を経て遂に人間にたどり着いたわけです。そしてこの人間という存在は、進化の流れの中で特筆すべきポジションを占めています。再び図表6の人間のところを見てください。上を見ると第Ｉロゴスと書かれており、そこから人間に線が下りています。

神の三つの働きのうちそれまで活動していなかった〝霊―魂―パーソナリティー〟の創造を受け持つ第Ｉロゴスが、人間に到達した時点で初めて活動を開始するのです。これが起こる瞬間が本章でお話した個別化の時、一つのモナドが一つの高位三つ組と低位三つ組を占有するといった、あの瞬間なのです。

一八五〇万年前この地球上でそれを起こすべく、金星より来られたのが〝世界主＝サナット・クマラ〟でした。聖書の中でアダムとイブの「楽園からの堕落(24)」として語られている話は、このことだったのです。

(23) 数十億年。

(24) そこに書かれていることはすべてが隠喩であり、進化の計画の意図的な部分でした。すでに力強い肉体と感じやすいアストラル体、メンタル体の萌芽を持った第2根人種――まだ完全な人間とはいえないが動物より明らかに進んだ段階――にたどり着いた時、人間の魂は楽園を放棄し、「智恵の木の実を食べ」なければならなかったのです。それはまだ動物人間でしかなかった肉体の中に、転生することでした。それを恩寵からの堕落として語ったのです。それは本当は、人間の進化における転生についての物語だったのです。(『マイトレーヤの使命Ⅲ』三九三頁)

秘教では人間を、「最高の神霊と最低の質料とが智慧によって統合され、かくて顕現した神となり、前途に展開する無限の未来の征服に乗り出すところの宇宙における存在である」と定義しています。（『神智学大要』Ⅳ、九七頁）

人間は霊と物質が一緒になった時に常に発生し、霊と物質は宇宙の至るところに存在するゆえ、人間は宇宙に普遍的に存在します。第二章でも述べましたが、人間が地球や太陽系にのみ存在するわけではないことを、もう一度確認しておいて下さい。[25]

再び話を地球に戻します。個別化＝動物界から人間界への進化は、地球連鎖のちょうど真ん中である第4根人種＝アトランティス人種の時代の中期まで続き、人類の総人口は絶えず補充されてきましたが、その後は個別化する動物はほとんどいなくなっているといわれています。

しかし人間はまだ、この帰還の道の半ばです。これから超人間＝大師、それからさらに先に進んでいく道が続いているわけです。

今お話ししている生命の流れでも、〝7〟という数字がまたまた登場します。

すなわち、第1エレメンタル王国から→第2→第3→鉱→植→動→人間という〝七つの王国〟と呼ばれるステップがあります。この中では人類は最後の段階に当たります。[26]

ここでちょっとエネルギー・システムの観点を思い出し、王国と光線の関係について簡単に触れておきます。各王国には図表62に示すようにそれぞれ関係の深い光線があり、その光線によって育まれ、その光線の特徴を現します。[27]

(25) UFOやミステリー・サークルを発見したという報告が増えています。それらはこの太陽系に住む地球人類の兄弟たちが、自分たちの存在を知らしめるために、意図的に現したものです。彼らおよび彼らの技術は非常に進化しており、エーテル界を自在に使いこなし、一時的にその波動率を下げて肉眼でも見えるようにすることができる、といわれます。

(26) もう一つ別の数え方としては、鉱→植→動→人間→ハイアラーキー（大師方）→シャンバラ（惑星ロゴス）→太陽ロゴスというものもあり、この中では人間はちょうど真ん中に位置します。

(27) 人類の例では、図表43の中の3。

図表62　王国と光線
（A・ベイリー『秘教心理学』より）

王国	光線	表現
鉱物	第7	放射能
	1	力の根本的な貯蔵所
植物	2	磁力
	4	色彩の均一性
	6	上へと向かう傾向
動物	3	本能
	6	家畜化
人間	4	経験・成長
	5	知性
大師	5	パーソナリティー
	2	直観
惑星	6	大計画
	3	創造的な働き
太陽	1	普遍マインド
	7	統合的な儀式

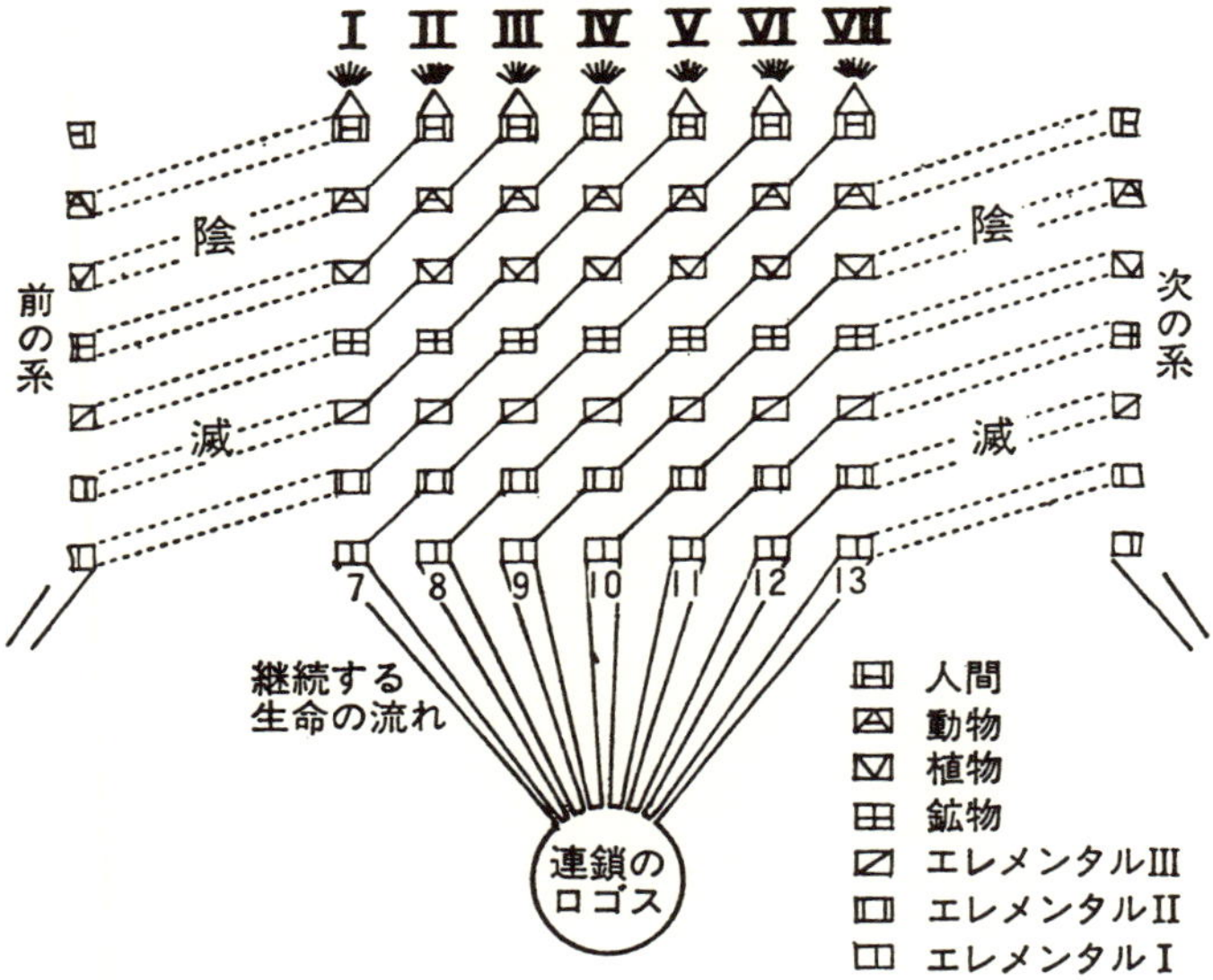

図表63　13の生命の流れとその目的（A・E・パウエル『神智学大要』第5巻、たま出版刊、より）

――並行する生命の波…デーヴァと自然霊

次に、現在の地球に存在する生命の流れはどうなっているのか、調べてみましょう。

図表63にその概要が表されています。

現在の地球で動物として活動している生命の大半は、地球が解体された次の連鎖で人間となります。(28) 同様にして、植物・鉱物として活動している生命の大半は、それぞれ二つ・三つ先の連鎖で人間となります。このように、この地球上には、（そして宇宙のあらゆるところでも同様に）幾つもの生命の波が並行して存在するわけです。

それらの生命の波が先の連鎖に進んでいった時、鉱・植・動物界に空きができないように、エレメンタル王国から次々と生命が補充されていきます。ロゴスの計画が継続して進行するためには、悪の源（!?）とも考えられるエレメンタルも必要だったのです。

当然今の私たち人間より一つ或いはそれ以上先に進んだ生命の流れもあるわけで、その存在方が第三章で見た〝神の世界〟を構成し、私たちを指導して下さっているわけです。(29)

ここで注意しておいていただかなければならないのは、今までお話してきた生命の流れは人間を中心に見てきたものであり、実は進化の過程で人間を通る以外に、人間をまったく通らない流れが存在する、ということです。

先ほどの進化の流れの図表61に描かれている〝デーヴァ〟の系列が、それに当たります。

「人間に至る進化が家畜から起こる」という話でも驚かれたと思いますが、この図の左側の

(28) 一部はこの地球連鎖のうちに個別化しますが、人間の世界に入ってくるのはかなり先だといわれています。

(29) 太陽系ができた時＝第1連鎖で最初に流れ入る生命の波も七種あり、それらは前の太陽系が解体された時に一度消滅して、再び現れたものです。

系列を見ると、もっと驚かれると思います。というのは、昆虫や鳥や魚は進化して人間になるのではなく、人間と並行する存在であるデーヴァになるように描かれているからです。

ではこのデーヴァとは一体どんな存在なのでしょうか。これに関しては書物によりその指し示す内容がかなり異なっているようです。ものによっては、目に見えないあらゆる存在物を指す場合があり、エレメンタルもこれに含んでいる場合があります[30]。

しかしこの図で描かれているデーヴァは、ほぼキリスト教で〝天使〟といわれる存在を指すものと考えてよいと思います。デーヴァと次に述べる〝自然霊〟の違いは、人間と動物の違いと同じく、魂と一対一でつながっているか否かです。

人間は知性によって進化していきますが、デーヴァは人間のような知性を持たず、感性によって進化し、音楽や絵画などの芸術活動と深く係わっているといわれます。

デーヴァは進化し大師のレベルに達した時、人間の進化系列と再び合流します[31]。

通常デーヴァは巨人の姿をしていますが、その体は伸縮自在です。デーヴァの体はエレメンタルによって構成されており、また私たちがメンタル体やアストラル体を形成するためエレメンタルを引き寄せてくる時にも、デーヴァが協力してくれます[32]。

デーヴァに進化する手前の存在である自然霊は、各所で〝妖精〟として知られている存在たちです。彼らには様々な種類がありますが、有名な〝四（五）大＝地水火風（空＝エーテル）の精〟というものもこの中に含まれます。

彼らは進化の進んだ動物と同レベルで群魂とつながっており、その進化系列の一つ上の〝アストラル・デーヴァ〟と交流し、彼らを愛することを通して個別化していきます。

(30) その逆に、デーヴァまで含めエレメンタルといっている場合もあります。

(31) 聖書に、天使の上に大天使・座天使・主天使・権天使・力天使・能天使・智天使・熾天使という存在のことが書かれています。

(32) 『神智学大要』Ⅲ二九〇～三〇〇頁等。

自然霊は人間と似た姿をしていますが、デーヴァ同様その体は柔軟性に富んでいます。普通は人間よりやや小さいようですが、何かあると自在に姿を変えることができます(33)。

また自然をこよなく愛し非常に清廉潔癖《せいれんけっぺき》な生活を送っている人（農業者など）には好意的で、いろいろと手助けをしてくれることもあります。

――地球の霊

〝地球の霊〟はどうなのか、という疑問を抱かれた方もいらっしゃるかもしれません。この地球霊とは、〝地球のロゴス〟とも、その代理である世界主＝サナット・クマラとも違う存在であり、いわゆる〝ガイア〟に相当するものだと思われます。

地球自体もやはり生きており、一種の巨大な自然霊が現在の転生で使用している物質体です。その前の転生で使用していた体が、第二章で紹介したように〝月〟でした。

人類や動植鉱物等は、地球霊にとっては微生物または寄生虫のような存在ともいえます。すべての存在がそうであるように、地球霊もオーラを持っており、地球を取り巻く気層がそれに当たります。オーラは外から有害なものが侵入してくるのを防ぐ役割も持っています。太陽光線は、地球に住む生物にとってそのままでは〝破壊光線〟であり、オゾン層(34)によって生命が守られていることはよく知られています。オゾン層なしでは私たちは皮膚ガンで死に絶えてしまいます(35)。

今日環境汚染によってオゾン層が破壊されつつありますが、それは地球霊が健康を害した

(33) 山道で人を化かしたりするのは、彼らの仕業です。森の神や氏神等として敬われたりするのも、彼らのうちの威厳のある者です。

(34) 気層すなわち地球霊のオーラの一部。

(35) 太陽光線が〝破壊光線〟であるのは、地球の進化が未だ低いものであり、太陽系には私たち地球人には処理することのできない強力な光線を必要とする、私たち以上に進化した惑星・生命が存在することを、暗示する証拠とも考えられます。

ために、そのオーラがダメージを受けているとも解釈できます。また二酸化炭素の層が厚くなることによる温暖化も、同様の問題と考えられるでしょう。

地震や火山の噴火は、人間が具合が悪い時に咳やくしゃみをすることに当たる、地球霊の反応だともいえます。

地下核実験は地殻に非常に大きな衝撃を与えるため、そこから離れた地域に起きた地震の直接的原因になっていることがあります。これはまだ地球物理学の研究の範囲内の問題としても捉えられますが、秘教的に考えた場合、人間の行為が自然界に与える影響は、目に見えない存在たちまでに及ぶことを、忘れてはなりません。

すなわち、私たちの乱れた思考や感情によって生み出される破壊的エネルギーによって、自然現象を支配しているデーヴァや自然霊、エレメンタルたちの保っていた均衡が乱され、その結果として、様々な災害が引き起こされることがあるのです。[36]

そのような災害は、私たちにとっての病気と同じように、破壊的なエネルギーからこの地球を守る浄化作用であり、私たち自身がなしたことに対するカルマの法則の必然的な結果です。

その責任（の一部）はよく語られるように、本当に私たち人間にあるのです。私たちの意識が浄化された時、現在のような天変地異の頻発する世紀末的な状況は終息に向かうと、期待されます。

(36) 逆にそれらの存在を大切に扱い、コンタクトがとれるようになると、〝気象制御〟——雲を動かしたり、天気を変える等——ができるようになります。

――国家とその光線

そろそろ、秘教の勉強も終わりに近づいてきました。これまで、超極微の世界から超巨大な世界まで、私たちを取り囲むあらゆる領域を調べ、それらのすべてが相似的な関係を持ちつつ互いに影響しあいながら、一つの大計画のもとに進化し続けていることを学んできました。

最後にまだもう少し語っておきたい部分があります。それは都市や国家・グループの人間集団が、この全体構造の中でどのような位置を占め、役割を果しているのか、ということです。まず国家から見ていきましょう。国家も人間やその他の存在たちと同じように、光線によって支配されています。図表64は、アリス・ベイリーによって発表された主要国の光線のリストです。

それによれば、国家は主に魂とパーソナリティーの二つの光線によって支配されています。魂の光線は、その国家のリーダーであるイニシエートや弟子たちによって関知され、表現されます。一方パーソナリティーの光線は、支配的な大衆の影響と表現です。(37)

光線が国家に与える影響の分かりやすい具体例を、幾つかあげてみましょう。(38)

ドイツは第4光線の魂を持っており、バッハやベートーベン、ゲーテ等の偉大な芸術家を多数輩出しましたが、一方で第1光線のパーソナリティーの影響により二度の世界大戦で軍国主義的な立場を取りました。

(37) ベンジャミン・クレーム氏によって、さらに多くの国のリストが発表され、それによれば、日本は魂6、パーソナリティー4です。

(38)『国家の運命』、および『マイトレーヤの使命』(二〇〇〜二〇二頁)。

図表64　国家と光線
（A・ベイリー『国家の運命』より）

都市名	魂の光線	パーソナリティの光線	国家のモットー
インド	第１光線	第４光線	私は光を秘める
中国	1	3	私は道を示す
ドイツ	4	1	私は保持する
フランス	5	3	私は光を放つ
イギリス	2	1	私は奉仕する
イタリア	6	4	私は道を切り開く
アメリカ合衆国	2	6	私は道を照らす
ロシア	7	6	私は２つの道を繋ぐ
オーストリア	4	5	私は照らされた道に奉仕する
スペイン	6	7	私は雲を追い散らす
ブラジル	4	2	私は種子を秘める

図表65　世界の５大センター（都市）
（A・ベイリー『国家の運命』より）

都市名	魂の光線	パーソナリティの光線	（　目　的　）
ロンドン	第５光線	第７光線	英国連邦のための
ニューヨーク	2	3	西半球のための
東京	6	4	極東のための
ジュネーブ	1	2	旧ソ連を含むヨーロッパのための
ダージリン	2	5	インドとその他大部分のアジアのための

また世界の二大大国であったアメリカ合衆国と旧ソビエト連邦は、いずれも第6光線のパーソナリティーを持っており、この光線の悪い面である狂信的、排他的傾向が今日の世界の困難の大きな原因をつくったと考えられます。

第6光線のパーソナリティー同士は排他的傾向が強いため、お互いに相入れませんが、その他の場合は一般的に同じ光線を持つ国同士は、お互いに理解し易く深い関係を結びます(39)。一方共通の光線を持たない国同士は、人間の場合と同じく理解が難しいようです。

国家には、魂の光線を基調にした〝国家のモットー〟があります。

パーソナリティーの光線はそのモットーを実現すべく、人間の転生と同じように変化します。理想的には国家の魂の光線が顕現し、モットーが達成されてその生涯を終えるわけですが、これまではたくさんの国家が魂の光線を顕現する前に姿を消してしまいました。しかし人類が進化するにしたがって、このようなことは稀《まれ》になるといわれています。

――グループ

国家以上の単位も、光線を持っているものがあります。アリス・ベイリーによれば(40)、

西洋――魂＝2、パーソナリティー＝4

東洋――魂＝4、パーソナリティー＝3

であり、人間王国の光線である第4光線が両者に共通で、力を合わせて社会を発展させていくための鍵を握っています。

(39) 英国連邦のイギリス・アメリカ・インド等のように。

(40) 『国家の運命』土方三羊訳、私家版五七頁。

クレーム氏によって、アジアやヨーロッパ・アフリカ、あるいはスカンジナビアというような単位の光線も報告されています。

一方、制度や組織は光線を持っていません。それらは様々な光線構造を持った人々の集合体であり、関係している支配的な人々の光線を反映する傾向があります。

そのような場合例えば、キリスト教はイエス大師の第6光線の影響を最も強く受けているため「第6光線の宗教」である、という言い方がされることはあります。

新しい時代、アクエリアス（水瓶座）の時代は〝グループ意識〟の時代といわれており、グループを通じてエネルギーが流される場合があります。

人間の作った今日最大の公的グループは、〝国際連合〟です。現在キリスト＝マイトレーヤをオーバーシャドーされている〝統合の大聖〟というとてつもなく進化された宇宙の霊存在(41)は、国際連合を通して〝統合のエネルギー〟を流されており(42)、二千年来続いたパレスティナ問題の歴史的和解等は、このエネルギーの影響に負うところが大きいようです(43)。

今や世界はあらゆる面で一つにつながってきており、一国の利害を越え地球規模で改革を行っていく必要が高まっています。今後、国連は改革されながら〝世界警察〟および〝世界議会〟（世界政府ではありません）のような役割を担っていくことが、期待されています。

――都市…〝7〟でなく〝5〟である理由

都市にも、国家と同じように二つの光線が関係してきます。

(41) クレーム氏によれば、12のレベルの宇宙意識を持つといわれます。すなわちこの惑星でのイニシエーションの基準で数えると17段階!?と推定されます。

(42)【世界大師と覚者方の降臨】二四六頁。

(43) 一方で第四章で述べたように、混乱した第6光線と第7光線の強力な影響により、世界各地で民族紛争等が勃発しています。

しかしマイトレーヤをオーバーシャドーされているもう一方の宇宙の霊存在である〝平和と平衡の霊〟によって、今起きている〝悪〟は絶対値をそのままに符合を替えて〝善〟にする、という働きがなされており、それによって現在の危機的状況がかなり救われているといわれています。この方の働きも、いろいろなところで読み取ることができます。

宇宙は全体として壮大なエネルギーのシステムになっているわけですが、そのエネルギーが地球に流れ込む重要な入り口が、現在世界に五つあります。それが図表65に示される五つの都市です(44)。それらはいずれも大都市ですが、多くの人口を持つからエネルギーの中心になったのではなく、むしろその位置がエネルギーの中心であったから多くの人が引きつけられ大都市になった、と考えた方が正確です。

図表65にあるように、五大都市も国家と同様に魂とパーソナリティーの光線を持ち、国家のモットーに相当する〝目的〟を持っています。

「主要な都市が何で七つではなくて五つなの？」という疑問を抱かれた方がいらっしゃると思います。実は今後二つの都市がエネルギー・センターとして追加される予定ですが、今の地球の進化段階ではまだその時期ではないということのようです……ちょうど、人間には七つのチャクラがありますが、進化の途中の段階ではそのすべてが開かれていないのと同じように。

そして実際この五つの都市は、地球というこの惑星における〝チャクラ〟といってよい働きをしているのです。

この〝5〟という数字は、現在私たちが第5根=アーリアン人種まで進んでいることと関係しており、チャクラも現在、脊柱基底・太陽神経叢・胸・喉・頭の五つが主要なものとなっています(45)。

(44) この五つの都市には、現在その郊外に一人ずつ大師が入られているということです。

(45) 現在開かれている感覚も五つです。イニシエーションも五段階です。自然霊のところで登場した四（五）大=地水火風（空=エーテル）も同様に現段階のもので、最終的には〝七大〟になるようです。ヨガではすべてを七ではなくて〝五〟で統一して説明する流派もありますし、〝陰陽五行説〟も同様です。重要なのは「七・五・三」(!?)なのですね。

また、これ以外の数字に関しても様々な〝数の神秘〟が語られていますが、そのうちのかなりのものが、それなりに真理のある側面を表していると考えられます。

宇宙内存在として生きる

──三つのテーマを振り返る

いよいよ本書を締めくくる時がきました。

第一章であげた、本書の三つのテーマのうち二つ、

①秘教の基本的な情報・考え方を分かりやすく提供する

③現代社会の最先端の動きや私たちの実生活と、①を対応づける

は、ここまで最善を尽くして試みてきたつもりです。残る、

②①の中でも特に、宇宙の森羅万象を貫く〝進化〟と〝エネルギー・システム〟という観点から、全体を体系的・論理的に整理するという点に関しても一通り述べ終わりました。これは本書の最大の特徴となるポイントですので、真にその骨格ともいうべき部分を、最後にまとめておきたいと思います。

まず、宇宙は様々な方向に無限に拡がっていく界層構造をしていました。[46] そしてすべての存在がエネルギーで作られ、あらゆる活動がエネルギーによってなされています。進化の大

(46) 第二章のラセン構造やマンデルブロー図形を思い出して下さい。

計画がそれに先立って存在し、実際の進化はエネルギーの活動の結果起こるのです。
一つの領域は他のすべての領域と、進化とエネルギーによって（たとえどんなにその関係が薄い、間接的なものであっても）、相互に関係し、つながっています。

――エネルギー・システムとしての宇宙

宇宙全体がすべて連関するエネルギー・システムであり、それ以外のものは何一つ存在しないのであるならば、どの界層のどの一部の領域を取り出してみても、そこには必ず他の界層・他の領域とつながるエネルギーの出入口＝センターが存在するはずです。
チャクラという概念は、前章で扱った人間の場合、エネルギーが出入りするための最も重要なセンターでしたが、先ほどの〃地球の五大センター＝都市〃がそうであったように、「あらゆる領域において普遍的に存在する、最も重要なエネルギー・センター」を意味する概念として、拡張することができます。

地球のチャクラ……七つの都市(47)
太陽系のチャクラ……七つの聖惑星
超太陽系のチャクラ……七つの恒星（私たちの太陽はそのうちの一つ）

……………………………………………………………………

以下、第三章の図表29および図表30のようにして、さらに偉大なる宇宙存在へとつながっていくのです。

(47) 現在開かれているのは五つ。それとは別に、惑星ロゴスのチャクラは、
シャンバラ＝頭部チャクラ
ハイアラーキー＝胸部チャクラ
人類＝喉のチャクラ
等

チャクラだけでなく、さらにプラーナ・クンダリニー・オーラ・アンタカラーナ等の概念も、恐らくその相似構造をすべての宇宙界層・存在が持つであろうことが推測され、普遍的なエネルギー・システムとして拡張できるでしょう。

これによって、前章のエーテル体のところで述べた、〝エネルギーを伝える網状組織〟や〝ミクロコスモス↔マクロコスモス〟のイメージがさらに鮮明になったことと思います。

そしてこれらの〝あらゆる領域や界層に存在する構造〟に、〝光線〟が新たな座標軸を付け加えます。

この全体構造は結局、前章で見た〝人間に関わるエネルギー・システム〟が、無限に続く相似構造として拡大されたものだと、考えられます。「人間が分かれば宇宙が分かる」という、まさしくホロニックな構造なのです。

人間の観測の限界を超えた極微なミクロの世界から果てしなく拡がる宇宙まで、無限の可能性を秘めているように感じられた宇宙の全領域を支配する構造が、（もちろん壮大ではありながらも）これほどまでにシンプルかつエレガントなものだった!?……ということなのです。

唯一の偉大なる創造主〝ブラフマン〟(48)という存在なしに、これほどまでの完璧なモデルを〝想像〟できる人間が存在するとは、筆者にはとても思えませんが、皆さんはいかが感じられましたでしょうか。

(48) 第Ⅲロゴスの〝ブラフマー〟は男性名詞で表され、周期的な顕現期にのみ現れます。それに対し〝ブラフマン〟は中性名詞で表され、認識できない非人格的かつ最高の宇宙の霊とされます。誤解を生まないためには、〝パラブラフマン〟あるいは〝パラムブラフマ〟と表現した方がよいでしょう（『神智学の鍵』用語解説五〇・五五頁）。

――明日への希望のメッセージ

宇宙の真の姿が、本当に秘教の説くこのようなものであったとした時、「人間とは、そして〝私〟とは一体何者なのか？」もう一度改めて考えてみて下さい。

「上を見てもきりがなく、下を見てもきりがない。時間的には無限に連なる進化の相似ラセン構造の中の一点、空間的には無限に続く高次の相似網状組織の一点[49]」

私だけでなく、相対的に見れば、これがあらゆる存在の姿であるといえます[50]。

そんな中で貴賤の比較をしたり、お互いに競争して相手を蹴落とそうとすることが、どんなにつまらないことかは、説明を要しないでしょう。しかし、その愚かしさの真っ只中でもがいているのが、悲しいかな、人類の現実です。

今日人類の抱えている問題は数多くありますが、そのうち環境問題一つをとってみても、解決に向かって足踏みしている猶予は、もはや一刻もありません[51]。

今こそ人類は、自分たちに与えられた〝智慧の極致〟といわれる〝秘教本来の価値〟を正しく評価し、その意味するところを正しく理解し、それに導かれながら、正しい方向へと歩み出すべき時ではないでしょうか。

幕を下ろすに当たり、ジュワル・クール大師が一九三四年にA・ベイリーを通じて『国家の運命』で語られた言葉[52]を引用させていただきます。七〇年近く前のこの言葉の中に、今日

(49) この四次元時空間だけではなく、普遍化した意味での〝時間・空間〟と考えて下さい。

(50) ここから必然的に、構造主義等が主張してきたように「視点を〝要素〟から〝関係〟へと移行すべきである」という帰結が生まれることになります。

(51) ネットワーク『地球村』代表の高木善之氏（『転生と地球』PHP研究所、等を御参照下さい）をはじめ、多くの人々によって語られています。

(52) 『国家の運命』土方三羊訳、私家版六〇頁。

の世界の状況が見事に言い当てられていることには真に驚嘆させられますが、それとともに、その中に込められた〝明日への希望のメッセージ〟を味わっていただければと思います。

この世紀の残りの数十年は人間の生命の宮の再建、古きものを基礎とした新しい文明の再構築、世界の思想と世界の政治構造の改革、神の目的と一致した世界資源の再分配に捧げられなければならない。その時に、その時にのみ、さらなる啓示が可能になるであろう。人元気を出しなさい。なぜなら、人間の霊が本当に敗北することはないのであるから。人間の内なる神性の最終的な絶滅はない。なぜなら、神性は常に地獄のまさに暗黒から勝利を勝ち得るのであるから。

しかし、人間の窮乏に応えて物質的性質の惰性を、個人が、そして状況の本質に専心しない国々が、克服することが必要である。これは起こる徴候を見せている。宿命づけられた目標への人間の前進を妨げられる力は地上に存在せず、力のいかなる結合も人間を引き止めることはできない。

今日、この結合――すべての国々の不徳で野心的な人々のグループを通して放たれる古代の悪と現代の攻撃的な利己性の結合――は活発である。しかし、これらは結局のところ成功しないであろう。これらは自由の出現を遅らせ妨害するかもしれない。しかし、これらに対する攻撃は運命の主方のもとで高まっており、神性は勝利するであろう。

あとがき

〝秘教〟とは本来、〝開かれた体系〟です。それは言葉や論理をはるかに超えた究極の真理の中から、その時の人類が理解し正しく活用できる範囲の中で徐々に与えられていくものだからです。

本書では、今日までに秘教として与えられてきた情報を、〝閉じた体系〟としてコンパクトにまとめるよう努力しました。その方が、論理的体系性を感じ取りやすく、多くの方に秘教の正当性を納得していただけると考えたからです。

私が本書で描いた〝進化〟と〝エネルギー・システム〟が普遍的事実であるならば、それによって引き起こされるパラダイム・チェンジは、有史以来人類が未だ経験したことのないものであると言って、差し支えないのではないでしょうか。

学問の世界に限ってみると、それが意味するところのものは、自然科学・生命科学・人文科学・社会科学の根底的統合が起きるということです。つまり、物理・化学次元における自然現象にしても、生命現象にしても、個人的な心理現象にしても、人間集団の関与する現象にしても、さらにはそれらの入り混じった現象にしても、究極的にはすべてが〝光線―エネルギー〟という同一の原因によって生起せられる現象である、ということになるからです。

精神世界を学んで来られた方には、「すべてがエネルギーである」というような見え方は決して新鮮なものではないかもしれません。秘教を伝える情報はこれまでにもたくさん出ておりますので、すでにそのような話を聞かれたことのある方は、その話の源をたどっていけば、何らかの形で秘教とつながっているはずです。

ただ秘教といっても、〝トランス・ヒマラヤ密教〟以外の情報は、同じ内容を語っている場合でも表現の仕方が異なっているうえ論理的明解さを欠いており、そのために不必要な混乱を招いているケースが多々あります。

本書の最初にも述べたように、私は「今や秘教の情報の普及が非常に重要な意味を持つ時代に来ている」と考えております。それによって、世界中で何億という人々が人生での不必要な無駄を省くことができ、何兆という国家予算をはじめとするお金が無駄に遣われなくてすむようになるでしょう。

その秘教の普及を広く一般に達成するためには、様々な秘教〜精神世界〜ニュー・サイエンスの情報に関して、共通の意思疎通を図るための〝言語体系〟――言葉で言えば英語に当たるもの――が必要になってくると思います。筆者は、その役割を果たせるのは、〝最深部まで捉える体系的論理性〟を備えた〝トランス・ヒマラヤ密教〟を置いて他にないと考えておりますが、本書をお読みいただいた読者の皆様のご感想はいかがでしたでしょうか。

秘教は、人類が係わるあらゆる領域を網羅する教えです。本書ではそのすべてとは言いませんが、可能な限り広範囲に話題を探りました。読者の中に、宇宙全体の〝地図〟を見せられたように感じられた方がいらっしゃるのではないかと、期待しております。

私自身、常々秘教とは「自分が一体どこにいるのか」「あそこでやっていることはどこに位置づけられるべきことなのか」を教えてくれる地図のようなものであると、感じております。

現在個々に見れば優れた活動を行っている個人・集団はたくさんありますし、またその数は急速に増加していると思います。しかし、バラバラに活動しているだけでは、どうしても力に限界があります。

そのような方々が、自己のこだわりを一寸外して共通語で語り、自分たちの位置を客観的に捉えて活動するようになった時、社会を〝より良い方向に転換しようとする力〟の総体は飛躍的に高まり、現在相対的に優位に働いている悪い方向に陥れようとする力〟を上回ることができるようになると思います。

秘教の教えを待つまでもなく、皆が気づいてきたように、そもそも人類は一つなのですから。

本書の出版がそのための一助となれば、とも願っております。


最後になりましたが、本書出版に際してお力添えを下さったすべての方々――

人類に秘教を伝えて下さった偉大なる存在方、伝達の仲介をされた数多くの先達、優れた業績を残し人類の歴史に貢献された方々、……

また出版に際しご協力下さった方々、私のこれまでの人生を支え、導いて下さった先生・先達方、友人そして家族の皆様、……

さらには宇宙のあらゆる存在――　に対して、
心より感謝を申し上げます。

二〇一六年四月

神尾　学

（本書は、これまで出帆新社より発行しておりましたが、この度、本質的内容はそのまま使えるということで、コスモス・ライブラリーより、両社のご理解ご協力をいただき、再度、刊行させていただく運びとなりました。）

引用文献

○ヘレナ・ペトロバ・ブラヴァツキー著

『シーレット・ドクトリン』（竜王文庫）

『神智学の鍵』（竜王文庫）

『実践的オカルティズム』（竜王文庫）

○アリス・ベイリー著

『トランス・ヒマラヤ密教入門』Ⅰ～Ⅲ、Ａ・ユーリアンス編、土方三羊訳（たま出版＝絶版）

『イニシエーション』仲里誠桔・小島露観共訳（たま出版＝絶版、出帆新社近刊予定）

『至聖への道―トランス・ヒマラヤ密教の行法』仲里誠桔訳（出帆新社）

『国家の運命』土方三羊訳（私家版）

『密教心理学Ⅰ・Ⅱ（Esoteric Psychology）』（邦訳なし）

○ベンジャミン・クレーム著

『世界大師と覚者方の降臨』石川道子訳（シェア・ジャパン出版）

『マイトレーヤの使命』Ⅰ～Ⅲ、石川道子訳（シェア・ジャパン出版）

『伝導瞑想―新時代のヨガ』石川道子編・訳（シェア・ジャパン出版）

○解説書

『神智学大要』Ⅰ～Ⅴ、Ａ・Ｅ・パウエル著、仲里誠桔訳（たま出版＝絶版、出帆新社より改訂版が刊行中）

『神智学の真髄』Ｅ・ノーマン・ピアースン著、仲里誠桔訳（出帆新社）

『入門神智学』ジナラジャダーサ著（竜王文庫）

○雑誌・機関誌

『シェア・インターナショナル』（シェア・ジャパン出版）

『とんぱ』（出帆新社）

『同胞団』（土方三羊氏発行）

○その他

『聖書』（キリスト教会）

『聖なる科学―真理の科学的解説』スリ・ユクテスワ・ギリ著（森北出版）

『輝く神智』三浦関造著（竜王文庫）

『チャクラ』Ｃ・Ｗ・リードビーター著、本山博・湯浅泰雄訳（平河出版）

『光の手』Ｂ・Ａ・ブレナン著、三村寛子・加納眞士訳（河出書房新社）

『ここまできた「あの世」の科学』天外伺朗著（祥伝社）

『シュタイナー入門』西平直著（講談社）

『宇宙論が楽しくなる本』別冊宝島116（ＪＩＣＣ出版局）

『ホーキング、宇宙を語る』スティーブン・Ｗ・ホーキング著、林一訳（早川書房）

索　引

索　引

索　引

索　引

【著者略歴】
神尾　学 (かみお　まなぶ)
エソテリック・サイエンス・スクール　主宰
ホリスティック・リーディング研究所　主宰
ホリスティック・スペース＝アクエリアス運営
NPO 法人 日本ホリスティック医学協会 理事
東京大学工学部・教育学部、同大学院（体育学・健康教育学専攻）修了。
各種身体文化および健康法・代替療法の研究・指導に携わる中で、25 年前に神智学に出会い、その整合的で壮大精緻な体系に魅せられる。
以来、独自の読書法により、難解とされる神智学～秘教文献を解読し、それをベースに古来のヨーガ哲学から最新のエネルギー医学、さらに混迷を深める現代社会の問題までを、構造レベルで読み解く作業に従事。
エソテリック・サイエンス・スクールにおいて、エソテリック・ヒーリングの他に『ヨーガ・スートラ』の秘教版解説書『魂の光』などの年間講座も開講。
2019 年には、新拠点となる日本橋・馬喰町駅前のホリスティック・スペース＝アクエリアスにおいて本格的活動を開始（巻末紹介参照）。
著書に『秘教から科学へ』『人間理解の基礎としての神智学』『未来を開く教育者たち』（共にコスモス･ライブラリー）『智のフロンティア』『ホリスティック･リーディング』Ⅰ・Ⅱ『『秘教から科学へ』解説講座記録 DVD』（共にライフ 137）。

サイト：「エソテリック・サイエンス」http:www.esotericscience.jp/
サイト：「ホリスティック・スペース＝アクエリアス」（準備中）
ブログ：「神尾学と学ぶ！スピリチュアルの王道」http://ameblo.jp/spiken777/

新装版・**秘教から科学へ**　**エネルギー・システムと進化**

2016 年　4 月 21 日　第 1 刷発行
2018 年　11 月 23 日　第 2 刷発行

著　者　神尾　学

発行者　佐々岡潔

発行所：コスモス・ライブラリー
〒 113-0033　東京都文京区本郷 3-23-5 ハイシティ本郷 204
Tel.03-3813-8726　Fax.03-5684-8705

発売所：星雲社
〒 112-0005　東京都文京区水道 1-3-30
Tel.03-3868-3275　Fax.03-3868-6588

装　幀　Tada de Yoshi

図版協力　SAI 工房

印　刷　シナノ印刷

Printed in Japan　　ISBN978-4-434-21950-4 C0014

＊定価はカバー等に表示してあります

世界最先端のヒーリングを学ぶ

エソテリック・ヒーリング年間講座

神智学を引き継ぐ情報であるアリス・ベイリーの著作はこれからの時代にその真価が理解されていく重要な作品ばかりだと思われますが、その先駆けとして日本でも注目を集め始めたのが『秘教治療（原題：Esoteric Healing)』です。1953年に原著出版されて以来、「すべてはエネルギーである」という観点から構築された体系は、欧米では先端的なヒーリングやエネルギー医学の原典として、専門家からも非常に高い評価を受け、今日日本でも知られている欧米からの関連分野の情報で、この作品の影響を受けていないものはない、とも言えると状況だと思われます。

この深淵かつ画期的な内容を、著作では省略されている基礎知識をオリジナルテキストで補いながら、1年かけて本格的に学んでまいります。

■講座内容

入門編

第１回　アリス・ベイリーと秘教治療の全体像
第２回　エーテル体と、その２つの様相
第３回　チャクラＰａｒｔ.1～チャクラの３つの様相
第４回　輪廻転生と死を考える

初級編

第５回　アストラル体、病気の最重要原因
第６回　メンタル体とマインドの３つの様相、瞑想について
第７回　魂とその進化のメカニズム
第８回　カルマ～個人・種族・国家・人類…

中級編

第９回　チャクラ Part.2 ～脊柱上のチャクラ各論
第10回　魂とそのメカニズム～肉体までのエネルギールート
第11回　自然界の法則を超えた魂レベルの「法則」と「規定」
第12回　７種の光線理論と『秘教治療』総まとめ

秘教の共通理解をベースにした仲間たちによる
新時代に向けての共創の場がオープン！

ホリスティック・スペース＝アクエリアス

神智学～アリス・ベイリーの秘教によって伝えられた情報に基づき、アクエリアス＝水瓶座のエネルギーに適合する（ハイラーキーにも期待されると思われる）人類社会の新しい在り方を模索する活動拠点をオープンする運びとなりました。

直接、それらの教えとは関係のないものであっても、政治・経済・医療・教育・宗教・科学・芸術・自然・環境から、衣食住といった生活に密着した問題、ヨガやボディワークまで、それぞれの専門家をお呼びして行う企画やギャザリングなどを通して、新しい時代にふさわしい人生やライフスタイルを考え、情報発信をしていきたいと思っております。

（企画等は、基本的に秘教の年間講座を受講されてその内容に理解・共感を示されている方たちによって、運営していきます。）

提供を予定しているサービス

◎神尾学の秘教関連講座

◎個人の成長をうながす、ボディ・マインド・スピリットを多角的かつホリスティックに扱った企画

◎人間関係、個人と社会や自然との関係性、社会や地球～宇宙の進化と人類の果たすべき役割りなどを、ホリスティックに考える企画

◎大きな流れとして同じ方向を向いて進もうとしている人たちの交流の場

◎ヨガを中心とした、地域の一般の人たちにも参加しやすいプログラム

会場・所在地

東京都中央区日本橋馬喰町 1-5-10 林ビル４F

★最寄り駅：馬喰町・馬喰横山より徒歩２分、小伝馬町・東日本橋・浅草橋からも徒歩圏内

新設サイト「ホリスティック・スペース＝アクエリアス」参照